PRISÕES CAUTELARES
E *HABEAS CORPUS*

AURY LOPES JR.

Doutor em Direito Processual Penal pela Universidade Complutense de Madrid (1999), cuja tese doutoral foi aprovada com voto de louvor unânime. Professor Titular de Direito Processual Penal da Pontifícia Universidade Católica do Rio Grande do Sul (PUCRS) desde 2000. Professor no Programa de Pós-Graduação – Doutorado, Mestrado e Especialização – em Ciências Criminais da PUCRS. Professor Adjunto na Universidade Federal do Rio Grande – FURG (1993 a 2003). Membro da Associação Brasileira dos Advogados Criminalistas (ABRACRIM), do Instituto Brasileiro de Ciências Criminais (IBCCRIM) e Membro Emérito do Instituto Baiano de Direito Processual Penal (IBADPP). Parecerista e conferencista. Advogado Criminalista integrante do Escritório Aury Lopes Junior Advogados Associados, com sede em Porto Alegre e Brasília.

PRISÕES CAUTELARES
E *HABEAS CORPUS*

10ª edição
Revista, atualizada e ampliada
2025

- O autor deste livro e a editora empenharam seus melhores esforços para assegurar que as informações e os procedimentos apresentados no texto estejam em acordo com os padrões aceitos à época da publicação, e todos os dados foram atualizados pelo autor até a data de fechamento do livro. Entretanto, tendo em conta a evolução das ciências, as atualizações legislativas, as mudanças regulamentares governamentais e o constante fluxo de novas informações sobre os temas que constam do livro, recomendamos enfaticamente que os leitores consultem sempre outras fontes fidedignas, de modo a se certificarem de que as informações contidas no texto estão corretas e de que não houve alterações nas recomendações ou na legislação regulamentadora.

- Data do fechamento do livro: 12/02/2025

- O autor e a editora se empenharam para citar adequadamente e dar o devido crédito a todos os detentores de direitos autorais de qualquer material utilizado neste livro, dispondo-se a possíveis acertos posteriores caso, inadvertida e involuntariamente, a identificação de algum deles tenha sido omitida.

- Direitos exclusivos para a língua portuguesa
  Copyright ©2025 by
  Saraiva Jur, um selo da SRV Editora Ltda.
  Uma editora integrante do GEN | Grupo Editorial Nacional
  Travessa do Ouvidor, 11
  Rio de Janeiro – RJ – 20040-040

- **Atendimento ao cliente: https://www.editoradodireito.com.br/contato**

- Reservados todos os direitos. É proibida a duplicação ou reprodução deste volume, no todo ou em parte, em quaisquer formas ou por quaisquer meios (eletrônico, mecânico, gravação, fotocópia, distribuição pela Internet ou outros), sem permissão, por escrito, da **SRV Editora Ltda.**

- Capa: Tiago Fabiano Dela Rosa
  Diagramação: Mônica Landi

- **DADOS INTERNACIONAIS DE CATALOGAÇÃO NA PUBLICAÇÃO (CIP)
  ODILIO HILARIO MOREIRA JUNIOR – CRB-8/9949**

L864p   Lopes Jr., Aury
         Prisões Cautelares e Habeas Corpus / Aury Lopes Jr. – 10. ed. – São Paulo :
         Saraiva Jur, 2025.

328 p.
Inclui bibliografia.
ISBN: 978-85-5362-405-8 (impresso)

1. Direito. 2. Direito penal. 3. Processo penal. 4. Prisões cautelares. I. Título.

	CDD 345
2025-471	CDU 343

Índices para catálogo sistemático:
1. Direito penal   345
2. Direito penal   343

Maíra,

"Nada de meias-palavras, nada de deixar para depois. Excesso de intimidade, cara lavada, alma exposta. Pasta de dentes aberta, torneira correndo. Somos puros e impuros. Sofremos alucinadamente, os desacertos nos alteram, nos humanizam, até que abrimos os olhos e percebemos a vida leve e intensa. Corremos riscos, conhecemos a dor e o prazer, a paixão e solidão até o limite de não suportarmos o vazio do distanciamento. E o amor ferveu, e a pele grudou, e o cheiro entorpeceu. Insuportável viver sem. Se o assunto estreita, basta um beijo para nos libertar. De língua, porque sem língua é burocrático, e o enredo aqui não tem nenhuma condescendência com o tédio. Pagamos todos os tributos ao sofrimento, mas nunca fomos mesquinhos. Tivemos tantas angústias, alguns dissabores, mas nunca perdemos a esperança na imensidão que um foi na vida do outro. Tudo tão imperfeito ao olhar pobre de quem analisa, pareceres incrédulos, mas tão perfeito e devastadoramente belo dentro de nós. Entre sobreviver e viver há um precipício. Encaramos o salto e fomos únicos a sentir-nos pulsantes, vivos e inteiros. *Me acostumei com a tua voz, com teu rosto e teu olhar. Me partiu em dois.*"

Obrigado pela genialidade das palavras – que seriam minhas se tivesse esse maravilhoso dom –, pelo amor incondicional, pela rara alegria que experimento ao acordar e te beijar todos os dias.

Sumário

Nota do Autor à 10ª Edição XIII

Capítulo I
A (In)eficácia da Presunção de Inocência
e a Principiologia do Sistema Cautelar 1

1. Presunção de inocência e prisões cautelares: a difícil coexistência... 1
2. Teoria das prisões cautelares 13
   - 2.1. *Fumus boni iuris* e *periculum in mora*? A impropriedade desses termos. Categorias do processo penal: *fumus commissi delicti* e *periculum libertatis* 13
   - 2.2. Medidas cautelares e não processo cautelar 16
   - 2.3. Inexistência de um poder geral de cautela. Ilegalidade das medidas cautelares atípicas 17
3. Principiologia das prisões cautelares 21
   - 3.1. Jurisdicionalidade e fundamentação (art. 315 do CPP) 21
   - 3.2. Contraditório 24
   - 3.3. Provisionalidade 28
   - 3.4. Provisoriedade: falta de fixação do prazo máximo de duração e a consagração do reexame periódico obrigatório 31
   - 3.5. Excepcionalidade 38
   - 3.6. Proporcionalidade 41

VII

Capítulo II
Da Prisão em Flagrante 47

1. Por que a prisão em flagrante não pode, por si só, manter alguém preso? Compreendendo sua precautelaridade e a inconstitucionalidade do art. 310, § 2º 47
2. Espécies de flagrante. Análise do art. 302 do CPP 54
3. Flagrante em crime permanente. A problemática do flagrante nos crimes habituais 59
4. (I)legalidade dos flagrantes forjado, provocado, preparado, esperado e protelado (ou diferido). Conceitos e distinções. Prisão em flagrante e crimes de ação penal de iniciativa privada e pública condicionada à representação 66
5. Síntese do procedimento. Atos que compõem o auto de prisão em flagrante 70
6. Garantias constitucionais e legalidade da prisão em flagrante. Análise do art. 306 do CPP 73
7. Audiência de custódia e a decisão judicial sobre o auto de prisão em flagrante. Aspectos formais e análise da necessidade da decretação da prisão preventiva 76
8. Inconstitucionalidade e ilegalidade da "conversão de ofício" da prisão em flagrante em prisão preventiva 86
9. Refletindo sobre a necessidade do processo ainda que exista prisão em flagrante: contaminação da evidência, alucinação e ilusão de certeza 90
10. Relação de prejudicialidade. Prestação de socorro (art. 301 da Lei n. 9.503/97) e prisão em flagrante 93

Capítulo III
Da Prisão Preventiva. Do Senso Comum à Análise dos Defeitos Fisiológicos 97

1. Momentos da prisão preventiva. Quem pode postular seu decreto. Ilegalidade da prisão preventiva decretada de ofício. Violação do sistema acusatório e da garantia da imparcialidade do julgador 97

VIII

2. Requisito da prisão preventiva: *fumus commissi delicti*. Juízo de probabilidade de tipicidade, ilicitude e culpabilidade 101

3. Fundamento da prisão preventiva: *periculum libertatis*. Análise a partir do senso comum doutrinário e jurisprudencial 105

4. Análise dos arts. 313 e 314 do CPP. Casos em que a prisão preventiva pode ou não ser decretada 111

5. Nulidade da decisão que não fundamentar concretamente a prisão preventiva. O novo *standard* de qualidade do art. 315 do CPP 122

6. Controle do tempo: o dever de revisar periodicamente a prisão preventiva (art. 316 do CPP) 127

7. Análise crítica do *periculum libertatis*. Resistindo à banalização do mal. Controle judicial da (substancial) inconstitucionalidade da prisão para garantia da ordem pública e da ordem econômica. Defeito genético 130

8. Prisão para garantia da ordem pública. O falacioso argumento da "credibilidade (ou fragilidade?) das instituições". Risco de reiteração. Crítica: exercício de vidência. Contraponto: aceitação no direito comparado 138

9. Desconstruindo o paradigma da (cruel) necessidade, forjado pelo pensamento liberal clássico. Alternativas à prisão por "conveniência da instrução criminal" e para o "risco para aplicação da lei penal" 141

10. Decretação ou manutenção da prisão preventiva por ocasião da sentença penal condenatória recorrível ou da decisão de pronúncia 148

11. Prisão especial. Especificidades da forma de cumprimento da prisão preventiva. Inexistência de prisão administrativa e prisão civil 155

12. A (inconstitucional) execução antecipada da pena. Prisão automática em segundo grau ou após a decisão do tribunal do júri (art. 492, I, *e*) 163

IX

Capítulo IV
Das Medidas Cautelares Diversas (ou Medidas Alternativas à Prisão Preventiva) 179

1. Requisito, fundamento e limites de incidência das medidas cautelares diversas 179
2. Espécies de medidas cautelares diversas 185
3. Da prisão (cautelar) domiciliar 198

Capítulo V
Da Prisão Temporária 203

1. Duração da prisão temporária. Prazo com sanção 206
2. Especificidade do caráter cautelar. Análise do *fumus commissi delicti* e do *periculum libertatis*. Crítica à "imprescindibilidade para as investigações policiais" 209

Capítulo VI
Liberdade Provisória e o Novo Regime Jurídico da Fiança 217

1. Definindo categorias: relaxamento, revogação da prisão preventiva e concessão da liberdade provisória 218
2. Regime jurídico da liberdade provisória 221
3. Da fiança 224
4. Valor, autoridade, dispensa, reforço, destinação, cassação, quebramento e suas consequências e perda da fiança 228
5. Crimes inafiançáveis e situações de inafiançabilidade. Ausência de prisão cautelar obrigatória. Concessão de liberdade provisória sem fiança e com imposição de medidas cautelares diversas 234

6. Ilegalidade da vedação à concessão de liberdade provisória. Possibilidade em crimes hediondos e equiparados. Nova Lei de Tóxicos, Estatuto do Desarmamento 238

Capítulo VII

Em Defesa da Liberdade: o *Habeas Corpus*....... 241

1. Uma (re)leitura histórica do *habeas corpus*: os antecedentes do direito aragonês 241
2. *Habeas corpus* no Brasil 246
3. *Habeas corpus* como ação autônoma de impugnação da prisão ilegal 247
4. "Não conheço do HC porque demanda dilação probatória". Mas, afinal, o que significa isso? Compreendendo os limites da cognição 248
5. Existe realmente uma banalização do uso do *habeas corpus*? Recurso cabível contra a decisão monocrática de "não conhecimento"... 253
6. A liminar em *habeas corpus*. Cabimento e estratégia....................... 256
7. Objeto do *habeas corpus* 259
8. Cabimento – Análise dos arts. 647, 647-A e 648 do CPP. *Habeas corpus* preventivo e liberatório.. 261
9. O *habeas corpus* como instrumento de ataque processual – *collateral attack* 276
10. *Habeas corpus* preventivo 282
11. Competência. Legitimidade. Procedimento. A (in)exigibilidade de prévio pedido de reconsideração na origem. Interposição por pessoa jurídica. HC coletivo 284
12. Uso o recurso ordinário constitucional em *habeas corpus* ou impetro um novo HC? 296

Referências... 301

Nota do Autor à 10ª Edição

Um dos pontos de maior tensionamento dentro do processo penal diz respeito à difícil coexistência entre a presunção de inocência e a possibilidade de uma prisão antes do trânsito em julgado. A definição dos limites para dar conta da (cruel) necessidade de prender alguém sem uma condenação consolidada e imutável é um grande desafio para todos os sistemas processuais penais contemporâneos, mas é especialmente difícil no modelo brasileiro, cuja estrutura autoritária do Código de Processo Penal de 1941 ainda precisa ser adaptada à Constituição de 1988 e à Convenção Americana de Direitos Humanos. Um processo autoritário que limita direitos fundamentais, comprime as liberdades públicas e banaliza a prisão cautelar. Por outro lado, temos uma Constituição cravada na matriz democrática, que consagra a presunção de inocência (regra de tratamento/probatória e julgamento), prioriza o respeito às liberdades públicas e os direitos fundamentais, fazendo com que a liberdade seja a regra e a prisão (cautelar) a exceção. Sem dúvida é um imenso desafio fazer a filtragem e a acoplagem constitucional do nosso CPP, mas é necessário o enfrentamento qualificado do conflito.

Nessa perspectiva se insere a presente obra, que vai para sua 10ª edição, novamente revisada e atualizada.

Inicio o livro pelos fundamentos da prisão cautelar e sua principiologia constitucional e legal. Penso que essa temática é da maior importância, pois ali reside o principal instrumento de contenção do poder e redução da banalização da prisão cautelar. Se as autoridades policiais, os membros do Ministério Público e, principalmente, os juízes e tribunais levassem a sério e com conhecimento de causa esta base principiológica (especialmente a excepcionalidade, provisoriedade e provisionalidade), sem dúvida teríamos uma redução

XIII

significativa do número de prisões preventivas ilegais e/ou desnecessárias, com relevante redução de danos e erros judiciários.

Depois ingresso no estudo da prisão em flagrante, que a rigor não é uma prisão "cautelar", tratando das suas espécies, requisitos legais, regras procedimentais para elaboração do auto de prisão em flagrante e, principalmente, da audiência de custódia como momento crucial para filtragem jurisdicional de sua (i)legalidade. E a "conversão de ofício" pelo juiz da prisão em flagrante em prisão preventiva? Um absurdo rotineiro e que perdurou por décadas no Brasil. Novamente fui pioneiro na crítica dessa prática errada (e fui muito criticado, como de costume...). Gradativamente foi se construindo um senso crítico que – finalmente – culminou com a edição da Súmula 676 pelo STJ, que diz o óbvio e com décadas de atraso, mas, enfim... era o que faltava para que mais um capítulo do autoritarismo processual penal brasileiro se fechasse.

Dedico o capítulo seguinte ao estudo daquela que é a mais importante, porque mais utilizada e (infelizmente) prolongada prisão cautelar: a prisão preventiva. É um capítulo que esmiuça a prisão preventiva, seu requisito e fundamentos. Além da análise legal, não posso me omitir da crítica, até porque depois de todos esses anos, aprendi que a crítica de hoje, ainda que incompreendida, distorcida e rotulada, em muitos casos vira a realidade (legislativa e/ou jurisprudencial) amanhã. Então, vamos fortalecer o olhar crítico! Nada de seguir repetindo os discursos mofados e autoritários que impregnaram o processo penal brasileiro por tantas décadas. É preciso evoluir.

E falando em evolução, infelizmente o pêndulo dos influxos sociais e políticos vai e volta. Às vezes, amargamos retrocessos inacreditáveis. Nessa linha, lamentável o que foi trazido pela Lei n. 13.964/2019 e infelizmente avalizado – com inimaginável piora – pelo STF: a execução antecipada da pena nos julgamentos pelo tribunal do júri. Não é possível que a essa quadra da história tenhamos uma prisão automática, em primeiro grau. Uma prisão despida de qualquer caráter cautelar ou necessidade que a legitime. Um grande erro agravado pela chancela *in pejus* por parte do STF.

Uma das maiores inovações trazidas pela Lei n. 12.403/2011 foi o amplo leque de medidas cautelares diversas, de medidas alternativas/substitutivas da prisão preventiva, exatamente para reforçar o caráter de *ultima ratio* da prisão cautelar. Trato dessas medidas diversas reforçando o apelo para que juízes e tribunais compreendam a possibilidade/necessidade da substituição, reservando a prisão preventiva para casos graves e de excepcional necessidade. Também são as medidas cautelares diversas – quando bem compreendidas – um importante instrumento para atenuar um grave e histórico problema do sistema brasileiro: a (de)mora jurisdicional. A falta de um marco legal claro e cogente acerca da duração máxima da prisão preventiva (prazo com sanção) é uma omissão inadmissível há muito denunciada, fazendo com que absurdamente os casos de prisões preventivas durando anos se proliferem. A substituição pelas medidas cautelares diversas é um importante redutor de danos, infelizmente incompreendido por muitos. Incrivelmente, no Brasil, nós normalizamos o anormal funcionamento do sistema de justiça criminal.

Finalizamos a análise das prisões cautelares com a prisão temporária, inserida de forma polêmica no nosso sistema jurídico logo após a CF/1988. Buscamos demarcar claramente o cabimento da prisão temporária e a correta conjugação dos requisitos legais.

O livro antes terminava aqui, mas, desde a 9ª edição, resolvi ampliar para inserir um tema correlato da maior importância: o estudo do *habeas corpus*.

Decidi incluir o HC porque era uma "falta" sempre presente. Não havia como estudar as prisões cautelares sem responder a uma pergunta final: o que fazer se a prisão é ilegal ou desnecessária? Por isso me debrucei no *habeas corpus* como principal instrumento de proteção da liberdade individual, transformando o título deste livro em "Prisões cautelares e *habeas corpus*".

A inclusão do **habeas corpus** nesta obra surge como uma consequência das críticas e ilegalidades que podem surgir no manejo das prisões cautelares, um "remédio" contra a doença (uso patológico).

E iniciamos por um capítulo pouco conhecido: o antecedente histórico do direito espanhol aragonês, "la manifestación de personas". É uma curiosidade histórica de natureza introdutória, para quem quer saber um pouco mais do que o básico. Mas a proposta do livro não é apenas teórica, mas prática (ainda que não exista

XV

dicotomia teoria-prática, é claro que a caneta pode pender mais para um lado do que para o outro) e por isso seguimos direto para o caráter de ação autônoma de impugnação (e suas consequências práticas), trazendo a continuação um tema da maior relevância e principal argumento de denegação do HC: o que é cognição sumária e a vedação de dilação probatória. Eis um tema complexo e usado muitas vezes pelos tribunais de forma equivocada, mas que acaba obstaculizando a tramitação de muitos HC's. O coringa hermenêutico da "cognição sumária" virou jurisprudência defensiva, muitas vezes ilegítima, posto que teoricamente insustentável.

É consolidada a jurisprudência permissiva da liminar em HC (ainda que alguns julgadores ainda hoje a recusem, infelizmente), mas não basta demonstrar o cabimento, é preciso atentar para "o que pedir" em uma liminar e como pedir. A importância de saber fazer pedidos diferentes entre liminar e mérito é uma estratégia crucial no dia a dia do advogado nos tribunais. Depois tratamos dos casos de cabimento do HC, de forma pontual, além das definições de HC preventivo e liberatório.

Cada vez mais as grandes questões do processo penal brasileiro são decididas via HC, e não estamos falando do HC clássico, para tutela da liberdade, mas sim do *writ* como *instrumento de ataque processual*. Nulidades processuais e ilicitudes probatórias são temas de tratamento recorrente, demonstrando a importância de saber manejar o HC como instrumento de *collateral attack*.

Finalizamos com a análise do procedimento, (in)exigibilidade de prévio pedido de reconsideração, recursos cabíveis e o manejo do recurso ordinário constitucional.

Enfim, depois de tratar da prisão cautelar, seus requisitos e garantias formais, abordamos o que fazer para atacar uma prisão cautelar ilegal, abusiva ou desnecessária. Mas não apenas a ilegalidade da prisão, mas também do processo. Daí a imensa importância do estudo e do correto manejo do *habeas corpus*, que pretendemos trazer para o leitor.

Por fim, agradeço a excelente receptividade que meus livros têm junto aos leitores e leitoras e a confiança de vocês. Convido a serem meus seguidores no Instagram (@aurylopesjr), no meu canal do Youtube, na coluna "Criminal Player" (e na antiga "Limite Penal") na revista eletrônica CONJUR, ouvindo nosso *podcast* "Criminal Player" nas plataformas, onde podemos interagir e trocar experiências e conhecimento. Também agradeço as críticas, sugestões e correções que recebo por *e-mail* (aurylopesonline@gmail.com) que muito contribuem para a melhoria das minhas obras.

Abraços
Aury Lopes Jr.

A (IN)EFICÁCIA DA PRESUNÇÃO DE INOCÊNCIA E A PRINCIPIOLOGIA DO SISTEMA CAUTELAR

1. Presunção de inocência e prisões cautelares: a difícil coexistência

A presunção de inocência remonta ao Direito romano (escritos de Trajano), mas foi seriamente atacada e até invertida na inquisição da Idade Média. Basta recordar que na inquisição a dúvida gerada pela insuficiência de provas equivalia a uma semiprova, que comportava um juízo de semiculpabilidade e semicondenação a uma pena leve. Era na verdade uma presunção de culpabilidade. No *Directorium Inquisitorum*, EYMERICH orientava que "o suspeito que tem uma testemunha contra ele é torturado. Um boato e um depoimento constituem, juntos, uma semiprova e isso é suficiente para uma condenação".

Das três normas que constituem a **presunção de inocência** (a seguir abordadas), sem dúvida é a **"norma de tratamento" a que mais adere à temática das prisões cautelares**, tendo também sido completamente subvertida (senão até invertida) no sistema inquisitório espanhol (aquele que melhor representa a inquisição, dentre os vários tipos históricos), ao se facilitar ao máximo a prisão (cautelar) para, dispondo do corpo do suspeito de heresia, lançar mão de suas técnicas de tortura visando a obtenção da confissão (rainha das provas), em uma cruel, mas perfeita, circularidade (meros indícios autorizam a prisão, com a prisão vem a tortura, mediante tortura, obtém a confissão que é suficiente para condenação).

No sistema brasileiro contemporâneo, a presunção de inocência – através do dever de tratamento – estabelece que a regra é a liberdade até o trânsito em julgado, na medida em que "ninguém será considerado culpado até o trânsito em julgado de sentença penal condenatória"; ou seja, não ser considerado é aqui empregado como

1

sinônimo de "não ser tratado" como (igual a) culpado antes do trânsito em julgado (marco estabelecido pelo art. 5º, LVII, da CF) da sentença penal condenatória. Isso afeta diretamente o sistema de prisões cautelares, pois a regra é a liberdade (tratamento dado ao inocente), sendo a prisão cautelar (antes do trânsito em julgado) uma medida excepcionalíssima somente legitimada pela estrita (e cruel) necessidade cautelar. Execução antecipada da pena (como a prevista no art. 492, I, e, do CPP a seguir tratada) ou prisão sem natureza cautelar viola, inequivocamente, a presunção constitucional (e convencional – art. 8.2 da CADH) de inocência.

A presunção de inocência e o princípio de jurisdicionalidade foram, como explica FERRAJOLI[1], finalmente, consagrados na Declaração dos Direitos do Homem de 1789. A despeito disso, no fim do século XIX e início do século XX, a presunção de inocência voltou a ser atacada pelo verbo totalitário e pelo fascismo, a ponto de MANZINI chamá-la de "estranho e absurdo extraído do empirismo francês".

Como já explicamos em outra oportunidade[2], "doutrinariamente, pela mão de Vincenzo MANZINI, há um esvaziamento da tutela da inocência no processo penal, justamente pela crítica que fora oposta à democracia francesa. Como assevera MANZINI, 'la pseudo democracia de tipo francés, superficial, gárrula y confucionista en todo, ha cometido también aquí el desacierto de enturbiar los conceptos, afirmando que la finalidad del proceso penal es principalmente la de tutelar la inocencia, o que ella se asocia a la de la represión de la delincuencia (finalidades jurídicas), agregando también la intención (finalidad política) de dar al pueblo la garantía de la exclusión del error y de la arbitrariedad'[3]. E percebe-se uma inversão muito sutil nos argumentos trazidos a lume por MANZINI,

---

1 FERRAJOLI, Derecho y razón: teoría del garantismo penal, p. 550.
2 Esse trecho está na obra Investigação preliminar, 5ª edição, publicada em coautoria com Ricardo Jacobsen Gloeckner, Editora Saraiva.
3 MANZINI, Vincenzo. Tratado de Derecho Procesal Penal. t. I. Trad. Santiago Sentís Melendo y Marino Ayerra Redin. Barcelona, Ediciones Jurídicas Europa-América, 1951, p. 252.

até mesmo por se tratar de argumentos próprios da escolástica, como *a distinctio, a divisio* e *a subdivisio*. Alude MANZINI, segundo o operar 'normal das coisas' (natureza das coisas), é de se presumir o fundamento da imputação e a verdade da decisão, e não o contrário, taxando o processualista de irracional e paradoxal a defesa do princípio da presunção de inocência. MANZINI se apropria aqui da doutrina de PEREGO, para quem a presunção de inocência surgiu como uma verdadeira atenuação da presunção de culpabilidade implícita na tautologia de que a ação penal nasce do delito[4]. No mesmo sentido é possível se acrescentar aqui as palavras de FERRARI[5] e de VITALI"[6].

Partindo de uma premissa absurda, MANZINI chegou a estabelecer uma equiparação entre os indícios que justificam a imputação e a prova da culpabilidade. O raciocínio era o seguinte: como a maior parte dos imputados resultavam ser culpados ao final do processo, não há o que justifique a proteção e a presunção de inocência. Com base na doutrina de MANZINI, o próprio Código de Rocco de 1930 não consagrou a presunção de inocência, pois era vista como um excesso de individualismo e garantismo.

Como explica Gustavo BADARÓ[7], em parecer que elaboramos em coautoria, a "presunção de inocência é a primeira, e talvez a mais importante forma de analisar este princípio, é como garantia política

---

4 Como explica GLOECKNER (na obra anteriormente citada em coautoria), para Perego, duas são as presunções que movimentam a dinâmica do processo: a de culpabilidade e a de inocência. Para o autor, dentro da lógica, não é possível que ambas emirjam simultaneamente. Isso somente pode ocorrer quando uma presunção seja racional e a outra, intuitiva ou sentimental, uma vez que a concorrência da razão e do sentimento é justamente o que compõe o juízo. Todavia, Perego nega que seja possível, filosoficamente, uma presunção ser sentimental. O indiciado, portanto, não passa de um indiciado culpável (caso contrário não se procederia contra ele), mas não um presumível culpado ou inocente. PEREGO, Luigi. *I Nuovi Valori Filosofici e il Diritto Penale*. Milano: Società Editrice Libraria, 1918, p. 198.
5 FERRARI, Ubaldo. *La Verità Penale e la sua Ricerca nel Diritto Processuale Penale Italiano*. Milano, Inst. Ed. Scientifico, 1927.
6 VITALI, Giovanni. Sul Principio della Presunzione di Colpa Dell'Imputato. In: *Cassasione Unica*, XXVII, 1916, p. 1009.
7 Em Parecer Jurídico sobre a Presunção de Inocência que foi utilizado no HC 126.292/SP, quando da discussão no STF sobre a execução antecipada da pena.

do cidadão. A presunção de inocência é, antes de tudo, um princípio político[8]! O processo, e em particular o processo penal, é um microcosmos no qual se refletem a cultura da sociedade e a organização do sistema político[9]. Não se pode imaginar um Estado de Direito que não adote um processo penal acusatório e, como seu consectário necessário, a presunção de inocência que é, nas palavras de PISANI, um 'presupposto implicito e peculiare del processo accusatorio penale"[10]. O princípio da presunção de inocência é reconhecido, atualmente, como componente basilar de um modelo processual penal que queira ser respeitador da dignidade e dos direitos essenciais da pessoa humana[11]. Há um valor eminentemente ideológico na presunção de inocência[12]. Liga-se, pois, à própria finalidade do processo penal: um processo necessário para a verificação jurisdicional da ocorrência de um delito e sua autoria"[13].

---

8 Nesse sentido: BETTIOL, Giuseppe. Sulle Presunzioni nel Diritto e nel Processo Penale. *Scritti Giuridici*. Padova, Cedam, 1966, t. I, p. 385; ILLUMINATI, Giullio. *La Presunzione d'Innocenza dell'Imputato*. Bologna, Zanichelli, 1979, p. 5; BORGHESE, Sofo. Presunzioni (diritto penale e diritto processuale penale). *Novissimo digesto italiano*. Torino, Utet, 1966, v. XIII, p. 774.
9 NAPPI, Aniello. *Guida al Codice di Procedura Penale*. 8. ed. Milano, Giuffrè, 2001, p. 3.
10 PISANI, Mario. Sulla Presunzione di Non Colpevolezza. *Il Foro Penale*, 1965, p. 3. Aliás, como lembra Giulio Ubertis (*Principi di Procedura Penale Europea. Le Regole del Giusto Processo*. Milano, Raffaello Cortina, 2000, p. 64), a presunção de inocência é um princípio "che sorge come reazione al sistema inquisitorio".
11 CHIAVARIO, Mario. La Presunzione d'Innocenza nella Giurisprudenza della Corte Europea dei Diritti dell'Uomo. *Studi in Ricordo di Gian Domenico Pisapia*. Milano, Giuffrè, 2000, v. 2, p. 76.
12 PAULESU, Pier Paolo. Presunzione di Non Colpevolezza. *Digesto – Discipline Penalistiche*. 4. ed. Torino, Utet, 1995, vol. IX, p. 671.
13 A contraposição é destacada por Oreste Dominioni (Il 2º comma dell'art. 27. In: BRANCA, Giuseppe; PIZZORUSSO, Alessandro [Coord.]. *Commentario della Costituzione – Rapporti Civili*. Bologna, Zanichelli, 1991, p. 187) que, comentando a matriz política e ideológica do Código Rocco, observa que "la premessa politica che lo Stato fascista, a differenza dello Stato democratico liberale, non considera la libertà individuale come un diritto preminente, bensì come una concessione dello Stato accordata nell'interesse della collettività, determina il radicale ripudio dell'idea che la disciplina del processo penale trovi nella tutela dell'innocenza

No Brasil, a presunção de inocência está expressamente consagrada no art. 5º, LVII, da Constituição, sendo o princípio reitor do processo penal e, em última análise, podemos verificar a qualidade de um sistema processual através do seu nível de observância (eficácia). Define a Constituição:

Art. 5º (...)
LVII – ninguém será considerado culpado até o trânsito em julgado de sentença penal condenatória.

Na Convenção Americana de Direitos Humanos:

Art. 8º
(...)
2. Toda pessoa acusada de delito tem direito a que se presuma sua inocência enquanto não se comprove legalmente sua culpa. Durante o processo, toda pessoa tem direito, em plena igualdade, às seguintes garantias mínimas:

a) direito do acusado de ser assistido gratuitamente por tradutor ou intérprete, se não compreender ou não falar o idioma do juízo ou tribunal;

b) comunicação prévia e pormenorizada ao acusado da acusação formulada;

c) concessão ao acusado do tempo e dos meios adequados para a preparação de sua defesa;

d) direito do acusado de defender-se pessoalmente ou de ser assistido por um defensor de sua escolha e de comunicar-se, livremente e em particular, com seu defensor;

e) direito irrenunciável de ser assistido por um defensor proporcionado pelo Estado, remunerado ou não, segundo a legislação interna, se o acusado não se defender ele próprio nem nomear defensor dentro do prazo estabelecido pela lei;

f) direito da defesa de inquirir as testemunhas presentes no tribunal e de obter o comparecimento, como testemunhas ou peritos, de outras pessoas que possam lançar luz sobre os fatos;

g) direito de não ser obrigado a depor contra si mesma, nem a declarar-se culpada; e

h) direito de recorrer da sentença para juiz ou tribunal superior.

---

la propria essenziale funzione e porta, per contrapposto, a riaffermare l'interesse repressivo come suo elemento specifico".

Podemos extrair da presunção de inocência[14] (além do dever de tratamento) que a formação do convencimento do juiz deve ser construído em contraditório (Fazzalari), orientando-se o processo, portanto, pela estrutura acusatória que impõe a estrutura dialética e mantém o juiz em estado de alheamento (rechaço à figura do juiz-inquisidor – com poderes investigatórios/instrutórios – e consagração do juiz de garantias ou garantidor).

A partir da análise constitucional conjugada com o art. 9º da Declaração dos Direitos do Homem e do Cidadão[15], de 1789, VEGAS TORRES[16] aponta para as três principais manifestações (não excludentes, mas sim integradoras) da presunção de inocência:

a) É um princípio fundante, em torno do qual é construído todo o processo penal liberal, estabelecendo essencialmente garantias para o imputado frente à atuação punitiva estatal;

b) É um postulado que está diretamente relacionado ao tratamento do imputado durante o processo penal, segundo o qual haveria de partir-se da ideia de que ele é inocente e, portanto, deve reduzir-se ao máximo as medidas que restrinjam seus direitos durante o processo (incluindo-se, é claro, a fase pré-processual);

c) Finalmente, a presunção de inocência é uma regra diretamente referida ao juízo do fato que a sentença penal faz. É sua incidência no âmbito probatório, vinculando à exigência de que a prova completa da culpabilidade do fato é uma carga da acusação, impondo-se a absolvição do imputado se a culpabilidade não ficar suficientemente demonstrada.

Mas será que podemos afirmar que a Constituição "não recepcionou a presunção de inocência"?

---

14 Baseamo-nos na divisão de Perfecto Andrés Ibáñez, *Garantismo y Proceso Penal*, cit., p. 53.
15 "Art. 9º Todo homem presume-se inocente enquanto não houver sido declarado culpado; por isso, se se considerar indispensável detê-lo, todo rigor que não seria necessário para a segurança de sua pessoa deve ser severamente punido pela lei."
16 VEGAS TORRES, Jaime. *Presunción de Inocencia y Prueba en el Proceso Penal*, p. 35 e s.

Em primeiro lugar, afirmar que a Constituição recepcionou apenas a "presunção de não culpabilidade" é uma concepção reducionista, pois seria alinhar-se ao estágio "pré-presunção de inocência" não recepcionada pela Convenção Americana de Direitos Humanos e tampouco pela base democrática da Constituição. A essa altura do estágio civilizatório, constitucional e democrático, como ensina BUENO DE CARVALHO[17], o Princípio da Presunção de Inocência "não precisa estar positivado em lugar nenhum: é pressuposto – para seguir Eros – neste momento histórico, da condição humana". Não se pode olvidar, ainda, a expressa recepção no art. 8.2 da Convenção Americana de Direitos Humanos.

Dessarte, o Brasil recepcionou sim a presunção de inocência e, como presunção, exige uma pré-ocupação (como adverte Rui Cunha Martins) nesse sentido durante o processo penal, um verdadeiro *dever imposto ao julgador de preocupação com o imputado, uma preocupação de tratá-lo como inocente.*

Muito importante sublinhar que a presunção constitucional de inocência tem um marco claramente demarcado: *até o trânsito em julgado*. Neste ponto nosso texto constitucional supera os diplomas internacionais de direitos humanos e muitas constituições tidas como referência. Há uma afirmação explícita e inafastável de que o acusado é presumidamente inocente até o "trânsito em julgado da sentença penal condenatória". Mas também não é uma construção única; basta ler as Constituições italiana e portuguesa, que também asseguram até o trânsito em julgado[18].

---

17 CARVALHO, Amilton Bueno de. Lei, Para Que(m)?. In: *Escritos de Direito e Processo Penal em Homenagem ao Professor Paulo Claudio Tovo*. Rio de Janeiro, Lumen Juris, 2001, p. 51.
18 É o caso da Constituição italiana, de 1948, que no art. 27, *comma* 2º, assegura: "l'imputato non è considerato colpevole *sino alla condanna definitiva*". O mesmo conteúdo foi adotado pela Constituição portuguesa, de 1974, no art. 32.2, que, entre as garantias do processo criminal, assegura: "Todo o arguido *se presume inocente* até ao trânsito em julgado da sentença de condenação, devendo ser julgado no mais curto prazo compatível com as garantias de defesa".

E o conceito de trânsito em julgado tem **fonte e história** e não cabe que seja manejado irrefletidamente (Geraldo Prado) ou distorcido de forma autoritária e a "golpes de decisão". Não pode o STF, como fez no HC 126.292 (autorizando a execução antecipada da pena), com a devida vênia e máximo respeito, reinventar conceitos processuais assentados em – literalmente – séculos de estudo e discussão, bem como em milhares e milhares de páginas de doutrina. No mesmo sentido vai a crítica a aplicação do art. 492, I, e do CPP, que autoriza uma (manifestamente inconstitucional) execução antecipada da pena.

O STF é o guardião da Constituição, não seu dono e tampouco o criador do Direito Processual Penal ou de suas categorias jurídicas. Há que se ter consciência disso, principalmente em tempos de decisionismo e ampliação dos espaços impróprios da discricionariedade judicial. Quando o Brasil foi descoberto, em 1500, o mundo já sabia o que era trânsito em julgado... É temerário admitir que o STF possa "criar" um novo conceito de trânsito em julgado, numa postura solipsista e aspirando ser o marco zero de interpretação. Trata-se de conceito assentado, com fonte e história. Mas, apenas para esclarecer, o fato de a presunção de inocência perdurar até o trânsito em julgado não significa que ninguém possa ser preso antes disso. É perfeitamente possível prender em qualquer fase da investigação ou processo, e para isso existem as prisões cautelares, com seus requisitos, fundamentos e princípios, que coexistem com a presunção de inocência.

Também não há que se pactuar com qualquer visão gradualista da presunção de inocência, como bem explica Maurício ZANOIDE DE MORAES: "Essa visão 'gradualista' da presunção de inocência não deixa de esconder um ranço técnico-positivista da 'presunção de culpa', pois sob seu argumento está uma 'certeza' de que, ao final, a decisão de mérito será condenatória. Desconsiderando a importância da cognição dos tribunais, 'crê' que a análise do juízo *a quo* pela condenação prevalecerá e, portanto, 'enquanto se espera por um desfecho já esperado', mantém-se uma pessoa presa 'provisoriamente'"[19].

A presunção de inocência irradia sua eficácia em três dimensões, esclarece ZANOIDE DE MORAES, constituindo as seguintes normas[20]:

1) **norma de tratamento:** a presunção de inocência impõe um verdadeiro dever de tratamento (na medida em que exige que o réu seja tratado como inocente), que atua em duas dimensões: interna ao processo e exterior a ele. Internamente, é a imposição – ao juiz – de tratar o acusado efetivamente como inocente até que sobrevenha eventual sentença penal condenatória transitada em julgado. Isso terá reflexos, entre outros, no uso excepcional das prisões cautelares, como explicaremos no capítulo específico. Na dimensão externa ao processo, a presunção de inocência exige uma proteção contra a publicidade abusiva e a estigmatização (precoce) do réu. Significa dizer que a presunção de inocência (e também as garantias constitucionais da imagem, dignidade e privacidade) deve ser utilizada como verdadeiro limite democrático à abusiva exploração midiática em torno do fato criminoso e do próprio processo judicial. O bizarro espetáculo montado pelo julgamento midiático deve ser coibido pela eficácia da presunção de inocência. Também na perspectiva de norma de tratamento, a presunção de inocência repudia o uso desnecessário de algemas e todas as formas de tratamento análogo ao de culpado para alguém que ainda não foi condenado definitivamente.

---

19 ZANOIDE DE MORAES, Maurício. *Presunção de inocência no processo penal brasileiro*: análise de sua estrutura normativa para a elaboração legislativa e para a decisão judicial, 2008. Tese (Livre-docência). Faculdade de Direito da Universidade de São Paulo, São Paulo, cap. IV, p. 483.

20 Neste tema, nós nos baseamos e recomendamos a leitura de dois excelentes trabalhos da doutrina nacional: ZANOIDE DE MORAES, Maurício. *Presunção de inocência no processo penal brasileiro*: análise de sua estrutura normativa para a elaboração legislativa e para a decisão judicial. Rio de Janeiro, Lumen Juris, 2010. GOMES FILHO, Antonio Magalhães. *Presunção de inocência e prisão cautelar*. São Paulo, Saraiva, 1991.

2) norma probatória: no processo penal não existe "distribuição de cargas probatórias", como no processo civil, senão mera "atribuição" de carga ao acusador (James Goldschmidt), de modo que a carga da prova é inteiramente do acusador (pois, se o réu é inocente, não precisa provar nada). Como adverte ZANOIDE DE MORAES[21], a presunção de inocência como norma probatória "exige que o material probatório necessário para afastá-la seja produzido pelo órgão acusador de modo lícito e tenha conteúdo para incriminador. No cumprimento de seu ônus probatório a acusação deverá utilizar apenas de provas lícitas e voltadas a demonstrar a culpa do imputado e a materialidade da infração, em todos os seus aspectos. Esse significado da presunção de inocência é objetivo e antecede, por motivos lógicos, o seu significado de 'norma de juízo'". Não se admite, ainda, nenhum tipo de inversão de carga probatória, sendo censuráveis – por violadores da presunção de inocência – todos os dispositivos legais neste sentido. Mas não basta "qualquer" prova, é preciso que seja lícita, buscada, produzida e valorada dentro dos padrões constitucionais e legais[22]. Nessa perspectiva, acrescentamos a garantia de ser julgado com base em "prova" e não "meros atos de investigação" ou "elementos informativos" do inquérito. Explica ZANOIDE DE MORAES[23] que as meras suspeitas, opiniões ou "convicções" do julgador, formadas fora do processo (ou dos limites de legalidade probatória) ou na fase de investigação, não podem ser usadas pelo juiz na motivação da sentença, sob pena de violação da presunção de inocência como "norma probatória". Para evitar repetições, remetemos o leitor para o capítulo em que estudamos o inquérito policial e seu valor probatório, pois lá fazemos essa distinção.

3) norma de julgamento: nessa perspectiva, a presunção de inocência é uma "norma para o juízo", diretamente

---

21 ZANOIDE DE MORAES, Maurício. *Presunção de inocência no processo penal brasileiro*, p. 538.
22 Idem, ibidem, p. 463.
23 Idem, ibidem, p. 465.

relacionada à definição e observância do "*standard* probatório", atuando no nível de exigência de suficiência probatória para um decreto condenatório. Difere-se da norma probatória na medida em que atua na perspectiva subjetiva, ao passo que as regras probatórias têm natureza objetiva. Trata-se de uma regra que incide após a norma probatória, pois somente poderá ocorrer sobre o material já produzido[24]. ZANOIDE DE MORAES explica que a presunção de inocência, como norma de julgamento, exige a concretização do "*in dubio pro reo*" e do "*favor rei*", enquanto preceitos tradicionais da cultura jurídica, vinculados a valores humanitários de igualdade, respeito à dignidade da pessoa humana e liberdade, que devem ser os critérios axiológicos orientadores de toda e qualquer decisão judicial no âmbito criminal. Isso se manifesta na interpretação e aplicação da norma, mas também como "critério pragmático de resolução da incerteza judicial" (na clássica expressão de Ferrajoli). A presunção de inocência – e sua dimensão de norma de julgamento – incide não apenas no "julgamento" em sentido estrito, mas ao longo de toda a persecução criminal, da fase de inquérito até o trânsito em julgado (e inclusive na fase de revisão criminal, como explicamos no tópico a ela destinado, porque lá também incidem os valores constitucionais que devem estar presentes em qualquer decisão judicial, seja interlocutória ou mesmo no julgamento de uma revisão criminal). Essencialmente a presunção de inocência, enquanto norma de julgamento, diz respeito à suficiência probatória exigida para uma decisão condenatória[25]. Também, por conta da presunção de inocência, não se pode admitir "rebaixamentos" de *standard* probatório pela natureza do delito, isto é: está absolutamente errado pensar que se pode condenar alguém, em alguns crimes, com "menos" qualidade de prova do que o exigido pela

---

24 Idem, ibidem, p. 468 e s.
25 Sobre o tema, remetemos o leitor para nossa obra *Direito processual penal*, publicado pela Editora Saraiva, onde tratamos da teoria da prova penal.

presunção de inocência (que é uma regra para "todos" os crimes)[26].

Para o estudo das prisões cautelares, importa a primeira dimensão: o dever de tratar o acusado como inocente até o trânsito em julgado da sentença penal condenatória.

No entanto, a presunção de inocência não é absoluta e pode ser relativizada pelo uso das prisões cautelares. O que permite a coexistência, além do requisito e fundamento cautelar, são os princípios que regem as medidas cautelares, que serão estudados a seguir. São eles que permitem a coexistência.

Então é importante compreender desde logo que se pode prender alguém, em qualquer fase ou momento do processo ou da investigação preliminar, inclusive em grau recursal, desde que exista uma "necessidade cautelar", isto é, o preenchimento do requisito e fundamento cautelar (art. 312).

E quais são as prisões cautelares recepcionadas atualmente?

Prisão preventiva e prisão temporária.

A prisão em flagrante também costuma ser considerada "cautelar" por parte da doutrina tradicional, mas divergimos neste ponto, por entendê-la como "pré-cautelar", como explicaremos a seu tempo. De qualquer forma, essas são as três modalidades de prisão que podem ocorrer antes do trânsito em julgado de uma sentença penal condenatória. **Não existem mais, após a reforma de 2011, a prisão decorrente da pronúncia e a prisão decorrente da sentença penal condenatória recorrível.** Elas agora, como determinam os respectivos arts. 413, § 3º, e 387, § 1º, do CPP, **passam a ser tratadas como prisão preventiva** (não só porque somente podem ser decretadas se presentes o requisito e fundamento, mas também devem ser assim nominadas).

Após o trânsito em julgado, o que temos é uma prisão-pena, ou seja, a execução definitiva da sentença e o cumprimento da pena privativa de liberdade.

---

26 Sobre o tema remetemos o leitor para nossa obra *Direito processual penal*, onde tratamos disso ao explicar a teoria geral da prova.

Tais conclusões brotam da redação do art. 283 do CPP:

Art. 283. Ninguém poderá ser preso senão em flagrante delito ou por ordem escrita e fundamentada da autoridade judiciária competente, em decorrência de prisão cautelar ou em virtude de condenação criminal transitada em julgado.

Mais uma interessante inovação trazida pela Lei n. 13.964 foi expressa vedação, contida no art. 313, § 2º, de que "não será admitida a decretação da prisão preventiva com a finalidade de antecipação de cumprimento de pena ou como decorrência imediata de investigação criminal ou da apresentação ou recebimento de denúncia".

2. Teoria das prisões cautelares

Como identificou J. GOLDSCHMIDT[27], grave problema existe no paralelismo entre processo civil e processo penal, principalmente quando são buscadas categorias e definições do processo civil e pretende-se sua aplicação automática no processo penal. Partindo dessa lição, dedicamos tópicos específicos na obra *Direito processual penal* para fundamentar a necessária recusa à teoria geral do processo e à transmissão de categorias do processo civil. Agora, partindo da esperança de que aquelas lições tenham sido compreendidas, fica mais fácil afirmar que o fenômeno do processo civil é bastante claro e distinto daquele que caracteriza o processo penal.

Assim, vemos alguns conceitos erroneamente utilizados pelo senso comum teórico (e também jurisprudencial) em torno do requisito e fundamentos da prisão, bem como de seu objeto.

2.1. *Fumus boni iuris* e *periculum in mora*? A impropriedade desses termos. Categorias do processo penal: *fumus commissi delicti* e *periculum libertatis*

As medidas cautelares de natureza processual penal buscam garantir o normal desenvolvimento do processo e, como consequência,

---

27 GOLDSCHMIDT, James. *Problemas jurídicos y políticos del proceso penal*, p. 8.

a eficaz aplicação do poder de punir. São medidas destinadas à tutela do processo e não medidas de segurança pública.

Filiamo-nos à corrente doutrinária[28] que defende seu caráter instrumental, em que "las medidas cautelares son, pues, actos que tienen por objeto garantizar el normal desarrollo del proceso y, por tanto, la eficaz aplicación del jus puniendi. Este concepto confiere a las medidas cautelares la nota de instrumentalidad, en cuanto son medios para alcanzar la doble finalidad arriba apuntada"[29].

Delimitado o objeto das medidas cautelares, é importante frisar nossa discordância[30] em relação à doutrina tradicional, que, ao analisar o requisito e o fundamento das medidas cautelares, identifica-os com o *fumus boni iuris* e o *periculum in mora*, seguindo assim as lições de CALAMANDREI em sua célebre obra *Introduzione allo studio sistematico dei provvedimenti cautelari*[31]. De destacar que o trabalho de CALAMANDREI é de excepcional qualidade e valia, mas não se podem transportar alguns de seus conceitos para o processo penal de forma imediata e impensada, como tem sido feito.

O equívoco consiste em buscar a aplicação literal da doutrina processual civil ao processo penal, exatamente em um ponto em que devemos respeitar as categorias jurídicas próprias do processo penal, pois não é possível tal analogia.

Constitui uma impropriedade jurídica (e semântica) afirmar que para a decretação de uma prisão cautelar é necessária a existência de *fumus boni iuris*. Como se pode afirmar que o delito é a "fumaça de bom direito"? Ora, o delito é a negação do direito, sua antítese!

No processo penal, o requisito para a decretação de uma medida coercitiva não é a probabilidade de existência do direito de acusação

---

28 Posição sustentada pela melhor doutrina espanhola (SARA ARAGONESES, PRIETO-CASTRO, HERCE QUEMADA, FAIREN GUILLEN, entre outros) e também desde os clássicos italianos (CARNELUTTI, CALAMANDREI).
29 MARTINEZ, Sara Aragoneses et al. *Derecho procesal penal*, p. 387.
30 No mesmo sentido, recomendamos a leitura de ROBERTO DELMANTO JUNIOR na obra *As modalidades de prisão provisória e seu prazo de duração*, p. 83 e 155.
31 Publicada originariamente em Padova (CEDAM), no ano de 1936.

alegado, mas sim de um fato aparentemente punível. Logo o correto é afirmar que o requisito para decretação de uma prisão cautelar é a existência do *fumus commissi delicti*, enquanto probabilidade da ocorrência de um delito (e não de um direito), ou, mais especificamente, na sistemática do CPP, a prova da existência do crime e indícios suficientes de autoria.

Seguindo a mesma linha de CALAMANDREI, a doutrina considera, equivocadamente, o *periculum in mora* como outro requisito das cautelares.

Em primeiro lugar, o *periculum* não é requisito das medidas cautelares, mas sim o seu fundamento.

Em segundo lugar, a confusão aqui vai mais longe, fruto de uma equivocada valoração do perigo decorrente da demora no sistema cautelar penal. Para CALAMANDREI[32], o *periculum in mora* é visto como o risco derivado do atraso inerente ao tempo que deve transcorrer até que recaia uma sentença definitiva no processo.

Tal conceito se ajusta perfeitamente às medidas cautelares reais, em que a demora na prestação jurisdicional possibilita a dilapidação do patrimônio do acusado. Sem embargo, nas medidas coercitivas pessoais o risco assume outro caráter.

Aqui o fator determinante não é o tempo, mas a situação de perigo criada pela conduta do imputado. Fala-se, nesses casos, em risco de frustração da função punitiva (fuga) ou graves prejuízos ao processo, em virtude da ausência do acusado, ou em risco ao normal desenvolvimento do processo criado por sua conduta (em relação à coleta da prova).

O perigo não brota do lapso temporal entre o provimento cautelar e o definitivo. Não é o tempo que leva ao perecimento do objeto.

O risco no processo penal decorre da situação de liberdade do sujeito passivo. Basta afastar a conceituação puramente civilista para ver que o *periculum in mora* no processo penal assume o caráter de perigo ao normal desenvolvimento do processo (perigo de fuga, destrui-

---

32 CALAMANDREI, Piero. Op. cit., p. 18.

ção da prova) em virtude do estado de liberdade do sujeito passivo.

Logo, o fundamento é um *periculum libertatis*, enquanto perigo que decorre do estado de liberdade do imputado.

A redação do art. 312 é acertada ao afirmar, no final do dispositivo, que a prisão preventiva poderá ser decretada quando houver prova da existência do crime e indícios suficientes de autoria e de "perigo gerado pelo estado de liberdade do imputado", bem refletindo o *periculum libertatis* como fundamento.

É necessário abandonar a doutrina civilista de CALAMANDREI para buscar conceitos próprios e que satisfaçam plenamente as necessidades do processo penal, recordando, sempre, que as medidas cautelares são instrumentos a serviço do processo, para tutela da prova ou para garantir a presença da parte passiva[33].

2.2. Medidas cautelares e não processo cautelar

A sistemática do Código de Processo Penal não contempla a existência de "ação cautelar", até porque, no processo penal, inexiste um processo cautelar. Daí por que não concordamos com essa categorização (de ação cautelar penal) dada por alguma doutrina.

O processo penal pode ser de conhecimento ou de execução, não existindo um verdadeiro processo penal cautelar. Logo, não havendo processo penal cautelar, não há que falar de ação cautelar.

Essa questão foi muito bem tratada por TUCCI[34], que categoricamente refuta a possibilidade de uma *ação cautelar*, concebendo apenas ações cognitivas e executivas. O que se tem são "medidas cautelares penais", a serem tomadas no curso da investigação preliminar, do processo de conhecimento e até mesmo no processo de execução. As prisões cautelares, sequestros de bens, hipoteca legal e outras são meras medidas incidentais (ainda que na fase pré-processual, na qual se cogitaria de um pseudocaráter preparatório), em que

---

33 Entre outros, é por esse motivo que a prisão preventiva para garantia da ordem pública ou da ordem econômica não possui natureza cautelar, sendo, portanto, substancialmente inconstitucional.

34 TUCCI, Rogério Lauria. *Teoria do direito processual penal*, p. 107.

não há o exercício de uma ação específica, que gere um processo cautelar diferente do processo de conhecimento ou que possua uma ação penal autônoma.

Assim, não há que falar em processo cautelar, mas em medidas cautelares.

2.3. Inexistência de um poder geral de cautela. Ilegalidade das medidas cautelares atípicas

Até o advento da Lei n. 12.403, de 4 de maio de 2011, o sistema cautelar brasileiro era, morfologicamente, bastante pobre, resumindo-se à prisão cautelar ou liberdade provisória. Diante disso, começaram a surgir decisões que, por exemplo, revogando uma prisão preventiva, impunham "condições" ao imputado, tais como entrega de passaporte, restrição de locomoção, dever de informar viagens etc. No mais das vezes, tais medidas vinham decretadas a título de "poder geral de cautela", invocando o art. 798 do CPC.

Sustentávamos, antes da reforma, a ilegalidade de tais medidas, por completa ausência de previsão legal.

A situação agora mudou em parte, pela consagração de medidas antes desconhecidas, mas a impossibilidade de medidas atípicas permanece.

No processo civil, explica CALAMANDREI[35], é reconhecido o poder geral de cautela (*potere cautelare generale*) confiado aos juízes, em virtude do qual eles podem, sempre, onde se manifeste a possibilidade de um dano que deriva do atraso de um procedimento principal, providenciar de modo preventivo a eliminar o perigo, utilizando a forma e o meio que considerem oportunos e apropriados ao caso. Significa dizer que o juiz cível possui amplo poder de lançar mão de medidas de cunho acautelatório, mesmo sendo atípicas as medidas, para efetivar a tutela cautelar. Tanto que o processo civil, além das medidas de antecipação da tutela, consagra um rol de medidas cautelares

---

35 CALAMANDREI, Piero. Op. cit., p. 47.

nominadas e a aceitação das medidas inominadas, em nome do poder geral de cautela que confere o art. 798 do CPC. Mas isso só é possível no processo civil.

No processo penal não existem medidas cautelares inominadas e tampouco possui o juiz criminal um poder geral de cautela. No processo penal, forma é garantia. Logo, não há espaço para "poderes gerais", pois todo poder é estritamente vinculado a limites e à forma legal. O processo penal é um instrumento limitador do poder punitivo estatal, de modo que ele somente pode ser exercido e legitimado a partir do estrito respeito às regras do devido processo. E, nesse contexto, o princípio da legalidade é fundante de todas as atividades desenvolvidas, haja vista que o *due process of law* estrutura-se a partir da legalidade e emana daí seu poder.

A forma processual é, ao mesmo tempo, limite de poder e garantia para o réu. É crucial para compreensão do tema o conceito de *fattispecie giuridica processuale*[36], isto é, o conceito de *tipicidade processual* e de *tipo processual*, pois *forma é garantia*. Isso mostra, novamente, a insustentabilidade de uma teoria unitária, infelizmente tão arraigada na doutrina e jurisprudência brasileiras, pois não existe conceito similar no processo civil.

Como todas as medidas cautelares (pessoais ou patrimoniais) implicam severas restrições na esfera dos direitos fundamentais do imputado, exigem estrita observância do princípio da legalidade e da tipicidade do ato processual por consequência. Não há a menor possibilidade de tolerar-se restrição de direitos fundamentais a partir de analogias, menos ainda com o processo civil, como é a construção dos tais "poderes gerais de cautela".

Toda e qualquer medida cautelar no processo penal somente pode ser utilizada quando prevista em lei (legalidade estrita) e observados seus requisitos legais no caso concreto.

---

36 Conceito que foi bem tratado por GIOVANNI CONSO, ao longo da obra *Il concetto e le specie d'invalidità: introduzione alla teoria dei vizi degli ati processuali penali*.

Portanto, hoje estão autorizadas as seguintes medidas, nos termos do art. 319 do CPP:

Art. 319. São medidas cautelares diversas da prisão:

I – comparecimento periódico em juízo, no prazo e nas condições fixadas pelo juiz, para informar e justificar atividades;

II – proibição de acesso ou frequência a determinados lugares quando, por circunstâncias relacionadas ao fato, deva o indiciado ou acusado permanecer distante desses locais para evitar o risco de novas infrações;

III – proibição de manter contato com pessoa determinada quando, por circunstâncias relacionadas ao fato, deva o indiciado ou acusado dela permanecer distante;

IV – proibição de ausentar-se da Comarca quando a permanência seja conveniente ou necessária para a investigação ou instrução;

V – recolhimento domiciliar no período noturno e nos dias de folga quando o investigado ou acusado tenha residência e trabalho fixos;

VI – suspensão do exercício de função pública ou de atividade de natureza econômica ou financeira quando houver justo receio de sua utilização para a prática de infrações penais;

VII – internação provisória do acusado nas hipóteses de crimes praticados com violência ou grave ameaça, quando os peritos concluírem ser inimputável ou semi-imputável (art. 26 do Código Penal) e houver risco de reiteração;

VIII – fiança, nas infrações que a admitem, para assegurar o comparecimento a atos do processo, evitar a obstrução do seu andamento ou em caso de resistência injustificada à ordem judicial;

IX – monitoração eletrônica.

Entendemos que esse rol é taxativo de medidas cautelares diversas da prisão.

Claro que medidas necessárias para a implantação da cautelar podem ser adotadas, até mesmo porque possuem previsão legal. É o caso da entrega do passaporte, agora previsto no art. 320, *verbis*:

Art. 320. A proibição de ausentar-se do país será comunicada pelo juiz às autoridades encarregadas de fiscalizar as saídas do território nacional, intimando-se o indiciado ou acusado para entregar o passaporte no prazo de 24 (vinte e quatro) horas.

19

Paradigmática é a decisão proferida pelo Min. Celso de Mello no HC 186.421/SC, como já explicamos em outra oportunidade[37], em que o ilustre Ministro acerta ao afirmar a obrigatoriedade da audiência de custódia, a ilegalidade da "conversão de ofício" da prisão em flagrante em prisão preventiva e, finalmente, ao afirmar categoricamente que não existe um tal "poder geral de cautela" no processo penal.

Como afirma a decisão anteriormente referida,

> (...) é preciso ressaltar, na linha de autorizado magistério doutrinário (ALEXANDRE MORAIS DA ROSA, Guia do Processo Penal conforme a Teoria dos Jogos, p. 392/393 e 420/421, 5ª ed., 2019, EM/EMais Editora; ANTONIO MAGALHÃES GOMES FILHO, Presunção de Inocência e Prisão Cautelar, p. 57, 1991, Saraiva; FÁBIO MACHADO DE ALMEIDA DELMANTO, Medidas Substitutivas e Alternativas à Prisão Cautelar, p. 26/27, item n. 1.5.3, 2008, Renovar; GUILHERME MADEIRA DEZEM, Curso de Processo Penal, p. 790/792, item n. 13.1.1, 5ª ed., 2019, RT, v.g.), que inexiste, em nosso sistema jurídico, em matéria processual penal, o poder geral de cautela dos Juízes, notadamente em tema de privação e/ou de restrição da liberdade das pessoas, vedada, em consequência, em face dos postulados constitucionais da tipicidade processual e da legalidade estrita, a adoção, em detrimento do investigado, do acusado ou do réu, de provimentos cautelares inominados ou atípicos, tal como corretamente enfatiza o brilhante magistrado paulista RODRIGO CAPEZ (Prisão e Medidas Cautelares Diversas: A Individualização da Medida Cautelar no Processo Penal, p. 416/424, item n. 6.1.3, 2017, Quartier Latin).

Dessarte, qualquer restrição fora desses limites é ilegal. Segue o juiz ou tribunal atrelado ao rol de medidas previstas em lei, não podendo "criar" outras além daquelas previstas no ordenamento. **O processo penal é regido pelo princípio da legalidade, de modo que toda e qualquer restrição da esfera de liberdades individuais deve estar expressamente prevista em lei. Todo poder é condicionado e não existe espaço democrático e constitucional para falar em "poder geral de cautela penal".** Não se admitem analogias ou espaço criativo do juiz nesse terreno.

---

37 Disponível em: <https://www.conjur.com.br/2020-jul-24/limite-penal-paradigmatica-decisao-celso-mello-hc-186421>.

3. Principiologia das prisões cautelares

A base principiológica é estruturante e fundamental no estudo de qualquer instituto jurídico. Especificamente nessa matéria – prisões cautelares –, são os princípios que permitirão a coexistência de uma prisão sem sentença condenatória transitada em julgado com a garantia da presunção de inocência.

Vejamos as notas características dos princípios orientadores do sistema cautelar:

3.1. Jurisdicionalidade e fundamentação (art. 315 do CPP)

Toda e qualquer prisão cautelar somente pode ser decretada por ordem judicial fundamentada. Não apenas a prisão preventiva, mas também a prisão temporária. A prisão em flagrante é uma medida precautelar, uma precária detenção, que pode ser feita por qualquer pessoa do povo ou autoridade policial. Nesse caso, o controle jurisdicional dá-se em momento imediatamente posterior, com o juiz homologando ou relaxando a prisão e, na continuação, decretando a prisão preventiva ou concedendo liberdade provisória.

O princípio da jurisdicionalidade está intimamente relacionado com o *due process of law*. Como prevê o art. 5º, LIV, da CF, "ninguém será [ou melhor, deveria ser] privado da liberdade ou de seus bens sem o devido processo legal". Portanto, para haver privação de liberdade, necessariamente deve preceder um processo (*nulla poena sine praevio iudicio*), isto é, a prisão só pode ser após o processo.

No Brasil, a jurisdicionalidade está consagrada no art. 5º, LXI, da CF, segundo o qual ninguém será preso senão em flagrante delito ou por ordem escrita e fundamentada de autoridade judiciária competente, salvo nos casos de crime militar. Assim, ninguém poderá ser preso por ordem de delegado de polícia, promotor ou qualquer outra autoridade que não a judiciária (juiz ou tribunal), com competência para tanto. Eventual ilegalidade deverá ser remediada pela via do *habeas corpus*, nos termos do art. 648, III, do CPP.

Existe o dever genérico de fundamentação, contido no art. 93, IX, da CF, que obviamente norteia toda a atividade jurisdicional, demarcando a supremacia da razão sobre o poder, na clássica expressão de FERRAJOLI, de que se deve sempre buscar a minimização do poder, enquanto poder em si mesmo, e a maximição da razão, da racionalidade judicial, enquanto amparada em argumentos fáticos e jurídicos válidos e suficientes. Mas, ao lado dele, temos especificamente, em matéria cautelar, dois dispositivos importantes.

A redação do art. 283 assim determina:

Art. 283. Ninguém poderá ser preso senão em flagrante delito ou por ordem escrita e fundamentada da autoridade judiciária competente, em decorrência de sentença condenatória transitada em julgado ou, no curso da investigação ou do processo, em virtude de prisão temporária ou prisão preventiva.

No caso de prisão em flagrante, a comunicação ao juiz ocorre em dois momentos: imediatamente após a detenção e ao final da lavratura do auto de prisão em flagrante, quando então todas as peças são encaminhadas ao juiz.

A rigor, cotejando os princípios da jurisdicionalidade com a presunção de inocência, a prisão cautelar seria completamente inadmissível. Contudo, o pensamento liberal clássico buscou sempre justificar a prisão cautelar (e a violação de diversas garantias) a partir da "cruel necessidade". Assim, quando ela cumpre sua função instrumental-cautelar, seria tolerada, em nome da necessidade e da proporcionalidade. Mas, infelizmente, a prisão cautelar é um instituto que sofreu grave degeneração, a qual dificilmente será remediada por uma simples mudança legislativa. O maior problema é cultural, é a banalização de uma medida que era para ser excepcional.

Mas a Lei n. 13.964/2019 inseriu outra modificação de extrema relevância no art. 315:

Art. 315. A decisão que decretar, substituir ou denegar a prisão preventiva será sempre motivada e fundamentada.

§ 1º Na motivação da decretação da prisão preventiva ou de qualquer outra cautelar, o juiz deverá indicar concretamente a existência de fatos novos ou contemporâneos que justifiquem a aplicação da medida adotada.

§ 2º Não se considera fundamentada qualquer decisão judicial, seja ela interlocutória, sentença ou acórdão, que:

I – limitar-se à indicação, à reprodução ou à paráfrase de ato normativo, sem explicar sua relação com a causa ou a questão decidida;

II – empregar conceitos jurídicos indeterminados, sem explicar o motivo concreto de sua incidência no caso;
III – invocar motivos que se prestariam a justificar qualquer outra decisão;
IV – não enfrentar todos os argumentos deduzidos no processo capazes de, em tese, infirmar a conclusão adotada pelo julgador;
V – limitar-se a invocar precedente ou enunciado de súmula, sem identificar seus fundamentos determinantes nem demonstrar que o caso sob julgamento se ajusta àqueles fundamentos;
VI – deixar de seguir enunciado de súmula, jurisprudência ou precedente invocado pela parte, sem demonstrar a existência de distinção no caso em julgamento ou a superação do entendimento.

A exigência de motivação que indique, concretamente, fatos novos ou contemporâneos, que justifiquem a medida cautelar, é a consagração da exigência de "atualidade" ou contemporaneidade do *periculum libertatis* já cobrada há muito pela doutrina (e mais recentemente acolhida pelos tribunais superiores). Diz com a natureza situacional das medidas, com o fato de tutelarem uma situação fática de perigo, que precisa existir, ser atual e concreto, para justificar a prisão.

Outro aspecto importante é a exigência de concretude dos fatos que justificam o pedido de prisão preventiva. O perigo que decorre do estado de liberdade deve ter ancoragem fática, suporte fático real e suficiente, não pode ser remoto ou imaginário, mera elocubração, ilação ou especulação. Tomemos, por exemplo, o risco de fuga. Não pode ser fruto de mera ilação, não pode ser imaginário ou presumido, é preciso que o acusador traga elementos probatórios (ainda que em grau de verossimilhança, de indícios razoáveis) reais, como pode ser o fato de o imputado estar vendendo bens, renovando passaporte, adquirido passagem para o exterior, não ter se apresentado quando devido, enfim, uma ancoragem mínima para sustentar o risco de fuga.

O simples fato de o crime imputado ser grave, por exemplo, não pode jamais justificar uma "presunção" de que o investigado irá fugir, como não raras vezes se observa nas práticas judiciárias. Ademais, a própria presunção de inocência impõe – na sua dimensão de norma de tratamento – que se presuma que o imputado irá atender ao chamamento judicial e exercer sua defesa no processo, ou seja, presume-se a sua boa-fé e responsabilidade.

Voltaremos a tratar do art. 315 no estudo da prisão preventiva, para onde remetemos o leitor.

Mas o dispositivo vai além da exigência de concretude e atualidade do *periculum libertatis*, ele estabelece um inovador *standard* de qualidade para validade de todas as decisões judiciais.

O § 2º é de extrema relevância e já inicia determinando que "não se considera fundamentada qualquer decisão judicial, seja ela interlocutória, sentença ou acórdão" que não atenda ao nível mínimo de qualidade na sua fundamentação exigindo a continuação.

Diante do disposto no art. 564, V, a decisão carente de fundamentação é tratada como nulidade cominada[38].

Quanto aos incisos V e VI, em geral não encontram aplicação na decisão (interlocutória) que decreta uma prisão cautelar, sendo mais comum sua exigência e incidência na sentença e acórdão.

Contudo, não se afasta, se o caso concreto exigir, que a decisão seja considerada nula por simplesmente limitar a "invocar precedente ou enunciado de súmula, sem identificar seus fundamentos determinantes nem demonstrar que o caso sob julgamento se ajusta àqueles fundamentos".

Ou ainda, quando a defesa invocar súmula, jurisprudência ou precedente, caberá ao juiz fundamentar o *distinguishing*, isto é, que o caso em questão é distinto, diferente daquele tratado pelo precedente, súmula ou jurisprudência, invocado. É preciso enfrentar e fundamentar a distinção que comprove a não incidência da argumentação trazida pela defesa, sob pena de nulidade.

3.2. Contraditório

Falar em contraditório em sede de medida cautelar, há alguns anos, era motivo de severa crítica, senão heresia jurídica. Mas ele é perfeitamente possível e sempre reclamamos sua

---

[38] Sobre as invalidades processuais e o problema da relativização das nulidades e o princípio do "prejuízo", remetemos o leitor para o capítulo específico contido na nossa obra *Direito processual penal*, publicada pela Editora Saraiva.

incidência. Obviamente, quando possível e compatível com a medida a ser tomada.

Ainda que seja um ilustre desconhecido do sistema cautelar brasileiro, o contraditório é muito importante e perfeitamente compatível com algumas situações de tutela cautelar.

Mais do que efetivar o contraditório, é preciso pensá-lo em conjunto com a oralidade e o direito de audiência. Juntos, constituem aquilo que se denomina "cultura de audiência", algo tão importante e enaltecido em sistemas estrangeiros, mas que infelizmente é uma dívida não paga do processo penal brasileiro.

Nossa sugestão sempre foi de que o detido fosse desde logo conduzido ao juiz que determinou a prisão, para que, após ouvi-lo (um interrogatório restrito não apenas a verificar a existência ou não de tortura, como muitos fazem, mas à inquirição sobre a necessidade ou não da prisão, já que o caso penal deve ser objeto de interrogatório ao final do procedimento), decida fundamentadamente se mantém ou não a prisão cautelar. Isso acabou sendo consagrado através da audiência de custódia, que será tratada em tópico próprio, à continuação.

Estabelece o art. 282, § 3º, do CPP:

Art. 282. (...)
(...)
§ 3º Ressalvados os casos de urgência ou de perigo de ineficácia da medida, o juiz, ao receber o pedido de medida cautelar, determinará a intimação da parte contrária, para se manifestar no prazo de 5 (cinco) dias, acompanhada de cópia do requerimento e das peças necessárias, permanecendo os autos em juízo, e os casos de urgência ou de perigo deverão ser justificados e fundamentados em decisão que contenha elementos do caso concreto que justifiquem essa medida excepcional.

A Lei n. 13.964/2019 não apenas manteve o dever de proporcionar contraditório, como reforçou a regra, ao exigir que os casos de urgência ou perigo de ineficácia da medida (que justificam a ausência de contraditório prévio) sejam justificados e fundamentos em decisão que faça o acoplamento ao caso concreto. Ou seja, não basta a referência genérica a urgência, é preciso fundamentar concretamente demonstrando a sua existência. Ademais, também é invocável aqui o disposto no art. 315, § 2º, que demarca um *standard* superior de qualidade de qualquer decisão (inclusive essa), sob pena de nulidade.

A audiência de custódia também é um importantíssimo espaço para efetivação do contraditório no momento da prisão em flagrante ou decretação da preventiva. Sustentamos – com base na CADH – que a audiência de custódia deve ser realizada diante de qualquer prisão e a qualquer momento em que seja decretada, e não apenas no momento da prisão preventiva. Aplicável, ainda, quando da substituição, cumulação ou mesmo revogação da medida e decretação da preventiva.

A suspeita de descumprimento de quaisquer das condições impostas nas medidas cautelares diversas, previstas no art. 319, exigirá, como regra, o contraditório prévio à substituição, cumulação ou mesmo revogação da medida. É necessário agora, e perfeitamente possível, que o imputado possa contradizer eventual imputação de descumprimento das condições impostas antes que lhe seja decretada, por exemplo, uma grave prisão preventiva.

Importantíssimo, neste tema das prisões cautelares, recordemos, é que se construa uma cultura de audiência e de oralidade.

Como explicamos em outro momento com MINAGÉ[39], "a oralidade é valiosa na medida em que permite alcançar o imediatismo". Ou seja, a oralidade é um instrumento a serviço da celeridade. Por quê? Sua parte, o imediatismo – que entendemos como o contato direto do julgador com os meios de prova (e as partes) – é valioso por três razões: 1) ordena ao juiz e ninguém menos que o juiz seja aquele que conhece da prova, proibindo a delegação de funções; 2) permite ao juiz testemunhar diretamente a "fonte" da informação com a qual ele levará sua decisão, evitando assim o risco de distorção sofrida pela informação quando é recebida de segunda mão; e 3) permite que o juiz possa julgar, testemunhar e controlar o modo como a informação é produzida. Vários são os fatores que podem contribuir com a implementação da cultura das audiências para tomada de decisões e prática dos atos judiciais, pois, como dito, teríamos a possibilidade de deslocar o instituto (prisão preventiva) da posição de principal instrumento de exercício do poder jurisdicional para seu devido lugar, que é a cautelaridade e excepcionalidade. Limitando e reduzindo o uso desenfreado da prisão preventiva,

---

39 Em artigo publicado em coautoria com Thiago Minagé, disponível em: <https://www.conjur.com.br/2020-ago-07/limite-penal-oralidade-cultura-audiencias-lei-13942019>.

que deságua em incontáveis violações de direitos. Ou seja, a audiência oral propicia uma amplitude e um aprofundamento/conhecimento na exposição dos fatos que permite a redução de tomada de decisões precipitadas/equivocadas, na medida em que potencializa a formação do convencimento em contraditório (FAZZALARI).

Assim, a implantação da cultura de audiência oral e em contraditório para análise do decreto de qualquer medida cautelar, desde a prisão preventiva até a medida cautelar diversa, será pautada pela objetividade no debate. Não cabendo produção de prova em audiência, a metodologia será focada na hipótese levantada pela acusação (pretensão da prisão ou medida cautelar diversa), sustentação de que os requisitos essenciais e específicos estão presentes (arts. 312 e 313 do CPP) e à defesa caberá resistir à pretensão afirmada, desconstruindo a hipótese exposta e/ou defendendo direitos contrapostos ao pretendido (exemplo: prisão domiciliar). Tudo pautado nos elementos informativos ou probatórios apresentados naquele momento (audiência) pela acusação e defesa.

Assim, à luz do pedido de adoção de alguma medida cautelar, deveria o juiz intimar o imputado para uma audiência, na qual, sob a égide da oralidade, efetivar o contraditório e o direito de defesa, na medida em que o acusador sustentaria os motivos de seu pedido e o réu, de outro lado, argumentaria sobre a falta de necessidade da medida (seja por fragilidade do *fumus commissi delicti* ou do *periculum libertatis*). Tal medida é muito importante e contribui para a melhor decisão do juiz.

No mínimo, deverá o juiz conceder um prazo razoável para que a defesa se manifeste sobre o pedido e produza sua prova, para após decidir. Também, para efetivação do contraditório, pode ser necessária a realização de audiência para coleta de prova testemunhal.

Evidente que isso não se aplica em caso de prisão preventiva fundada em risco de fuga, sob pena de ineficácia da medida. Nesse caso, ainda que a nova sistemática legal nada mencione, o ideal seria o juiz decretar a prisão e marcar, imediatamente, a realização de uma audiência, em que o imputado (já submetido à medida cautelar) poderia demonstrar a desnecessidade da medida.

Tal contraditório dependerá das circunstâncias do caso concreto, sendo delimitado pela urgência ou risco concreto de ineficácia da medida. Terá difícil aplicação (mas não impossível) nos pedidos de prisão preventiva fundados no risco de fuga, mas nada impede que o juiz decrete a medida e faça o contraditório posterior, como por nós sugerido no início, ou seja, com a condução do réu/suspeito a sua presença para que seja ouvido sobre os motivos do pedido. Após, decidirá pela manutenção ou não da prisão.

Também quando o pedido tiver por fundamento o risco de perecimento da prova, especialmente nos casos em que ao réu/suspeito é atribuída conduta inadequada em relação a testemunhas, como pressão ou ameaça. Nesse caso, salutar que o juiz oportunize o contraditório em audiência e, após, decida.

Por fim, a inobservância dessa garantia constitucional (art. 5º, LV) acarretará, a nosso juízo, a nulidade da substituição, cumulação ou revogação da medida cautelar, remediável pela via do *habeas corpus*.

3.3. Provisionalidade

Nas prisões cautelares, a provisionalidade é um princípio básico, pois são elas, acima de tudo, *situacionais*, na medida em que tutelam uma situação fática. Uma vez desaparecido o suporte fático legitimador da medida e corporificado no *fumus commissi delicti* e/ou no *periculum libertatis*, deve cessar a prisão. O desaparecimento de qualquer uma das "fumaças" impõe a imediata soltura do imputado, uma vez que é exigida a presença concomitante de ambas (requisito e fundamento) para manutenção da prisão.

O TEDH (Tribunal Europeu de Direitos Humanos), atento a essa constante inobservância por parte de diversos Estados europeus, decidiu em algumas ocasiões (*v. g.*, caso Ringeisen) que a prisão cautelar era excessiva, não tanto por sua duração como um todo, senão pela manutenção da custódia cautelar após o desaparecimento das razões que a justificavam.

Inicialmente chamamos a atenção para o fato de que a provisionalidade está vinculada à exigência de **"atualidade e concretude do perigo"**. Para que uma prisão preventiva seja decretada, é necessário que o *periculum libertatis* seja atual, contemporâneo, não passado e tampouco futuro e incerto. A "atualidade do perigo" é elemento fundante da natureza cautelar. Prisão preventiva é "**situacional**" (provisional), ou seja, tutela uma situação fática presente, um **risco atual**. No RHC 67534/RJ, o Min. Sebastião Reis Junior afirma a necessidade de "atualidade e contemporaneidade dos fatos". No HC 126815/MG, o Min. Marco Aurélio utilizou a necessidade de "análise atual do risco que funda a medida gravosa". A Lei n. 13.964 consagrou a exigência de atualidade e concretude nos seguintes dispositivos, a saber:

> Art. 282. (...)
> (...)
> § 6º A prisão preventiva somente será determinada quando não for cabível a sua substituição por outra medida cautelar, observado o art. 319 deste Código, e o não cabimento da substituição por outra medida cautelar deverá ser justificado de forma fundamentada nos elementos presentes do caso concreto, de forma individualizada.
> Art. 312. (...)
> (...)
> § 2º A decisão que decretar a prisão preventiva deve ser motivada e fundamentada em receio de perigo e existência concreta de fatos novos ou contemporâneos que justifiquem a aplicação da medida adotada.
> Art. 315. (...)
> (...)
> § 2º Não se considera fundamentada qualquer decisão judicial, seja ela interlocutória, sentença ou acórdão, que:
> (...)
> III – empregar conceitos jurídicos indeterminados, sem explicar o motivo concreto de sua incidência no caso.

Portanto, o legislador incorporou a necessidade de demonstração de atualidade e concretude do fundamento das prisões cautelares, reforçando o âmbito de proteção da liberdade e elevando a exigência de qualidade das decisões que decretam.

É imprescindível um juízo sério, desapaixonado e, acima de tudo, calcado na prova existente nos autos. A decisão que decreta a prisão preventiva deve conter uma fundamentação de qualidade e adequada ao caráter cautelar. Deve o juiz demonstrar, com base na prova trazida aos autos, a probabilidade e atualidade do *periculum libertatis*.

Se não existe atualidade do risco, não existe *periculum libertatis* e a prisão preventiva é despida de fundamento.

O desprezo pela provisionalidade conduz a uma prisão cautelar ilegal, não apenas pela falta de fundamento que a legitime, mas também por indevida apropriação do tempo do imputado.

Mas o princípio da provisionalidade também se refere à fungibilidade das medidas, à possibilidade de substituição e alteração conforme a necessidade da situação concreta. Nessa linha, estabelece o art. 282, §§ 4º e 5º, do CPP, *verbis*:

> Art. 282. (...)
> (...)
> § 4º No caso de descumprimento de qualquer das obrigações impostas, o juiz, mediante requerimento do Ministério Público, de seu assistente ou do querelante, poderá substituir a medida, impor outra em cumulação, ou, em último caso, decretar a prisão preventiva, nos termos do parágrafo único do art. 312 deste Código.
>
> § 5º O juiz poderá, de ofício ou a pedido das partes, revogar a medida cautelar ou substituí-la quando verificar a falta de motivo para que subsista, bem como voltar a decretá-la, se sobrevierem razões que a justifiquem.

E ainda o art. 316, específico para a prisão preventiva:

> Art. 316. O juiz poderá, de ofício ou a pedido das partes, revogar a prisão preventiva se, no correr da investigação ou do processo, verificar a falta de motivo para que ela subsista, bem como novamente decretá-la, se sobrevierem razões que a justifiquem.

Portanto, a prisão preventiva ou quaisquer das medidas alternativas poderão ser revogadas ou substituídas, a qualquer tempo, no curso do processo ou não, desde que desapareçam os motivos que as legitimam, bem como poderão ser novamente decretadas, desde que surja a necessidade (*periculum libertatis*).

Sublinhe-se que a provisionalidade adquire novos contornos com a pluralidade de medidas cautelares agora recepcionadas pelo sistema processual, de modo a permitir uma maior fluidez na lida, por parte do juiz, dessas várias medidas. Está autorizada a substituição de medidas por outras mais brandas ou mais graves, conforme a situação exigir, bem como a cumulação ou mesmo a revogação delas, no todo ou em parte.

Por fim, ainda que o § 5º permita que, em caso de descumprimento, o juiz volte a decretar a prisão preventiva, se sobrevierem razões que a justifiquem, não é uma prática que se coadune com a imparcialidade (no sentido de afastamento, estranhamento, alheamento) e a estrutura acusatória (iniciativa das partes e não do juiz). Cabe ao Ministério Público comprovar o eventual descumprimento (ou insuficiência e inadequação) de uma medida cautelar diversa e pedir expressamente a decretação da prisão preventiva e não um agir de ofício do juiz nesse sentido. Sem esquecer que aqui se está problematizando a situação de "voltar a decretá-la", pois jamais se pode pactuar com um "decretar" de ofício.

3.4. Provisoriedade: falta de fixação do prazo máximo de duração e a consagração do reexame periódico obrigatório

Distinto do princípio anterior, a provisoriedade está relacionada ao fator tempo, de modo que toda prisão cautelar deve(ria) ser temporária, de breve duração. Manifesta-se, assim, na curta duração que deve ter a prisão cautelar, até porque é apenas tutela de uma situação fática (provisionalidade) e não pode assumir contornos de pena antecipada.

Aqui reside um dos maiores problemas do sistema cautelar brasileiro: a indeterminação. Reina a absoluta indeterminação acerca da duração da prisão cautelar, pois em momento algum foi disciplinada a duração máxima da prisão preventiva. Excetuando-se a prisão temporária, cujo prazo máximo de duração está previsto em lei[40], a prisão preventiva segue sendo absolutamente indeterminada, podendo durar enquanto o juiz ou tribunal entender existir o *periculum libertatis*.

Ao longo da tramitação do PL n. 4.208/2001, tentou-se fixar um prazo máximo de duração da prisão cautelar, sendo até redigido o art. 315-A, o qual determinava que "a prisão preventiva terá duração

---

40 A prisão temporária está prevista na Lei n. 7.960/89 e determina que a segregação durará até 5 dias, prorrogáveis por igual período. Em se tratando de crime hediondo ou equiparado, a prisão temporária poderá durar até 30 dias, prorrogáveis por igual período, nos termos da Lei n. 8.072.

máxima de 180 dias em cada grau de jurisdição, exceto quando o investigado ou acusado tiver dado causa à demora".

Infelizmente o dispositivo que pretendia fixar prazo máximo de duração da prisão preventiva acabou vetado na Lei n. 12.403 e um problema histórico não foi resolvido. Tampouco agora, a Lei 13.964/2019 avançou nesse tema.

A jurisprudência tentou, sem grande sucesso, construir limites globais a partir da soma dos prazos que compõem o procedimento aplicável ao caso. Assim, resumidamente, se, superados os tais 81 dias, o imputado continuasse preso, e o procedimento (ordinário) não estivesse concluído (leia-se: sentença de 1º grau), haveria "excesso de prazo", remediável pela via do *habeas corpus* (art. 648, II). A liberdade, em tese, poderia ser restabelecida, permitindo-se a continuação do processo.

Algumas decisões até admitiram considerar o excesso de prazo de forma isolada, a partir da violação do limite estabelecido para a prática de algum ato específico (ex.: a denúncia deverá ser oferecida no prazo máximo de 5 dias quando o imputado estiver preso, de modo que, superado esse limite sem a prática do ato, a prisão seria ilegal).

A Lei n. 11.719/2008 estabeleceu que no rito comum ordinário a audiência de instrução e julgamento deve ser realizada em, no máximo, 60 dias; sendo o rito sumário, esse prazo cai para 30 dias. No rito do Tribunal do Júri, a Lei n. 11.689, de 9 de junho de 2008, alterando o art. 412, fixou o prazo de 90 dias para o encerramento da primeira fase. São marcos que podem ser utilizados como indicativos de excesso de prazo em caso de prisão preventiva. Contudo, são prazos sem sanção, logo, com um grande risco de ineficácia.

Dessarte, concretamente, não existe nada em termos de limite temporal das prisões cautelares, impondo-se uma urgente discussão em torno da matéria, para que normativamente sejam estabelecidos prazos máximos de duração para as prisões cautelares, a partir dos quais a segregação seja absolutamente ilegal.

A realidade é: não temos um prazo máximo[41] de duração da prisão preventiva e os excessos são rotineiros. Não é preciso mais do

---

41 Apenas a título exemplificativo e sempre sugerindo a confirmação, pois podem ocorrer

alterações legislativas a qualquer momento, vejamos alguns exemplos de duração máxima na legislação estrangeira. Na Espanha, o Tribunal Constitucional – STC n. 178/85 – definiu que a duração deve ser tão somente a que se considere indispensável para conseguir a finalidade pela qual foi decretada. No mesmo sentido também já tem decidido o Tribunal Europeu de Direitos Humanos nos casos Weinhoff (jun./68), Neumeister (jun./68), Bezicheri (out./85), entre outros. Para evitar abusos, o art. 17.4 da Constituição da Espanha dispõe que por lei se irá determinar o prazo máximo de duração da prisão provisória. O regramento do dispositivo constitucional encontra-se no art. 504 da LECrim (com a nova redação dada pela LO n. 13/2003), que disciplina o prazo máximo de duração dessa medida cautelar, levando-se em consideração a pena abstratamente cominada no tipo penal incriminador. Assim, a prisão cautelar poderá durar, no máximo, até um ano se a pena cominada for de até 3 anos; até 2 anos, se a pena cominada for superior a 3 anos. É possível a prorrogação, em situações excepcionais, por mais 6 meses no primeiro caso e até 2 anos no segundo. Se o imputado for condenado e recorrer da sentença, a prisão cautelar poderá estender-se até o limite de metade da pena imposta. Interessante ainda que, se a prisão cautelar foi decretada para tutela da prova, não poderá durar mais do que 6 meses. Por fim, atento ao direito fundamental de ser julgado em um prazo razoável, o legislador espanhol alterou a redação do art. 507 para estabelecer que o recurso de apelação contra a decisão que decreta, prorrogue ou negue o pedido de prisão provisória deverá ser julgado no prazo máximo de 30 dias.

Na Alemanha – StPO § 121 –, a regra geral é a de que a prisão provisória não possa durar mais de 6 meses, salvo quando a especial dificuldade, a extensão da investigação ou outro motivo importante não permitam prolatar a sentença e justifiquem a manutenção da prisão. Em caso de prorrogação, poder-se-á encomendar ao Tribunal Superior do "Land" que faça um exame sobre a necessidade de manutenção da prisão no máximo a cada 3 meses (dever de revisar periodicamente). Em Portugal, o juiz tem a obrigação de revisar a cada 3 meses a medida cautelar decretada, verificando se ainda permanecem os motivos e pressupostos que a autorizaram – art. 213.1. Além disso, se passados 6 meses da prisão ainda não tiver sido iniciado o processo, com efetiva acusação, o imputado deverá ser colocado em liberdade, salvo situação de excepcional complexidade. Também como regra geral, o CPP português prevê que, se passados 18 meses sem sentença ou 2 anos sem trânsito em julgado, deve o acusado ser posto em liberdade, salvo se a gravidade do delito ou sua complexidade justificar a ampliação do prazo.

Na Itália, o CPP utiliza o critério de quantidade da pena em abstrato para determinar o tempo máximo de duração da prisão cautelar e para isso existe uma grande variedade de prazos, conforme a gravidade do delito e a fase em que se encontra o processo. É importante ressaltar que o legislador italiano determinou que os prazos devem ser considerados independentes e autônomos para cada fase do processo. É óbvio que a duração fixada pode ser considerada, dependendo do caso, excessiva, mas ao menos existe um referencial normativo para orientar a questão e, até mesmo, definir o objeto da discussão. O que é inadmissível é a inexistência total de limites normativos, como sucede no sistema brasileiro.

que uma busca rápida no *site* do STJ para encontrar dezenas de casos em que foi concedido *habeas corpus* (e outros não, o que é ainda mais preocupante) a pacientes presos há 5, 6 ou 7 anos sem sentença.

Também urge que sejam revogadas as Súmulas 21 e 52[42] do STJ, pois absolutamente incompatíveis com o direito de ser julgado em um prazo razoável (art. 5º, LXXVIII, da CF).

Ademais, esse encurtamento do termo final, ou seja, a adoção de um termo *a quo* anterior ao julgamento em primeiro grau, é incompatível com o direito ao processo penal em prazo razoável, assegurado pelo art. 5º, LXXVIII, da Constituição. O direito à "razoável duração do processo" não pode ser reduzido ao direito à "razoável duração da instrução". O término da instrução não põe fim ao processo, adverte BADARÓ[43]. Encerrada a instrução, ainda poderão ser realizadas diligências complementares deferidas pelo juiz, memoriais substitutivos dos debates orais, e, finalmente, o prazo para a sentença. Quanto à Súmula 21, sobre o procedimento do júri, igualmente é preciso que recordar que a sentença somente é proferida em plenário e não com a decisão de pronúncia, que simplesmente encerra a primeira fase do processo, mas não todo ele. Não há por que excluir do cômputo do prazo razoável toda a segunda fase do procedimento do júri. Assim, o termo final do direito à razoável duração do processo, no procedimento do júri, deverá ser o fim da sessão de julgamento pelo Tribunal Popular, sendo inadmissível (novamente) criar um termo final – para fins de análise do prazo razoável – antes da prolação da sentença[44].

Dessarte, imprescindível a revogação ou total desconsideração das Súmulas 52 e 21 do STJ, pois incompatíveis com o direito fundamental de ser julgado em um prazo razoável[45].

---

42 "Súmula 52: Encerrada a instrução criminal, fica superada a alegação de constrangimento por excesso de prazo."

"Súmula 21: Pronunciado o réu, fica superada a alegação do constrangimento ilegal da prisão por excesso de prazo na instrução."

43 BADARÓ, Gustavo Henrique e LOPES Jr., Aury. *Direito ao processo penal no prazo razoável*, p. 110 e s.

44 BADARÓ, Gustavo Henrique e LOPES JR., Aury. Op. cit., p. 113.

45 No mesmo sentido Fernando da Costa Tourinho Neto e Emerson Paxá P. Oliveira,

Mas a Lei n. 13.964/2019 trouxe uma relevante inovação: o dever de revisar periodicamente a medida cautelar.

Art. 3º-C. (...)

§ 2º As decisões proferidas pelo juiz das garantias não vinculam o juiz da instrução e julgamento, que, após o recebimento da denúncia ou queixa, deverá reexaminar a necessidade das medidas cautelares em curso, no prazo máximo de 10 (dez) dias.

Mais uma relevantíssima inovação introduzida pela Lei n. 13.964/2019 foi a figura do juiz das garantias, com a separação do juiz que atua na investigação em relação àquele que irá instruir e julgar (sistema *doble juez*)[46]. O juiz das garantias atua até a fase do art. 399, ou seja, recebimento da denúncia, citação e análise da resposta à acusação para decisão sobre a absolvição sumária. Não absolvendo, deverá formar os autos que serão remetidos para outro juiz (da instrução e julgamento), já que o inquérito não mais acompanha a denúncia (finalmente consagramos a exclusão física dos autos da investigação no art. 3º-C, § 3º). Nesses autos, deverão constar as decisões que decretaram medidas cautelares, pois deverão ser objeto de reexame em no máximo 10 dias após o recebimento por parte do juiz da instrução e julgamento.

Eis aqui o primeiro marco de reexame obrigatório, para verificação da necessidade da prisão, da adequação das medidas cautelares diversas e, também, sobre a manutenção ou não do *periculum libertatis*. Recordemos que a prisão preventiva é situacional e que, desaparecendo a situação fática geradora do perigo, deverá a prisão ser revogada ou substituída por medida menos grave, menos onerosa para o imputado.

Após esse controle feito pelo juiz da instrução, em até 10 dias do momento em que receber os autos vindos do juiz das garantias, o art. 316, parágrafo único prevê:

---

no artigo publicado em: <https://www.conjur.com.br/2016-ago-16/nao-sustentar-aplicacao-sumulas-21-52-stj>. Acesso em: 17 ago. 2020.

46 Sobre o tema, remetemos o leitor para nossa obra *Direito processual penal*, em que aprofundamos a análise do juiz das garantias.

Parágrafo único. Decretada a prisão preventiva, deverá o órgão emissor da decisão revisar a necessidade de sua manutenção a cada 90 (noventa) dias, mediante decisão fundamentada, de ofício, sob pena de tornar a prisão ilegal.

Significa dizer que periodicamente o juiz deve verificar, examinar e fundamentar a necessidade de manutenção ou não da prisão preventiva, atendendo sua natureza provisional (situacional) e também sua provisoriedade (curta duração).

Desaparecendo os motivos que a legitimam ou havendo excesso de prazo na sua duração, caberá ao juiz revogar a prisão ou substituí-la por medida cautelar diversa.

Infelizmente, essa inovação acabou sendo soterrada pela decisão proferida no pelo STF no Caso André do Rap – HC 191.836/SP, em que se firmou o entendimento de que a inobservância do prazo de 90 dias "não implica automática revogação da prisão preventiva, devendo o juízo competente ser instado a reavaliar a legalidade e atualidade de seus fundamentos" (SL 1.395 MC-Ref). Com isso, a inovação (prazo com sanção) virou letra morta.

Ainda que não concordemos, é importante expor que existe uma tendência cada vez mais forte por parte dos tribunais (como destacado no voto do Min. Edson Fachin nas ADI 6.581 e 6.582) de adotar – em síntese – o seguinte entendimento:

a) a inobservância do dever de revisar não gera automaticamente a revogação da prisão, devendo o juiz ser instado a fazê-lo;
b) o dever de revisar existe somente até a sentença de primeiro grau, não se aplicando aos tribunais durante a tramitação do recurso;
c) caberá ao juiz que decretou a prisão o dever de revisão, mas até o exaurimento da sua jurisdição no processo (ou seja, até a sentença).

Também está consolidado no STJ[47] o entendimento de que "o prazo de 90 dias previsto no parágrafo único do art. 316 do CPP para revisão da prisão preventiva não é peremptório, de modo que eventual atraso na execução do ato não implica reconhecimento

---

47 Conforme consta na edição 184 da *Jurisprudência em Teses* do STJ, publicada em 21-1-2022.

automático da ilegalidade da prisão, tampouco a imediata colocação do custodiado cautelar em liberdade".

E qual órgão jurisdicional deverá fazer esse controle? Caso os 90 dias se operem sob a jurisdição do juiz das garantias, caberá a ele esse controle. Do contrário, será o juiz da instrução e julgamento, pois quando decide por manter a prisão preventiva naquele primeiro reexame que faz em até 10 dias do recebimento dos autos, assume o lugar de "órgão emissor".

Contudo, questão problemática surge após a sentença, quando o feito está em grau recursal. Quem deve fazer o controle periódico?

No STJ prevalece o entendimento de que "a revisão periódica e de ofício da legalidade da prisão preventiva disciplinada no parágrafo único do art. 316 do CPP, incluída pela Lei n. 13.964/2019, não se aplica aos tribunais, quando em atuação como órgão revisor"[48].

Não concordamos com esse entendimento. Qual o fundamento constitucional ou convencional para imunizar os tribunais do dever de observar e cumprir o direito ao julgamento no prazo razoável? De se submeter ao controle de duração da prisão e, portanto, da própria efetividade desse princípio? Não é necessário maior esforço para constatar que o "tempo" da prisão, em relação a quem está no cárcere, é igual, independente de os autos do processo estarem em primeiro grau ou em qualquer tribunal. Portanto, não nos parece acertado o tratamento dado à questão.

Quanto ao órgão, pensamos que segue sendo de competência do juiz de primeiro grau, pois ele é o "órgão emissor da decisão" a que se refere o art. 316, parágrafo único. Contudo, é verdade que ele já esgotou sua jurisdição, de modo que o feito está afeto ao respectivo tribunal. Então, como sugere PAULO QUEIROZ[49], podemos tratar o tema na seguinte perspectiva: "em conclusão, temos que: a) a revisão dos fundamentos da prisão preventiva é imperiosa enquanto não passar em julgado a condenação; b) enquanto não for proferida a sentença, caberá

---

48 Conforme consta na edição 184 da *Jurisprudência em Teses* do STJ, publicada em 21-1-2022.

49 O artigo de Paulo Queiroz está disponível no *site*: <https://www.pauloqueiroz.net/sobre-a-revisao-obrigatoria-dos-fundamentos-da-preventiva/>. Acesso em: 3 jul. 2020.

ao juiz (ou relator nas ações penais originárias) fazer o reexame obrigatório; c) interposta apelação, competirá ao tribunal reapreciar a prisão; d) o tribunal poderá delegar essa função ao juiz que proferiu a sentença condenatória". Estamos de acordo com a proposta de QUEIROZ, destacando que o mais importante é: em grau recursal, ou o tribunal faz a revisão (relator) ou delega para que o juiz de primeiro grau o faça. O que não se deve admitir é a violação do imperativo legal, deixando de fazer o controle periódico da existência ou não da necessidade cautelar, da situacionalidade que a legitima, o que nos remete sempre para a base principiológica analisada anteriormente.

3.5. Excepcionalidade

Determina o art. 282, § 6º:

> Art. 282. (...)
> (...)
> § 6º A prisão preventiva será determinada quando não for cabível a sua substituição por outra medida cautelar (art. 319).

O dispositivo é importante e consagra a prisão preventiva (e também a temporária[50]) como último instrumento a ser utilizado, enfatizando a necessidade de análise sobre a adequação e suficiência das demais medidas cautelares.

Igualmente importante é o disposto no inciso II do art. 310, a saber:

> Art. 310. Ao receber o auto de prisão em flagrante, o juiz deverá fundamentadamente:
> I – relaxar a prisão ilegal; ou
> II – converter a prisão em flagrante em preventiva, quando presentes os requisitos constantes do art. 312 deste Código, e se revelarem inadequadas ou insuficientes as medidas cautelares diversas da prisão; ou
> III – conceder liberdade provisória, com ou sem fiança.

---

50 Como expressamente constou no voto vencedor, do Min. Edson FACHIN, ao julgar as ADI 3.360 e 4.109, a prisão temporária só cabe quando não for suficiente a imposição de medidas cautelares diversas, previstas nos arts. 319 e 320 do CPP. Também exige que a medida seja adequada à gravidade concreta do crime, às circunstâncias do fato e às condições pessoais do indiciado.

Parágrafo único. Se o juiz verificar, pelo auto de prisão em flagrante, que o agente praticou o fato nas condições constantes dos incisos I a III do caput *do art. 23 do Decreto-Lei n. 2.848, de 7 de dezembro de 1940 – Código Penal, poderá, fundamentadamente, conceder ao acusado liberdade provisória, mediante termo de comparecimento a todos os atos processuais, sob pena de revogação [destacamos].*

Portanto, tanto a **prisão temporária** como a **prisão preventiva** somente têm cabimento quando inadequadas ou insuficientes as medidas cautelares diversas da prisão, aplicadas de forma isolada ou cumulativa.

Nessa linha, o art. 282, I, determina que as medidas cautelares devem ser aplicadas observando-se a "necessidade para aplicação da lei penal, para a investigação ou a instrução criminal e, nos casos expressamente previstos, para evitar a prática de infrações penais".

O art. 282 menciona os princípios da "necessidade" e da "adequação" (no fundo, trata-se do princípio da proporcionalidade) das medidas cautelares (e não apenas da prisão cautelar), mas comete o primeiro tropeço ao remeter a um fundamento não consagrado na reforma, qual seja o risco de reiteração (para evitar a prática de infrações penais).

O art. 312 mantém – infelizmente – os mesmos quatro fundamentos da prisão cautelar (garantia da ordem pública, da ordem econômica, da instrução e da aplicação da lei penal), e não consagra o "risco de reiteração" ao qual faz referência o art. 282. A expressão "para evitar a prática de infrações penais" é o chamado risco de reiteração, fundamento recepcionado em outros sistemas processuais (como explicaremos ao tratar da prisão preventiva), mas desconhecido pelo nosso (pois não aceitamos a manipulação discursiva feita em torno da prisão para garantia da ordem pública, com vistas a abranger uma causa [reiteração] que ali não pode estar).

Feita essa ressalva, continuemos.

Nesse terreno, excepcionalidade, necessidade e proporcionalidade devem caminhar juntas.

Ademais, a excepcionalidade deve ser lida em conjunto com a presunção de inocência, constituindo um princípio fundamental de civilidade, fazendo com que as prisões cautelares sejam (efetivamente) a *ultima ratio* do sistema, reservadas para os casos mais graves, tendo em vista o elevadíssimo custo que representam. O grande problema é a massificação das cautelares, levando ao que FERRAJOLI denomina "crise e degeneração da prisão cautelar pelo mau uso".

No Brasil, as prisões cautelares estão excessivamente banalizadas, a ponto de primeiro se prender para depois ir atrás do suporte probatório que legitime a medida. Além do mais, está consagrado o absurdo primado das hipóteses sobre os fatos, pois prende-se para investigar, quando, na verdade, primeiro se deveria investigar, diligenciar, e somente após prender, uma vez suficientemente demonstrados o *fumus commissi delicti* e o *periculum libertatis*.

Com razão, FERRAJOLI[51] afirma que a prisão cautelar é uma pena processual, em que primeiro se castiga e depois se processa, atuando com caráter de prevenção geral e especial e retribuição. Ademais, diz o autor, se fosse verdade que elas (as prisões cautelares) não têm natureza punitiva, deveriam ser cumpridas em instituições penais especiais, com suficientes comodidades (uma boa residência) e não como é hoje, em que o preso cautelar está em situação pior do que a do preso definitivo (pois não tem regime semiaberto ou saídas temporárias).

Na lição de CARNELUTTI[52],

> as exigências do processo penal são de tal natureza que induzem a colocar o imputado em uma situação absolutamente análoga ao de condenado. É necessário algo mais para advertir que a prisão do imputado, junto com sua submissão, tem, sem embargo, um elevado custo? O custo se paga, desgraçadamente em moeda justiça, quando o imputado, em lugar de culpado, é inocente, e já sofreu, como inocente, uma medida análoga à pena; não se esqueça de que, se a prisão ajuda a impedir que o imputado realize manobras desonestas para criar falsas provas ou para destruir provas verdadeiras, mais de uma vez prejudica a justiça, porque, ao contrário, lhe impossibilita de buscar e de proporcionar provas úteis para que o juiz conheça a verdade. A prisão preventiva do imputado se assemelha a um daqueles

---

51 FERRAJOLI, Luigi. Op. cit., p. 776 e s.
52 CARNELUTTI, Francesco. *Lecciones sobre el proceso penal*, v. 2, p. 75.

remédios heroicos que devem ser ministrados pelo médico com suma prudência, porque podem curar o enfermo, mas também podem ocasionar-lhe um mal mais grave; quiçá uma comparação eficaz se possa fazer com a anestesia, e sobretudo com a anestesia geral, a qual é um meio indispensável para o cirurgião, mas ah se este abusa dela!

Infelizmente, as prisões cautelares acabaram sendo inseridas na dinâmica da urgência, desempenhando um relevantíssimo efeito sedante da opinião pública pela ilusão de justiça instantânea. O simbólico da prisão imediata acaba sendo utilizado para construir uma (falsa) noção de "eficiência" do aparelho repressor estatal e da própria justiça. Com isso, o que foi concebido para ser "excepcional" torna-se um instrumento de uso comum e ordinário, desnaturando-o completamente. Nessa teratológica alquimia, sepulta-se a legitimidade das prisões cautelares.

Conclui-se, portanto, que o problema não é exclusivamente legislativo, mas cultural.

3.6. Proporcionalidade

Definido como o princípio dos princípios, a proporcionalidade[53] é um importante elemento a ser considerado na temática das prisões cautelares.

As medidas cautelares pessoais estão localizadas no ponto mais crítico do difícil equilíbrio entre dois interesses opostos, sobre os

---

53 Dada sua relevância, o princípio da proporcionalidade exigiria um amplo estudo, que ultrapassa os limites do presente trabalho. Até mesmo a questão terminológica (proporcionalidade ou razoabilidade) já seria motivo de debate. Assim, para o leitor interessado, sugerimos que a leitura inicie pelos constitucionalistas (que muito têm-se dedicado ao tema), especialmente de J. J. GOMES CANOTILHO (*Direito constitucional e teoria da Constituição*), e também de monografias específicas, como as obras *Por uma teoria dos princípios: o princípio constitucional da razoabilidade*, de FÁBIO CORRÊA SOUZA DE OLIVEIRA; *O princípio da proporcionalidade e o controle de constitucionalidade das leis restritivas de direitos fundamentais*, de SUZANA DE TOLEDO BARROS; e *Proporcionalidad y derechos fundamentales en el proceso penal*, de NICOLAS GONZALES-CUELLAR SERRANO.

quais gira o processo penal: o respeito ao direito de liberdade e a eficácia na repressão dos delitos[54]. O princípio da proporcionalidade vai nortear a conduta do juiz diante do caso concreto, pois deverá ponderar a gravidade da medida imposta com a finalidade pretendida, sem perder de vista a densidade do *fumus commissi delicti* e do *periculum libertatis*. Deverá valorar se esses elementos justificam a gravidade das consequências do ato e a estigmatização jurídica e social que irá sofrer o acusado. Jamais uma medida cautelar poderá converter-se em uma pena antecipada, expondo-se às consequências de flagrante violação à presunção de inocência.

Ainda que tenham origens diferentes, razoabilidade (Estados Unidos) e proporcionalidade (Alemanha) guardam entre si uma relação de fungibilidade, como explica SOUZA DE OLIVEIRA[55], para quem o princípio pode ser classificado em razoabilidade interna e externa. A primeira diz respeito à lógica do ato em si mesmo, enquanto a segunda exige consonância com a Constituição. Divide-o o autor, ainda, em três subprincípios: adequação, necessidade e proporcionalidade em sentido estrito.

GONZALEZ-CUELLAR SERRANO[56] também adverte para o perigo da abertura conceitual e semântica da Proporcionalidade, afirmando que uma das principais críticas que se faz ao princípio da proporcionalidade está focada na sua indeterminação e no subjetivismo que conduz sua falta de precisão semântica. Para limitar isso, explica o autor, a doutrina alemã tem se preocupado em esclarecer seu conteúdo, decompondo-o em três subprincípios: princípio da idoneidade, princípio da necessidade e princípio da proporcionalidade em sentido estrito. Tudo isso com vistas a servir a proporcionalidade como uma proibição de excesso de intervenção estatal.

Em matéria de prisões cautelares, a proporcionalidade é muito útil, desde que vista como instrumento de **proibição de excesso de**

---

54 MARTINEZ, Sara Aragoneses et al. Op. cit., p. 389.
55 SOUZA DE OLIVEIRA, Fábio Corrêa. Op. cit., p. 321.
56 GONZALEZ-CUELLAR SERRANO, Nicolas. *Proporcionalidad y derechos fundamentales en el proceso penal*. Madrid: Editorial Colex, 1990, p. 153 e s.

intervenção, para evitar a banalização do exercício do poder (banalização da prisão cautelar) e limitar a prisão cautelar aos casos excepcionais, em que seja realmente necessária, adequada e idônea para o atingimento de seus fins.

A adequação informa que a medida cautelar deve ser apta aos seus motivos e fins. Logo, se quaisquer das medidas previstas no art. 319 do CPP se apresentar igualmente apta e menos onerosa para o imputado, ela deve ser adotada, reservando a prisão para os casos graves, como *ultima ratio* do sistema.

Nessa linha, recordemos o disposto no art. 282, II:

Art. 282. (...)
(...)
II – *adequação da medida à gravidade do crime, circunstâncias do fato e condições pessoais do indiciado ou acusado.*

Assim, deve o juiz atentar para a necessidade do caso concreto, ponderando sempre gravidade do crime e suas circunstâncias, bem como a situação pessoal do imputado, em cotejo com as diversas medidas cautelares que estão a seu dispor no art. 319 do CPP. Assim, deverá optar por aquela ou aquelas que melhor acautelem a situação, reservando sempre a prisão preventiva para situações extremas.

É uma típica *regra para o julgamento do juiz*.

Contudo, "condições pessoais do indiciado ou acusado" pode, se mal utilizado, abrir um perigoso espaço para um retrocesso ao direito penal do autor, com o desvalor de "antecedentes", por exemplo, para adotar medidas mais graves, como a prisão preventiva. Com certeza, os adeptos do discurso punitivo e resistente às novas medidas alternativas utilizarão "as condições pessoais do indiciado" para determinar a prisão preventiva, infelizmente.

Dessarte, ainda que o juiz não deva desconsiderar as condições do caso concreto, há que ter muito cuidado (especialmente pela via do controle da legalidade/necessidade da prisão, por parte dos tribunais) para não fazer um giro discursivo rumo ao superado direito penal do autor.

Ainda, atento à (tradicional falta de) proporcionalidade no uso da prisão preventiva, o art. 283, § 1º, determina:

Art. 283. (...)
§ 1º As medidas cautelares previstas neste Título não se aplicam à infração a que não for isolada, cumulativa ou alternativamente cominada pena privativa de liberdade.

Significa dizer que o juiz deve sempre atentar para a relação existente entre a eventual sanção cominada ao crime em tese praticado e aquela imposta em sede de medida cautelar, para impedir que o imputado seja submetido a uma medida cautelar que se revele mais gravosa do que a sanção porventura aplicada ao final. É inadmissível submeter alguém a uma prisão cautelar quando a sanção penal aplicada não constitui pena privativa de liberdade.

E mais, deve ainda o juiz estar atento para evitar uma prisão cautelar em crimes praticados sem violência ou grave ameaça à pessoa, em que a eventual pena aplicada terá de ser, necessariamente, substituída por pena restritiva de direitos.

Nesse sentido, certeiras são as palavras de BADARÓ[57], quando sintetiza que deverá haver uma "proporcionalidade entre a medida cautelar e a pena a ser aplicada. (...) O juiz deverá também verificar a probabilidade de que ao final se tenha que executar uma pena privativa de liberdade. (...) Se a prisão preventiva, ou qualquer outra prisão cautelar, for mais gravosa que a pena que se espera ser ao final imposta, não será dotada do caráter de instrumentalidade e acessoriedade inerentes à tutela cautelar. Mesmo no que diz respeito à provisoriedade, não se pode admitir que a medida provisória seja mais severa que a medida definitiva que a irá substituir e que ela deve preservar".

A necessidade "preconiza que a medida não deve exceder o imprescindível para a realização do resultado que almeja"[58]. Relaciona-se, assim, com os princípios anteriores de provisoriedade e provisionalidade.

A proporcionalidade em sentido estrito significa o sopesamento dos bens em jogo, cabendo ao juiz utilizar a lógica da ponderação. De um lado, o imenso custo de submeter alguém que é presumidamente

---

57 BADARÓ, Gustavo. *Direito processual penal*, t. 2, p. 150-152.
58 SOUZA DE OLIVEIRA, Fábio Corrêa. Op. cit., p. 321.

inocente a uma pena de prisão, sem processo e sem sentença, e, de outro lado, a necessidade da prisão e os elementos probatórios existentes.

Mas, em que pese toda essa preocupação em ter a proporcionalidade como proibição de excesso de intervenção, como princípio que assegure que a prisão preventiva é a *ultima ratio* do sistema e que somente será utilizada em casos excepcionais, quando estritamente necessária e adequada, esse princípio não tem cumprido sua missão.

É preciso sublinhar que o Princípio da Proporcionalidade acaba sendo uma cláusula genérica, que recorre a um juízo de valor, de ponderação, que **gera um amplo e indevido espaço de discricionariedade judicial**. Torna-se um valor manipulável e que permite uma ponderação *à la carte*, ou seja, acaba se prestando a qualquer fim, bastando uma boa maquiagem argumentativa.

É por isso que **precisamos ter muito cuidado com a invocação e aplicação da proporcionalidade**, sob pena de tornar-se uma válvula de escape a chancelar o decisionismo e o decido-conforme-a-minha-consciência, tão bem denunciado em diversos trabalhos por Lenio STRECK. Uma forma – tênue, é verdade – de se buscar uma ancoragem para a proporcionalidade está na necessidade de conjugá-la com o princípio da dignidade da pessoa humana – no momento da aplicação da prisão cautelar – e, principalmente, enfatizar seu viés de "proibição de excesso" de intervenção penal. A proporcionalidade deve ser pensada, no processo penal, como um princípio limitador do exercício do poder. Mas isso é apenas uma redução de danos, pois o espaço indevido de subjetividade judicial é bastante amplo. Por isso, muita cautela com a proporcionalidade.

Em suma, diante da polimorfologia do sistema cautelar e das diversas medidas alternativas previstas no art. 319, deverá o juiz agir com muita ponderação, lançando mão de medidas cautelares isoladas ou cumulativas e reservando a prisão preventiva como (verdadeira) última ferramenta do sistema.

Feitas essas considerações sobre a principiologia, vejamos agora as prisões cautelares (e a precautelaridade do flagrante) em espécie.

Capítulo II
DA PRISÃO EM FLAGRANTE

1. Por que a prisão em flagrante não pode, por si só, manter alguém preso? Compreendendo sua precautelaridade e a inconstitucionalidade do art. 310, § 2º

A doutrina brasileira costuma classificar a prisão em flagrante, prevista nos arts. 301 e seguintes do CPP, como medida cautelar. Trata-se de um equívoco, a nosso ver, que vem sendo repetido sem maior reflexão ao longo dos anos e que precisa ser revisado.

Como explica CARNELUTTI[1], a noção de flagrância está diretamente relacionada a "la llama, que denota con certeza la combustión; cuando se ve la llama, es indudable que alguna cosa arde". Essa chama, que denota com certeza a existência de uma combustão, coincide com a possibilidade para uma pessoa de comprová-lo mediante a prova direta. Como sintetiza o mestre italiano: a flagrância não é outra coisa que a *visibilidade do delito*[2].

Na mesma linha é a advertência de CORDERO[3], no sentido de que o flagrante traz à mente a ideia de coisas percebidas enquanto ocorrem; no particípio, capta a sincronia fato-percepção, como uma qualidade do primeiro.

Essa certeza visual da prática do crime gera a obrigação para os órgãos públicos, e a faculdade para os particulares, de evitar a continuidade da ação delitiva, podendo, para tanto, deter o autor.

---

1 CARNELUTTI, Francesco. Op. cit., p. 77.
2 Idem, p. 78.
3 CORDERO, Franco. *Procedimiento penal*, v. 1, p. 410.

E por que é dada essa permissão?

Exatamente porque existe a visibilidade do delito, o *fumus commissi delicti* é patente e inequívoco e, principalmente, essa detenção deverá ser submetida ao crivo judicial no prazo máximo de 24 horas. Determina o art. 306 do CPP:

> *Art. 306. A prisão de qualquer pessoa e o local onde se encontre serão comunicados imediatamente ao juiz competente, ao Ministério Público e à família do preso ou à pessoa por ele indicada.*
>
> *§ 1º Em até 24 (vinte e quatro) horas após a realização da prisão, será encaminhado ao juiz competente o auto de prisão em flagrante e, caso o autuado não informe o nome de seu advogado, cópia integral para a Defensoria Pública.*
>
> *§ 2º No mesmo prazo, será entregue ao preso, mediante recibo, a nota de culpa, assinada pela autoridade, com o motivo da prisão, o nome do condutor e os das testemunhas.*

Precisamente porque o flagrante é uma medida precária, mera detenção, que não está dirigida a garantir o resultado final do processo, é que pode ser praticado por um particular ou pela autoridade policial.

Com esse sistema, o legislador consagrou o **caráter precautelar da prisão em flagrante**. Como explica BANACLOCHE PALAO[4], o flagrante – ou *la detención imputativa* – não é uma medida cautelar pessoal, mas sim precautelar, no sentido de que não se dirige a garantir o resultado final do processo, mas apenas se destina a colocar o detido à disposição do juiz para que adote ou não uma verdadeira medida cautelar. Por isso, o autor afirma que é uma medida independente, frisando o caráter instrumental e ao mesmo tempo autônomo do flagrante.

A instrumentalidade manifesta-se no fato de a prisão em flagrante ser um *strumenti dello strumento*[5] da prisão preventiva, ao passo que a autonomia explica as situações em que o flagrante não gera a prisão preventiva ou, nos demais casos, em que a prisão preventiva existe sem prévio flagrante.

---

4 BANACLOCHE PALAO, Julio. *La libertad personal y sus limitaciones*, p. 292.
5 Invocando aqui o consagrado conceito de "strumentalità qualificata", tão bem explicado por CALAMANDREI (op. cit., p. 22).

Destaca o autor que a prisão em flagrante *en ningún caso se dirige a asegurar ni la eventual ejecución de la pena, ni tampoco la presencia del imputado en la fase decisoria del proceso.*

Não é diversa a lição de FERRAIOLI e DALIA[6]: *l'arresto in flagranza é uma Misure Pre-Cautelari Personali.*

A prisão em flagrante está justificada nos casos excepcionais, de necessidade e urgência, indicados taxativamente no art. 302 do CPP (e no art. 303, flagrante em crime permanente) e constitui uma forma de medida precautelar pessoal que se distingue da verdadeira medida cautelar pela sua absoluta precariedade. Nesse mesmo sentido, FERRAIOLI e DALIA afirmam que as medidas precautelares são excepcionais, de *assoluta precarietà, che le connota come iniziative di brevissima durata*[7].

Tratando especificamente da prisão em flagrante a cargo da Polícia Judiciária, apontam que essa extensão do poder de iniciativa precautelar significou a aceitação do risco de privação, temporária, da liberdade pessoal do cidadão por razão de ordem política. O instituto *fermo di polizia* marcou um pesado desequilíbrio na relação autoridade-liberdade e por isso deve ser analisado com sumo cuidado em um Estado Democrático de Direito como o nosso.

---

6 FERRAIOLI, Marzia e DALIA, Andrea Antonio. *Manuale di diritto processuale penale*, p. 228 e s.

7 A título de ilustração, vejamos a duração da prisão em flagrante em alguns outros países:

Na Espanha, o detido em flagrante deverá ser apresentado ao juiz no prazo máximo de 24 horas (art. 496 da LECrim), momento em que será convertida em *prisión provisional* ou será concedida a liberdade provisória. A lei processual alemã – StPO § 128 – determina que o detido deverá ser conduzido ao juiz do *Amtsgericht*, em cuja jurisdição tenha ocorrido a detenção, de imediato ou quando muito no dia seguinte à detenção. Já o *Codice de Procedura Penal*, art. 386.3, determina que a polícia deverá colocar o detido à disposição do Ministério Público o mais rápido possível ou no máximo em 24 horas, entregando junto o correspondente "atestado" policial. Por fim, em Portugal, o art. 254, "a", do CPP determina que no prazo máximo de 48 horas deverá ser efetivada a apresentação ao juiz, que decidirá sobre a prisão cautelar aplicável, após interrogar o detido e dar-lhe oportunidade de defesa (art. 28.1 da Constituição).

Ainda que utilize uma denominação diferente, a posição de CORDERO[8] é igual à nossa. Para o autor, a prisão em flagrante é uma "subcautela", na medida em que serve de prelúdio (*preludio subcautelar*) para eventuais medidas coativas pessoais, garantindo sua execução. Na essência, a compreensão do instituto é a mesma.

A prisão em flagrante é uma medida precautelar, de natureza pessoal, cuja precariedade vem marcada pela possibilidade de ser adotada por particulares ou autoridade policial, e que somente está justificada pela brevidade de sua duração e o imperioso dever de análise judicial em até 24 horas (após a elaboração do auto de prisão em flagrante, como explicaremos), nas quais cumprirá ao juiz analisar sua legalidade e decidir sobre a manutenção da prisão (agora como preventiva) ou não. Isso deve se dar no bojo da chamada audiência de custódia, a seguir explicada.

A instrumentalidade manifesta-se no fato de o flagrante ser um *strumenti dello strumento*[9] da prisão preventiva, ao passo que a autonomia explica as situações em que o flagrante não gera a prisão preventiva ou, nos demais casos, em que a prisão preventiva existe sem prévio flagrante. Por isso, qualquer pessoa ou a autoridade policial podem prender em flagrante sem ordem judicial.

Exatamente nessa linha está a redação do art. 310 do CPP:

> Art. 310. Após receber o auto de prisão em flagrante, no prazo máximo de até 24 (vinte e quatro) horas após a realização da prisão, o juiz deverá promover audiência de custódia com a presença do acusado, seu advogado constituído ou membro da Defensoria Pública e o membro do Ministério Público, e, nessa audiência, o juiz deverá, fundamentadamente:
> I – relaxar a prisão ilegal; ou
> II – converter a prisão em flagrante em preventiva, quando presentes os requisitos constantes do art. 312 deste Código, e se revelarem inadequadas ou insuficientes as medidas cautelares diversas da prisão; ou
> III – conceder liberdade provisória, com ou sem fiança.

---

8 CORDERO, Franco. Op. cit., p. 408.
9 Invocando aqui o consagrado conceito de *strumentalità qualificata*, tão bem explicado por CALAMANDREI (op. cit., p. 22).

§ 1º Se o juiz verificar, pelo auto de prisão em flagrante, que o agente praticou o fato em qualquer das condições constantes dos incisos I, II ou III do caput do art. 23 do Decreto-Lei n. 2.848, de 7 de dezembro de 1940 (Código Penal), poderá, fundamentadamente, conceder ao acusado liberdade provisória, mediante termo de comparecimento obrigatório a todos os atos processuais, sob pena de revogação.

§ 2º Se o juiz verificar que o agente é reincidente ou que integra organização criminosa armada ou milícia, ou que porta arma de fogo de uso restrito, deverá denegar a liberdade provisória, com ou sem medidas cautelares.

§ 3º A autoridade que deu causa, sem motivação idônea, à não realização da audiência de custódia no prazo estabelecido no caput deste artigo responderá administrativa, civil e penalmente pela omissão.

§ 4º Transcorridas 24 (vinte e quatro) horas após o decurso do prazo estabelecido no caput deste artigo, a não realização de audiência de custódia sem motivação idônea ensejará também a ilegalidade da prisão, a ser relaxada pela autoridade competente, sem prejuízo da possibilidade de imediata decretação de prisão preventiva.

Assim, o juiz, em até 24 horas após a efetivação da prisão, deverá receber o auto de prisão em flagrante e determinar a realização da audiência de custódia. A audiência de custódia (inserida inicialmente pela Resolução 213 do CNJ e depois consagrada no CPP), é uma medida da maior importância neste momento, para que o juiz possa (em audiência e não na solidão do gabinete e com a frieza do papel), em contato direito com o preso, avaliar se a prisão é legal (se era caso de flagrante, se foram observados os aspectos formais do APF etc.) e, após a oitiva do preso, avaliar – se houver pedido expresso do ministério público (não pode o juiz, de ofício, decretar[10] a prisão) – se é caso de aplicação de medida cautelar diversa (ou não) e, em último caso, da prisão preventiva.

---

10 Apenas para sublinhar, igualmente entendemos que é inconstitucional (violação do sistema acusatório e quebra da imparcialidade) e ilegal (viola o art. 311) a "conversão de ofício" da prisão em flagrante em prisão preventiva. Felizmente, depois de décadas de atraso, começa a se consolidar no STJ e no STF o entendimento de que não cabe essa conversão de ofício. Nesta linha – com bastante atraso – foi aprovada a Súmula 676 do STJ: *Em razão da Lei n. 13.964/2019, não é mais possível ao juiz, de ofício, decretar ou converter prisão em flagrante em prisão preventiva.*

Portanto, é o momento de decidir entre o relaxamento; conversão (fundamentada e se houver pedido do MP) em prisão preventiva (enfrentando e motivando o *fumus commissi delicti* e o *periculum libertatis*); decretação de outra medida cautelar alternativa à prisão preventiva; ou concessão da liberdade provisória com ou sem fiança.

Desde logo destacamos o grande erro que foi a inserção do § 2º do art. 310 pela reforma de 2019, cuja inconstitucionalidade salta aos olhos:
§ 2º Se o juiz verificar que o agente é reincidente ou que integra organização criminosa armada ou milícia, ou que porta arma de fogo de uso restrito, deverá denegar a liberdade provisória, com ou sem medidas cautelares.

Não se admite prisão em flagrante que mantenha alguém preso sem a decretação de prisão preventiva ou temporária, pois a prisão em flagrante, como explicado, não é uma medida cautelar, ela não possui "suficiência" para legitimar uma prisão que se prolongue além das 24h necessárias para realização do APF e a efetivação da audiência de custódia (em até mais 24h).

Analisando a redação do artigo, é criticável o já conhecido *bis in idem* da reincidência, ou seja, a dupla (ou mais) punição pela mesma circunstância (reincidência) já tão criticada pela doutrina penal. Depois o artigo elege, *à la carte* e sem critério para justificar, determinadas condutas para proibir (inconstitucionalmente) a concessão de liberdade provisória. Inclusive, considerando que se trata de prisão em flagrante, dependendo do caso, é praticamente inviável já se ter uma prova suficiente de que o agente, por exemplo, é membro de uma organização criminosa ou milícia, para aplicar o dispositivo.

Mas o ponto nevrálgico do problema está na vedação de concessão de liberdade provisória, com ou sem medidas cautelares, pelos seguintes fundamentos:

– cria uma prisão em flagrante que se prolonga no tempo, violando a natureza pré-cautelar do flagrante;

– estabelece uma prisão (pré)cautelar obrigatória, sem necessidade cautelar e sem que se demonstre o *periculum libertatis*;

– viola toda principiologia cautelar, já analisada;

– por fim é flagrantemente inconstitucional, pois o STF já se manifestou nesse sentido em casos análogos (como na declaração de inconstitucionalidade do art. 2º da Lei n. 8.072 e casos posteriores).

O STF já afirmou e reafirmou que é inconstitucional as regras (como a constante na lei de drogas, mas também já o fez em relação à lei dos crimes hediondos e outras) que vedam a concessão de liberdade provisória, inclusive em decisão que teve repercussão geral reconhecida:

> Recurso extraordinário. 2. Constitucional. Processo Penal. Tráfico de drogas. Vedação legal de liberdade provisória. Interpretação dos incisos XLIII e LXVI do art. 5º da CF. 3. Reafirmação de jurisprudência. 4. Proposta de fixação da seguinte tese: É inconstitucional a expressão e liberdade provisória, constante do caput do art. 44 da Lei n. 11.343/2006. 5. Negado provimento ao recurso extraordinário interposto pelo Ministério Público Federal. [RE 1.038.925 RG, Rel. Min. Gilmar Mendes, j. 18-8-2017, DJE de 19-9-2017, Tema 959.]

Como noticiado no *site*[11] do STF, "o Supremo Tribunal Federal (STF) reafirmou sua jurisprudência no sentido da inconstitucionalidade de regra prevista na Lei de Drogas (Lei n. 11.343/2006) que veda a concessão de liberdade provisória a presos acusados de tráfico. A decisão foi tomada pelo Plenário Virtual no Recurso Extraordinário (RE) 1.038.925, com repercussão geral reconhecida". Em maio de 2012, no julgamento do HC 104339, o Plenário do STF havia declarado, incidentalmente, a inconstitucionalidade da expressão "liberdade provisória" do art. 44 da Lei de Drogas. Com isso, o Supremo passou a admitir prisão cautelar por tráfico apenas se verificado, no caso concreto, a presença de algum dos requisitos do art. 312 do Código de Processo Penal. Desde então, essa decisão serve de parâmetro para o STF, mas não vinculava os demais tribunais. Com a reafirmação da jurisprudência com *status* de repercussão geral, esse entendimento deve ser aplicado pelas demais instâncias em casos análogos.

Portanto, a vedação de concessão de liberdade provisória contida no art. 310 para certos tipos de crimes é claramente inconstitucional. Mas, apenas para esclarecer, isso não impede, obviamente, que uma prisão em flagrante exista e posteriormente seja decretada a prisão preventiva, mediante requerimento do MP ou representação

---

[11] Disponível em: <http://www.stf.jus.br/portal/cms/verNoticiaDetalhe.asp?idConteudo=354431>.

da autoridade policial, desde que presentes os requisitos legais da prisão preventiva, que serão estudados à continuação.

2. Espécies de flagrante. Análise do art. 302 do CPP

As situações de flagrância estão previstas no art. 302 do CPP:

> Art. 302. Considera-se em flagrante delito quem:
> I – está cometendo a infração penal;
> II – acaba de cometê-la;
> III – é perseguido, logo após, pela autoridade, pelo ofendido ou por qualquer pessoa, em situação que faça presumir ser autor da infração;
> IV – é encontrado, logo depois, com instrumentos, armas, objetos ou papéis que façam presumir ser ele autor da infração.

O flagrante do inciso I ocorre quando o agente é surpreendido cometendo o delito, quer dizer, praticando o verbo nuclear do tipo. Assim, a prisão nesse momento poderá, dependendo do caso, evitar a própria consumação. Como explica CARNELUTTI[12], a noção de flagrância está diretamente relacionada a *la llama, que denota con certeza la combustión; cuando se ve la llama, es indudable que alguna cosa arde*. Coincide com a *possibilidade para uma pessoa de comprová-lo mediante a prova direta*. Como sintetiza o mestre italiano, a flagrância não é outra coisa que a *visibilidad del delito*[13].

Na mesma linha argumentativa, recordemos a expressão de CORDERO[14], no sentido de que o flagrante traz à mente a ideia de coisas percebidas enquanto ocorrem; no particípio, capta a sincronia fato-percepção como uma qualidade do primeiro.

A prisão em flagrante, nesse caso, é detentora de maior credibilidade. Ocorre quando o agente é surpreendido durante o *iter criminis*, praticando a conduta descrita no tipo penal sem, contudo, tê-lo percorrido integralmente. É o caso em que o agente é preso enquanto

---

12 CARNELUTTI, Francesco. Op. cit., p. 77.
13 Idem, p. 78.
14 CORDERO, Franco. Op. cit., p. 410.

"subtrai" a coisa alheia móvel (155 do CP), ou, ainda, no crime de homicídio, está agredindo a vítima com a intenção de matá-la (ou seja, está praticando o verbo nuclear do art. 121 do CP) etc.

No inciso II, o agente é surpreendido ao acabar de cometer o delito, quando já cessou a prática do verbo nuclear do tipo penal. Mas, nesse caso, o delito ainda está crepitando (na expressão de CARNELUTTI), pois o agente cessou recentemente de praticar a conduta descrita no tipo penal. É considerado ainda um flagrante próprio, pois não há lapso temporal relevante entre a prática do crime (no sentido indicado pelo seu verbo nuclear) e a prisão. Dependendo da situação, o imediato socorro prestado à vítima ainda poderá evitar a consumação, mas diferencia-se da situação anterior na medida em que, aqui, ele já realizou a figura típica e a consumação já pode até ter ocorrido.

As situações de flagrância previstas nos incisos III e IV são mais frágeis; daí por que alguma doutrina nacional denomina-as "quase-flagrante" ou "flagrante impróprio". Pensamos que essas denominações não são adequadas, na medida em que traduzem a ideia de que não são flagrantes. Dizer que é "quase" flagrante significa dizer que não é flagrante, e isso é um erro, pois na sistemática do CPP esses casos são flagrantes delitos. Da mesma forma o adjetivo "impróprio" traduz um antagonismo com aqueles que seriam os "próprios"; logo, a rigor, deveria ser utilizado no sentido de recusa, o que também não corresponde à sistemática adotada pelo CPP.

Contudo, em que pese nossa discordância, empregamos essas denominações por estarem consagradas na doutrina nacional. Esses flagrantes dos incisos III e IV são mais "fracos", mais frágeis sob o ponto de vista da legalidade. Isso é consequência do afastamento do núcleo imantador, que é a realização do tipo penal, refletindo na fragilidade dos elementos que os legitimam, caso em que aumenta a possibilidade de serem afastados pelo juiz no momento em que recebe o auto de prisão em flagrante.

O inciso III do art. 302 consagra a possibilidade de prisão em flagrante quando o agente

> *III – é perseguido, logo após, pela autoridade, pelo ofendido ou por qualquer pessoa, em situação que faça presumir ser autor da infração.*

Exige-se a conjugação de três fatores:
1) perseguição (requisito de atividade);
2) logo após (requisito temporal);
3) situação que faça presumir a autoria (elemento circunstancial).

O conceito de *perseguição* pode ser extraído do art. 290 do CPP, especialmente das alíneas *a* e *b* do § 1º, que definem o seguinte:

> *Art. 290. (...)*
> *§ 1º Entender-se-á que o executor vai em perseguição do réu, quando:*
> *a) tendo-o avistado, for perseguindo-o sem interrupção, embora depois o tenha perdido de vista;*
> *b) sabendo, por indícios ou informações fidedignas, que o réu tenha passado, há pouco tempo, em tal ou qual direção, pelo lugar em que o procure, for no seu encalço.*

Logo a perseguição exige uma continuidade, em que perseguidor (autoridade policial, vítima ou qualquer pessoa) vá ao encalço do suspeito, ainda que nem sempre tenha o contato visual.

Deve-se considerar ainda a necessidade de que a perseguição inicie "logo após" o crime. Esse segundo requisito, temporal, deve ser interpretado de forma restritiva, sem que exista, contudo, um lapso definido na lei ou mesmo na jurisprudência. Exige-se um lapso mínimo, a ser verificado diante da complexidade do caso concreto, entre a prática do crime e o início da perseguição. Reforça esse entendimento o fato de que a "perseguição", na dimensão processual, somente é considerada quando há o contato visual inicial ou, ao menos, uma proximidade tal que permita à autoridade ir ao encalço do agente.

Elementar, portanto, que para a própria existência de uma "perseguição" com contato visual (ou quase) ela deve iniciar imediatamente após o delito. Não existirá uma verdadeira perseguição se a autoridade policial, por exemplo, chegar ao local do delito uma hora depois do fato. Assim, "logo após" é um pequeno intervalo, um lapso exíguo entre a prática do crime e o início da perseguição.

Também não há que confundir início com duração da perseguição. O dispositivo legal exige que a perseguição inicie logo após o fato, ainda que perdure por muitas horas. Isso pode ocorrer, por exemplo, em um crime de roubo a banco, em que, acionada, a polícia chega imediatamente ao local, a tempo de sair em perseguição dos assaltantes. Essa perseguição, não raras vezes, envolve troca de veículos, novos reféns, cercos policiais etc., fazendo com que a efetiva prisão ocorra, por exemplo, 30 horas depois do fato. Ainda haverá prisão em flagrante nesse caso, pois a perseguição iniciou logo após o crime e durou ininterruptamente todas essas horas, culminando com a prisão dos agentes.

Em suma, para existir a prisão em flagrante desse inciso III, a perseguição deve iniciar poucos minutos após o fato, ainda que perdure por várias horas.

Por fim, o inciso exige que o perseguido seja preso em "situação que faça presumir ser autor da infração". A rigor, a disposição é substancialmente inconstitucional, pois à luz da presunção de inocência não se pode "presumir a autoria", senão que ela deve ser demonstrada e provada. Infelizmente, o controle da constitucionalidade das leis processuais penais é incipiente, muito aquém do necessário para um Código da década de 40. Assim, a nefasta presunção da autoria é extraída de elementos, como estar na posse dos objetos subtraídos, com a arma do crime, mediante reconhecimento da vítima etc.

A última situação de flagrância está prevista no art. 302, IV:

Art. 302. (...)
IV – é encontrado, logo depois, com instrumentos, armas, objetos ou papéis que façam presumir ser ele autor da infração.

Esse é o flagrante mais fraco, mais frágil e difícil de se legitimar. Para sua ocorrência, exige-se a presença desses três elementos:

- encontrar (requisito de atividade);
- logo depois (requisito temporal);
- presunção de autoria (armas ou objetos do crime).

O primeiro requisito é que o agente seja "encontrado". Fazendo uma interpretação sistemática em relação aos incisos anteriores, pode-se afirmar que esse "encontrado" deve ser causal e não casual. É o encontrar de quem procurou, perseguiu e depois, perdendo o rastro, segue buscando o agente. Não se trata de um simples encontrar sem qualquer vinculação previamente estabelecida em relação ao delito.

Assim, não há prisão em flagrante quando o agente que acabou de subtrair um veículo é detido, por acaso, em barreira rotineira da polícia, ainda que esteja na posse do objeto furtado. Isso porque não existiu um encontrar de quem procurou (causal, portanto). Não significa que a conduta seja impunível, nada disso. O crime, em tese, existe. Apenas não há uma situação de flagrância para justificar a prisão com esse título.

Cuidado, nesse caso, para não incorrer na equivocada interpretação de que haveria crime (permanente) de receptação e que, portanto, haveria flagrância. Errado. A receptação efetivamente é um crime permanente e que justifica a incidência do art. 303 do CPP. Não existe crime de receptação quando o próprio autor do furto está na posse dos objetos subtraídos. A posse é o exaurimento impunível do crime de furto.

Quanto ao requisito temporal, ainda que a doutrina costume identificar as expressões "logo após" e "logo depois", no sentido de que representam pequenos intervalos, lapsos exíguos entre a prática do crime e o encontro (ou o início da perseguição, no caso do inciso III), pensamos que as situações são distintas. Realmente estão na mesma dimensão de exiguidade temporal. Contudo, para que exista a perseguição do inciso III, o espaço de tempo deve ser realmente breve, pois a própria perseguição exige o "sair no encalço" do agente, preferencialmente com contato visual. Logo, para que isso seja possível, o intervalo deve ser bastante exíguo.

Já o requisito temporal do inciso IV pode ser mais dilatado. Isso porque o ato de encontrar é substancialmente distinto do de perseguir. Para perseguir, há que estar próximo. Já o encontrar permite um intervalo de tempo maior entre o crime e o encontro com o agente.

Basta pensar no seguinte exemplo: uma quadrilha rouba um estabelecimento comercial e foge. Para existir perseguição, a polícia deve chegar poucos minutos após a saída do estabelecimento, pois somente assim poderá efetivamente "perseguir", no sentido empregado pelo art. 290. Caso isso não seja possível, diante da demora com que a polícia chegou ao local do crime, passamos para a situação prevista no inciso IV, quando são montadas barreiras policiais nas saídas da cidade e vias de acesso àquele local em que o crime foi praticado, buscando encontrar os agentes.

Haverá prisão em flagrante se os autores do delito forem interceptados em uma barreira policial (encontrar causal), com as armas do crime e o dinheiro subtraído, ainda que isso ocorra muitas horas depois do crime. Daí por que pensamos que a expressão *logo depois* representa um período mais elástico, que excede aquele necessário para que se configure o *logo após* do inciso III.

Por fim, sublinhamos que, não estando configuradas as situações anteriormente analisadas (e preenchidos os requisitos de cada uma), a prisão em flagrante é ilegal e deve ser imediatamente relaxada pela autoridade judiciária competente. Ainda que ilegal o flagrante, nada impede que seja postulada pelo Ministério Público a prisão preventiva (ou temporária, se for o caso), que poderá ser decretada pelo juiz (desde que preenchidos os requisitos a seguir analisados).

3. Flagrante em crime permanente. A problemática do flagrante nos crimes habituais

Além das situações de flagrância previstas no art. 302, deve-se atentar para o disposto no art. 303, *verbis*:

Art. 303. Nas infrações permanentes, entende-se o agente em flagrante delito enquanto não cessar a permanência.

Como explica ROXIN[15], delitos permanentes

são aqueles em que o crime não está concluído com a realização do tipo, senão que se mantém pela vontade delitiva do autor por tanto tempo como subsiste o estado antijurídico criado por ele mesmo.

---

15 ROXIN, Claus. *Derecho penal*: parte general, p. 329.

E, prossegue o autor, afirmando *que*

os crimes permanentes são, em sua maioria, delitos de mera atividade, mas também podem ser delitos de resultado, no caso em que um determinado resultado constantemente volte a realizar-se de novo, mantendo-se o estado antijurídico.

CIRINO DOS SANTOS[16] esclarece que os

tipos permanentes não se completam na produção de determinados estados, porque a situação típica criada se prolonga no tempo conforme a vontade do autor, como o sequestro ou cárcere privado (art. 148), a violação de domicílio (art. 150), em que a consumação já ocorre com a realização da ação típica, mas permanece em estado de consumação enquanto dura a invasão da área protegida pelo tipo legal.

São ainda exemplos de crimes permanentes a ocultação de cadáver (art. 211 do CP), receptação (na modalidade "ocultar" – art. 180 do CP), ocultação de bens, direitos e valores (art. 1º da Lei n. 9.613/98), evasão de divisas (na forma da "manutenção" de depósitos não informados no exterior – art. 22, parágrafo único, da Lei n. 7.492/86) etc.

Em todos esses casos a consumação se prolonga no tempo, fazendo com que exista um estado de flagrância igualmente prolongado. Enquanto durar a permanência, pode o agente ser preso em flagrante delito, pois considera-se que o agente "está cometendo a infração penal", nos termos em que prevê o inciso I do art. 302.

Assim, a descoberta de um cadáver "ocultado", ou de bens e valores (no caso do delito de lavagem), autoriza a prisão em flagrante do agente, pois é como se o crime estivesse sendo praticado naquele momento.

Da mesma forma, enquanto o agente tiver em depósito ou guardar drogas para entregar a consumo ou fornecer (art. 33 da Lei n. 11.343/2006), haverá uma situação de flagrante permanente.

É importante recordar que o crime permanente estabelece uma relação com a questão da prisão em flagrante e, por consequência, com a própria busca domiciliar (sobre o tema, consulte-se nossa obra *Direito processual penal*). Isso porque, como já explicamos, enquanto

---

16 CIRINO DOS SANTOS, Juarez. Op. cit., p. 112.

o delito estiver ocorrendo (manter em depósito, guardar, ocultar etc.), poderá a autoridade policial proceder à busca, a qualquer hora do dia ou da noite, independentemente da existência de mandado judicial (art. 5º, XI, da Constituição).

Ainda que o instituto da busca e da apreensão não seja objeto de análise pela presente obra, cumpre apenas pontuar que felizmente a jurisprudência do STJ começou a ser mais criteriosa e exigente nesta relação *crime permanente-flagrante permanente-busca domiciliar*. Explicamos: Durante décadas bastava o argumento de que o crime era permanente para estar legitimada e entrada, busca e apreensão sem mandado judicial, legitimando portanto que a autoridade policial "entrasse primeiro" e depois buscasse a legitimação para esse ingresso (com o encontro de drogas ou armas, por exemplo). Isso sempre deu margem para abusos e até suspeitas de enxerto (de armas ou drogas), dada a necessidade de justificar a entrada.

Como explica o Min. Gilmar Mendes, no RExt 603.616, "a entrada forçada em domicílio, sem uma justificativa prévia conforme direito, é arbitrária. Não será a constatação de situação de flagrância, posterior ao ingresso, que justificará a medida". Na mesma linha, a decisão unânime do STJ, no REsp 1.574.681, em que o Min. Schietti explica que: "o ingresso regular em domicílio alheio depende, para sua validade e regularidade, da existência de fundadas razões (justa causa) que sinalizem para a possibilidade de mitigação do direito fundamental em questão. É dizer, somente quando o contexto fático anterior à invasão permitir concluir a conclusão acerca da ocorrência de crime no interior da residência é que se mostra possível sacrificar o direito à inviolabilidade do domicílio". E prossegue: "a ausência de justificativas e de elementos seguros a legitimar a ação dos agentes públicos, diante da discricionariedade policial na identificação de situações suspeitas relativas a ocorrência de tráfico de drogas (era o caso em julgamento), pode fragilizar e tornar írrito o direito à intimidade e à inviolabilidade domiciliar". Ainda, no REsp 1.574.681-RS, o relator faz uma importante advertência: a mera intuição, por si só, não permite o ingresso no domicílio sem autorização judicial, na mesma linha da advertência que fizemos sobre a necessidade de demonstração da "prévia visibilidade" do flagrante, mesmo sendo um crime permanente. Min. Schietti explica que:

o ingresso regular em domicílio alheio depende, para sua validade e regularidade, da existência de fundadas razões (justa causa) que sinalizem para a possibilidade de mitigação do direito fundamental em questão. É dizer, somente quando o contexto fático anterior à invasão permitir concluir a conclusão acerca da ocorrência de crime no interior da residência é que se mostra possível sacrificar o direito à inviolabilidade do domicílio.

E prossegue:

a ausência de justificativas e de elementos seguros a legitimar a ação dos agentes públicos, diante da discricionariedade policial na identificação de situações suspeitas relativas a ocorrência de tráfico de drogas (era o caso em julgamento), pode fragilizar e tornar írrito o direito à intimidade e à inviolabilidade domiciliar.

Obviamente – segue o Min. Schietti –, não se trata de transformar o domicílio em um espaço de salvaguarda do criminoso, senão de ter uma situação fática emergencial de flagrância, com elementos mínimos de concretude, para demonstrar a impossibilidade de buscar a autorização judicial. É preciso ter elementos prévios à entrada para legitimar a própria entrada emergencial, sob pena de ilegalidade da busca e apreensão.

Não se pode deixar de mencionar ainda a decisão proferida pelo STJ no *Habeas Corpus* n. 598.051 – SP (2020/0176244-9)[17], Rel. Min. ROGERIO SCHIETTI CRUZ, que tratou tanto do consentimento dado para entrada dos policiais como também da busca em situação de flagrância. Entendeu a 6ª Turma do STJ por firmar cinco teses centrais. Dada a importância da decisão, exige transcrição literal:

> 1) *Na hipótese de suspeita de crime em flagrante, exige-se, em termos de standard probatório para ingresso no domicílio do suspeito sem mandado judicial, a existência de fundadas razões (justa causa), aferidas de modo objetivo e devidamente justificadas, de maneira a indicar que dentro da casa ocorre situação de flagrante delito.*

---

17 O voto do Min. SCHIETTI pode ser acessado, entre outros, no *site*: https://www.stj.jus.br/sites/portalp/SiteAssets/documentos/noticias/02032021%20HC598051.pdf.

2) O tráfico ilícito de entorpecentes, em que pese ser classificado como crime de natureza permanente, nem sempre autoriza a entrada sem mandado no domicílio onde supostamente se encontra a droga. Apenas será permitido o ingresso em situações de urgência, quando se concluir que do atraso decorrente da obtenção de mandado judicial se possa, objetiva e concretamente, inferir que a prova do crime (ou a própria droga) será destruída ou ocultada.

3) O consentimento do morador, para validar o ingresso de agentes estatais em sua casa e a busca e apreensão de objetos relacionados ao crime, precisa ser voluntário e livre de qualquer tipo de constrangimento ou coação.

4) A prova da legalidade e da voluntariedade do consentimento para o ingresso na residência do suspeito incumbe, em caso de dúvida, ao Estado, e deve ser feita com declaração assinada pela pessoa que autorizou o ingresso domiciliar, indicando-se, sempre que possível, testemunhas do ato. Em todo caso, a operação deve ser registrada em áudio-vídeo, e preservada tal prova enquanto durar o processo.

5) A violação a essas regras e condições legais e constitucionais para o ingresso no domicílio alheio resulta na ilicitude das provas obtidas em decorrência da medida, bem como das demais provas que dela decorrerem em relação de causalidade, sem prejuízo de eventual responsabilização penal dos agentes públicos que tenham realizado a diligência.

O tribunal determinou, portanto, que o consentimento do morador seja registrado em vídeo e áudio, bem como, sempre que possível, também por escrito, tudo isso como uma medida de redução de danos, de limitação do abuso de poder historicamente praticado com as entradas mediante consentimento viciado (pela coação) ou mesmo inexistente. É(ra) uma tentativa de fazer o controle posterior da validade do consentimento e também reduzir as práticas policiais abusivas.

Infelizmente, o STF no RE 1.342.077, rel. Min. Alexandre de Moraes, determinou a anulação desse HC 598.051 na parte em que entendeu pela necessidade de documentação e registro audiovisual das diligências policiais, mas o restante do acórdão permanece íntegro.

A decisão do STJ enfrentou ainda a questão do flagrante em crime permanente (no caso, tráfico de drogas) para reafirmar o entendimento do STF de que se exige – para o ingresso sem mandado judicial, sublinhamos – uma justa causa prévia ao ingresso, e que as "fundadas razões" sejam aferidas de modo objetivo e justificado. Indo além, a 6ª Turma estabeleceu que essa justa causa só existe quando também for demonstrada a urgência do ingresso, de modo que se comprove a impossibilidade de prévia obtenção de mandado judicial. Em outras palavras, só existe justa causa quando a polícia comprovar que o atraso ou demora na obtenção do mandado fosse, de forma objetiva e concreta, conduzir a destruição ou ocultação da droga. A inobservância dessas regras conduz a ilicitude da prova obtida e as que dela derivem, sem prejuízo da eventual responsabilidade penal (por abuso de autoridade, Lei n. 13.869/2019) dos agentes públicos envolvidos.

Tal entendimento foi reafirmado no julgamento do HC 740.082/RS, rel. Min. Olindo Menezes, 15-9-2022, do qual podemos extrair a seguinte síntese do pensamento do STJ: Conforme entendimento desta Corte:

> *nos crimes permanentes, tal como o tráfico de drogas, o estado de flagrância se protrai no tempo, o que, todavia, não é suficiente, por si só, para justificar busca domiciliar desprovida de mandado judicial, exigindo-se a demonstração de indícios mínimos de que, naquele momento, dentro da residência, está diante de situação de flagrante delito (RHC 134.894/GO, Rel. Min. NEFI CORDEIRO, 6ª Turma, j. 2-2-2021, DJe 8-2-2021).*

Consoante julgamento do RE 603.616/RO pelo Supremo Tribunal Federal, não é necessária certeza quanto à ocorrência da prática delitiva para se admitir a entrada em domicílio, bastando que, em compasso com as provas produzidas, seja demonstrada a justa causa na adoção da medida ante a existência de elementos concretos que apontem para o flagrante delito, o que não se tem no presente caso.

Feita essa ressalva, sigamos.

Noutra dimensão, os crimes habituais exigem a prática reiterada e com habitualidade daquela conduta descrita no tipo. Como sublinha BITENCOURT[18], ao comentar o delito de curandeirismo (um exemplo claro de crime habitual), "a habitualidade é imprescindível para a caracterização do delito em qualquer de suas modalidades", devendo o agente agir com a "vontade consciente de praticar, reiteradamente, qualquer das condutas" descritas no tipo penal (no caso, art. 284 do CP). Outros exemplos de crimes habituais são a manutenção de casa de prostituição (art. 229 do CP) e o exercício ilegal da medicina (art. 282 do CP).

---

18 BITENCOURT, Cezar Roberto. *Tratado de direito penal*, v. 4, p. 281.

É possível a prisão em flagrante por crime habitual? A pergunta somente pode ser respondida a partir da compreensão da íntima relação que se estabelece entre flagrante e os conceitos jurídico-penais de tentativa e consumação. Somente podemos afirmar que alguém está cometendo um delito ou que acabou de cometê-lo recorrendo aos conceitos de tentativa e consumação do Direito Penal. Em outras palavras, é analisando o *iter criminis* que se verifica quando o agente inicia a prática do verbo nuclear do tipo e quando o realiza inteiramente. Isso é fundamental para o conceito de *flagrante delito*. Daí por que a polêmica, antes de ser processual, é penal.

A maioria dos penalistas não aceita a tentativa de crime habitual. Nessa linha, BITENCOURT[19] explica que "é inadmissível a tentativa, em razão de a habitualidade ser característica dessa infração penal. Somente a prática reiterada de atos que, isoladamente, constituem indiferente penal é que acaba configurando essa infração penal".

Logo, nessa linha de pensamento, é inviável definir quando o agente está cometendo a infração ou quando acabou de cometê-la, pois um ato isolado é um indiferente penal. Se a polícia surpreende alguém cometendo um ato de curandeirismo, isso é atípico e, portanto, não há flagrante delito. O crime somente existirá quando habitualmente ele exercer essa atividade.

Essa é a posição majoritária, no sentido de que não existe possibilidade de prisão em flagrante por crime habitual.

Contudo, deve-se ter presente a lição de ZAFFARONI e PIERANGELLI[20], que, em linha diversa, sustentam que o critério (da inadmissibilidade da tentativa) é válido quando se entende o crime habitual como delito constituído de uma pluralidade necessária de condutas repetidas. Porém, argumentam os autores, "não é aceitável conceber-se assim o crime habitual, porque não só não haveria tentativa senão sequer também haveria consumação. Quando estaria consumado o delito habitual? Na segunda, na terceira, na décima repetição da mesma conduta? Esta dificuldade levou a doutrina moderna a considerar o crime habitual como um tipo que contém um

---

19 BITENCOURT, Cezar Roberto. Op. cit., v. 4, p. 282.
20 ZAFFARONI, Eugenio Raúl e PIERANGELLI, José Henrique. *Da tentativa*, p. 59.

elemento subjetivo diferente do dolo – ou seja, o delito habitual ficaria consumado com o primeiro ato – mas que, além do dolo, exige a habitualidade como elemento do *animus* do autor".

Seguindo esse raciocínio, os autores posicionam-se no sentido de que haveria tentativa de curandeirismo na conduta de quem, havendo instalado um consultório médico – sem diploma e sem licença –, está examinando um paciente (ainda que nem sequer tenha receitado qualquer medicamento) e possui outros pacientes na sala de espera. Quando atender a todos, estará consumado o delito, de modo que a interrupção do *iter criminis* nesse momento constituiria a tentativa do crime.

Aceitando-se essa tese, pode-se sustentar a legalidade da prisão em flagrante nesse momento. Do contrário, a conduta seria atípica, e o flagrante, ilegal.

4. (I)legalidade dos flagrantes forjado, provocado, preparado, esperado e protelado (ou diferido). Conceitos e distinções. Prisão em flagrante e crimes de ação penal de iniciativa privada e pública condicionada à representação

O flagrante forjado existe quando é criada, forjada uma situação fática de flagrância delitiva para (tentar) legitimar a prisão. Cria-se uma situação de fato, que é falsa. Exemplo típico é o enxerto de substâncias entorpecentes (ou armas) para, a partir dessa posse forjada, falsamente criada, realizar a prisão (em flagrante) do agente. É, portanto, um flagrante ilegal, até porque não existe crime.

O flagrante provocado também é ilegal e ocorre quando existe uma indução, um estímulo para que o agente cometa um delito exatamente para ser preso. Trata-se daquilo que o Direito Penal chama de *delito putativo por obra do agente provocador*. BITENCOURT[21] explica que isso não passa de uma cilada, uma encenação teatral, em que o agente é impelido à prática de um delito por um agente provocador, normalmente um policial ou alguém a

---

21 BITENCOURT, Cezar Roberto. Op. cit., v. 1, p. 409.

seu serviço. É o clássico exemplo do policial que, fazendo-se passar por usuário, induz alguém a vender-lhe a substância entorpecente para, a partir do resultado desse estímulo, realizar uma prisão em flagrante (que será ilegal). É uma provocação meticulosamente engendrada para fazer nascer em alguém a intenção, viciada, de praticar um delito, com o fim de prendê-lo.

Penalmente, considera-se que o agente não tem qualquer possibilidade de êxito, aplicando-se a regra do crime impossível (art. 17 do CP):

> Art. 17. Não se pune a tentativa quando, por ineficácia absoluta do meio ou por absoluta impropriedade do objeto, é impossível consumar-se o crime.

É, portanto, ilegal o flagrante provocado.

O flagrante preparado é ilegal, pois também vinculado à existência de um crime impossível. Aqui não há indução ou provocação, senão que a preparação do flagrante é tão meticulosa e perfeita que em momento algum o bem jurídico tutelado é colocado em risco.

Aplica-se, nesse caso, o disposto na Súmula 145 do STF: *Não há crime, quando a preparação do flagrante pela polícia torna impossível a sua consumação.*

Noutra dimensão, o flagrante esperado exige muito cuidado e tem sua legalidade ou ilegalidade aferida no caso concreto, pois, dependendo da situação, estaremos diante de um crime impossível, aplicando-se o que dissemos no flagrante preparado e a incidência da Súmula 145 do STF.

Mas nem todo flagrante esperado é ilegal, pois nem sempre haverá crime impossível.

Assim, quando a polícia não induz ou instiga ninguém, apenas coloca-se em campana (vigilância) e logra prender o agressor ou ladrão, a prisão é válida e existe crime. É o que ocorre na maioria das vezes em que a polícia, de posse de uma informação, oculta-se e espera até que o delito esteja ocorrendo para realizar a prisão. Não se trata de delito putativo ou de crime impossível. Exemplo recorrente é quando a polícia tem a informação de que esse ou aquele estabelecimento comercial ou bancário será alvo de um roubo e coloca-se em posição de vigilância discreta e logra surpreender os criminosos.

Não há ineficácia absoluta do meio empregado ou absoluta impropriedade do objeto para falar em crime impossível. Existe o crime (e, dependendo do caso, a atuação policial poderá impedir a consumação, havendo apenas tentativa) e a prisão em flagrante é perfeitamente válida.

Por fim, o flagrante protelado ou diferido, decorrente da chamada "ação controlada", está previsto nos arts. 8º e 9º da Lei n. 12.850:

> *Art. 8º Consiste a ação controlada em retardar a intervenção policial ou administrativa relativa à ação praticada por organização criminosa ou a ela vinculada, desde que mantida sob observação e acompanhamento para que a medida legal se concretize no momento mais eficaz à formação de provas e obtenção de informações.*
>
> *§ 1º O retardamento da intervenção policial ou administrativa será previamente comunicado ao juiz competente que, se for o caso, estabelecerá os seus limites e comunicará ao Ministério Público.*
>
> *§ 2º A comunicação será sigilosamente distribuída de forma a não conter informações que possam indicar a operação a ser efetuada.*
>
> *§ 3º Até o encerramento da diligência, o acesso aos autos será restrito ao juiz, ao Ministério Público e ao delegado de polícia, como forma de garantir o êxito das investigações.*
>
> *§ 4º Ao término da diligência, elaborar-se-á auto circunstanciado acerca da ação controlada.*
>
> *Art. 9º Se a ação controlada envolver transposição de fronteiras, o retardamento da intervenção policial ou administrativa somente poderá ocorrer com a cooperação das autoridades dos países que figurem como provável itinerário ou destino do investigado, de modo a reduzir os riscos de fuga e extravio do produto, objeto, instrumento ou proveito do crime.*

Tal dispositivo somente pode ser aplicado aos casos de organização criminosa e autoriza a polícia a retardar sua intervenção (prisão em flagrante) para realizar-se em momento posterior (por isso, diferido), mais adequado sob o ponto de vista da persecução penal.

É uma autorização legal para que a prisão em flagrante seja retardada ou protelada para outro momento, que não aquele em que o agente está cometendo a infração penal, excepcionando, assim, as regras contidas nos arts. 301 e 302, I, do CPP.

Retarda-se a prisão em flagrante (a lei infelizmente não define limite temporal) para – por exemplo – uma semana depois da prática do crime. Com isso, a polícia mantém o suspeito sob monitoramento, para ter acesso aos demais membros da organização criminosa, bem como apurar a prática de outros delitos. No momento mais oportuno, realiza a prisão em flagrante de todos os agentes.

Por exemplo: diante de uma complexa organização criminosa que tem por objeto o roubo de cargas e posterior distribuição a uma rede de fornecedores, a polícia deixa de prender aqueles agentes que cometeram o roubo no momento em que o estão praticando, para, monitorando-os, descobrir o local em que a carga é escondida e o caminhão desmontado para ser vendido em um desmanche ilegal. De posse dessas informações, descobre ainda quem são os receptadores e, quando tiver provas suficientes dos crimes e da estrutura da organização criminosa, realiza a prisão em flagrante de todos os agentes.

A rigor, não haveria prisão em flagrante daqueles que cometeram o roubo, pois passados muitos dias da sua ocorrência, sendo inaplicável qualquer dos incisos do art. 302. Contudo, diante da autorização contida na Lei n. 12.850, está legitimado o flagrante retardado ou protelado.

Trata-se, por outro lado, de uma situação bastante perigosa, sob o ponto de vista dos direitos e garantias individuais, pois abre a possibilidade de abusos e ilegalidades por parte da autoridade policial. Ademais, ao não prever limite temporal para a ação controlada, cria um estado de indeterminação bastante perigoso.

Daí por que se trata de medida excepcional e que deve ser objeto de rigoroso controle de legalidade por parte do Ministério Público e do juiz competente, bem como amplamente documentada (com filmagem, fotos e todos os meios que permitam controlar a legalidade da atuação policial). Havendo dúvida, deve o flagrante ser relaxado por ilegal, sem prejuízo de eventual prisão preventiva em caso de estarem presentes seus requisitos (que são completamente diversos daqueles que disciplinam a prisão em flagrante).

Importante destacar a posição de BADARÓ[22], que, em linha diversa, nega que o flagrante diferido ou retardado seja uma nova modalidade de prisão. Entende que "há, apenas, uma autorização legal para que a autoridade policial e seus agentes, que, a princípio, teriam a

---

22 BADARÓ, Gustavo. Op. cit., p. 137-138.

obrigação de efetuar a prisão em flagrante (CPP, art. 310, 2ª parte), deixem de fazê-lo, com vistas a uma maior eficácia da investigação".

Mudando o enfoque, apenas para não deixar passar sem qualquer comentário, vejamos a problemática teórica em torno da prisão em flagrante por delito de ação penal de iniciativa privada e também quando a iniciativa é pública, mas condicionada à representação.

Trata-se de uma questão que, atualmente, reveste-se de pouca relevância prática, pois esses delitos, na sua imensa maioria (e a quase totalidade daqueles de iniciativa privada), são considerados de menor potencial ofensivo, abrangidos, portanto, pela Lei n. 9.099/95.

Determina o art. 69, parágrafo único, da Lei n. 9.099/95 que "ao autor do fato que, após a lavratura do termo (circunstanciado), for imediatamente encaminhado ao juizado ou assumir o compromisso de a ele comparecer, não se imporá prisão em flagrante (...)".

Logo, não existe prisão em flagrante em crime de menor potencial ofensivo, esvaziando a discussão (muito mais teórica do que prática) em torno dos crimes de ação penal de iniciativa privada ou pública condicionada à representação.

5. Síntese do procedimento. Atos que compõem o auto de prisão em flagrante

Efetivada a prisão de alguém em situação de flagrância, deverá o preso ser imediatamente apresentado à autoridade policial. A demora injustificada poderá constituir o crime de abuso de autoridade (Lei n. 13.869/2019):

Art. 12. Deixar injustificadamente de comunicar prisão em flagrante à autoridade judiciária no prazo legal:
Pena – detenção, de 6 (seis) meses a 2 (dois) anos, e multa.
Parágrafo único. Incorre na mesma pena quem:
I – deixa de comunicar, imediatamente, a execução de prisão temporária ou preventiva à autoridade judiciária que a decretou;
II – deixa de comunicar, imediatamente, a prisão de qualquer pessoa e o local onde se encontra à sua família ou à pessoa por ela indicada;
III – deixa de entregar ao preso, no prazo de 24 (vinte e quatro) horas, a nota de culpa, assinada pela autoridade, com o motivo da prisão e os nomes do condutor e das testemunhas;

IV – prolonga a execução de pena privativa de liberdade, de prisão temporária, de prisão preventiva, de medida de segurança ou de internação, deixando, sem motivo justo e excepcionalíssimo, de executar o alvará de soltura imediatamente após recebido ou de promover a soltura do preso quando esgotado o prazo judicial ou legal.

Apresentado o preso à autoridade policial, estabelece o art. 304 do CPP:

Art. 304. Apresentado o preso à autoridade competente, ouvirá esta o condutor e colherá, desde logo, sua assinatura, entregando a este cópia do termo e recibo de entrega do preso. Em seguida, procederá à oitiva das testemunhas que o acompanharem e ao interrogatório do acusado sobre a imputação que lhe é feita, colhendo, após cada oitiva suas respectivas assinaturas, lavrando, a autoridade, afinal, o auto.

§ 1º Resultando das respostas fundada a suspeita contra o conduzido, a autoridade mandará recolhê-lo à prisão, exceto no caso de livrar-se solto ou de prestar fiança, e prosseguirá nos atos do inquérito ou processo, se para isso for competente; se não o for, enviará os autos à autoridade que o seja.

§ 2º A falta de testemunhas da infração não impedirá o auto de prisão em flagrante; mas, nesse caso, com o condutor, deverão assiná-lo pelo menos duas pessoas que hajam testemunhado a apresentação do preso à autoridade.

§ 3º Quando o acusado se recusar a assinar, não souber ou não puder fazê-lo, o auto de prisão em flagrante será assinado por duas testemunhas, que tenham ouvido sua leitura na presença deste.

§ 4º Da lavratura do auto de prisão em flagrante deverá constar a informação sobre a existência de filhos, respectivas idades e se possuem alguma deficiência e o nome e o contato de eventual responsável pelos cuidados dos filhos, indicado pela pessoa presa.

Existe um procedimento a ser observado para formalização do auto de prisão em flagrante (APF) sob pena de nulidade (e consequente relaxamento pelo juiz). Inicia com a apresentação do preso à autoridade policial, que deverá ouvir o condutor, ou seja, aquele que realizou a prisão e conduziu o detido. Na continuação, ouvirá as testemunhas que presenciaram os fatos e/ou a prisão e, ao final, interrogará o preso. Tudo isso deverá ser formalizado e devidamente assinado pela autoridade e as respectivas pessoas que prestaram as declarações.

Não havendo testemunhas da infração, é claro que a manutenção da prisão em flagrante é muito mais problemática, mas isso não impede que, em tese, seja realizada. Determina o art. 304, § 2º, que, nesse caso, deverão assinar, pelo menos, duas pessoas que tenham testemunhado a apresentação do preso à autoridade. São, por assim dizer, meras testemunhas de apresentação, pois nada sabem do fato criminoso ou do ato da prisão.

Ao final, será ouvido o preso. Quanto ao seu interrogatório, a defesa pessoal (positiva e negativa) e a defesa técnica, recomendamos a leitura de nossa obra *Direito processual penal*, especialmente no capítulo destinado ao estudo das "Das provas em espécie".

Cumpre recordar, apenas, a imprescindível presença de defensor; que se lhe deve assegurar o direito de conversar reservadamente com o preso; o direito de silêncio; enfim, plena observância do disposto no art. 185 do CPP. Importante ainda sublinhar a prerrogativa do advogado de estar presente e intervir no interrogatório, como determina o art. 7º, XXI, da Lei n. 8.906:

> *XXI – assistir a seus clientes investigados durante a apuração de infrações, sob pena de nulidade absoluta do respectivo interrogatório ou depoimento e, subsequentemente, de todos os elementos investigatórios e probatórios dele decorrentes ou derivados, direta ou indiretamente, podendo, inclusive, no curso da respectiva apuração:*

A presença do advogado durante o interrogatório é crucial para a própria validade da prisão em flagrante, não só formulando perguntas, mas também para assegurar a eficácia do direito de silêncio.

Destacamos a expressa determinação de "nulidade absoluta" do interrogatório realizado sem a presença de advogado ou o impedimento de que o advogado assista a seus clientes nesse ato. Isso impõe, ainda, o abandono do discurso mofado de que "não existem nulidades no inquérito policial", cuja fragilidade já cansamos de denunciar em diversos escritos. Também é relevante, ainda que desnecessária, a menção expressa de nulidade subsequente de todos os elementos dele (interrogatório) decorrentes ou derivados, direta ou indiretamente (ilicitude por derivação ou contaminação).

Se o preso recusar-se a assinar ou estiver impossibilitado de fazê-lo por qualquer motivo, o auto de prisão em flagrante será assinado por duas testemunhas de leitura, ou seja, que tenham assistido a leitura do depoimento do preso e demais peças na presença dele.

Ao final, será dada ao preso a nota de culpa, com o motivo da prisão, o nome do condutor e os das testemunhas, assinando ele o recibo respectivo. Caso se recuse a assinar esse recibo da nota de culpa, ou estiver impossibilitado de fazê-lo, novamente deverá o delegado lançar mão de duas testemunhas que assinem, comprovando a entrega.

Formalizado e finalizado assim o auto de prisão em flagrante, deverá ser imediatamente remetido ao juiz competente, juntamente com o preso, para realização da audiência de custódia, a seguir explicada.

Destaque-se, por último, a nova redação do art. 322 do CPP, em que a autoridade policial poderá conceder fiança – imediatamente e antes de enviar o autor de prisão em flagrante para o juiz – nos casos de infração cuja pena privativa de liberdade máxima não seja superior a 4 anos.

6. Garantias constitucionais e legalidade da prisão em flagrante. Análise do art. 306 do CPP

Inicialmente, deve-se dar eficácia às seguintes garantias constitucionais – previstas no art. 5º da Constituição –, as quais vinculam a própria validade da prisão em flagrante para além das regras processuais:

> Art. 5º (...)
> LXI – *ninguém será preso senão em flagrante delito ou por ordem escrita e fundamentada de autoridade judiciária competente, salvo nos casos de transgressão militar ou crime propriamente militar, definidos em lei;*
> LXII – *a prisão de qualquer pessoa e o local onde se encontre serão comunicados imediatamente ao juiz competente e à família do preso ou à pessoa por ele indicada;*
> LXIII – *o preso será informado de seus direitos, entre os quais o de permanecer calado, sendo-lhe assegurada a assistência da família e de advogado;*
> LXIV – *o preso tem direito à identificação dos responsáveis por sua prisão ou por seu interrogatório policial;*
> LXV – *a prisão ilegal será imediatamente relaxada pela autoridade judiciária;*
> LXVI – *ninguém será levado à prisão ou nela mantido, quando a lei admitir a liberdade provisória, com ou sem fiança.*

A regra do inciso LXI restringe a possibilidade de prisão a dois casos (excetuando os casos de transgressão militar ou crime propriamente militar):

- flagrante delito;
- ordem judicial escrita e fundamentada.

Com isso, sepultou-se a chamada "prisão para averiguações" e coisas do gênero, pois somente haverá prisão nos dois casos mencionados. Recordemos, ainda, que a prisão em flagrante é precautelar e sua precariedade exige que o auto (de prisão em flagrante) seja encaminhado em até 24 horas para o juiz, que então, de forma escrita e fundamentada, irá enfrentar a possibilidade de concessão de liberdade provisória ou, se necessário e houver pedido por parte do Ministério Público ou da polícia, decretará a prisão preventiva. Então, a manutenção da prisão (agora como preventiva) exigirá uma decisão escrita e fundamentada do juiz.

O inciso LXII impõe uma importante formalidade, que é a dupla comunicação da prisão, a qual deverá ser imediatamente levada ao conhecimento do juiz competente e também à família do preso (ou pessoa por ele indicada).

A inobservância dessa regra conduz à ilegalidade da prisão em flagrante, cabendo ao juiz, quando receber os autos, e verificar que não houve a comunicação imediata (ao juiz plantonista ou à família do preso), deixar de homologar o auto de prisão em flagrante, relaxando a prisão por ilegalidade formal.

Igual postura deverá adotar quando verificar a não observância do disposto nos incisos LXIII e LXIV, relaxando a prisão em flagrante por ilegalidade.

Além dessas garantias constitucionais, é muito importante o disposto no art. 306 do CPP:

> Art. 306. A prisão de qualquer pessoa e o local onde se encontre serão comunicados imediatamente ao juiz competente, ao Ministério Público e à família do preso ou a pessoa por ele indicada.
> § 1º Em até 24 (vinte e quatro) horas após a realização da prisão, será encaminhado ao juiz competente o auto de prisão em flagrante e, caso o autuado não informe o nome de seu advogado, cópia integral para a Defensoria Pública.
> § 2º No mesmo prazo, será entregue ao preso, mediante recibo, a nota de culpa, assinada pela autoridade, com o motivo da prisão, o nome do condutor e os das testemunhas.

A Lei n. 12.403/2011 inseriu a necessidade de imediata comunicação da prisão também ao Ministério Público, até para que possa acompanhar o desenrolar da situação e postular a prisão preventiva (sem esse pedido, o juiz não pode decretar a prisão preventiva). Mas é fundamental sublinhar a necessidade de que:

- o juiz seja imediatamente comunicado da prisão (isso pode ser feito por telefone, *e-mail*, Whatsapp etc.) independentemente da hora e dia em que ocorrer;
- seja enviado ao juiz, em até 24 horas[23] depois da prisão, o auto de prisão em flagrante completo;
- no mesmo prazo, caso o preso não indique um advogado que o acompanhe (não basta a mera indicação de nome, deverá estar efetivamente acompanhado), deverá ser enviada cópia integral para a Defensoria Pública.

Menciona ainda o art. 306 que ao preso será dada "nota de culpa" nesse mesmo prazo máximo de 24 horas. A nota de culpa, explica ESPÍNOLA FILHO[24], é uma grande conquista para desterrar o antigo segredo com que se oprimia o indiciado. Tem como efeito tornar definido o motivo da prisão, dando notícia da causa determinante de tal medida, com a indicação dos elementos de acusação que a sustentam, referindo os nomes dos condutores e testemunhas, cujos depoimentos ampararam a realização do auto de prisão em flagrante.

Portanto, dois momentos devem ser rigidamente observados: a comunicação imediata da prisão ao juiz e a necessária conclusão do auto de prisão em flagrante, expedição da nota de culpa e o encaminhamento para o juiz, em até 24 horas, do auto de prisão em

---

[23] Não raras vezes, assiste-se nas novelas e seriados brasileiros a errônea explicação de que 24 horas após o crime ninguém poderá ser preso em flagrante... Juridicamente, isso não existe. Uma pessoa pode ser presa, por exemplo, 72 horas depois do crime e ser flagrante delito, desde que ocorra a perseguição prevista no art. 302, III. Por outro lado, alguém pode ser encontrado 10 horas depois do crime e não ser uma situação de flagrante delito. Em suma, a crença popular é absolutamente infundada e decorre de uma má compreensão da antiga redação do art. 306. O que deve ser feito em 24 horas, sob pena de ilegalidade, é a formalização do auto de prisão em flagrante e seu devido encaminhamento à autoridade judiciária competente.

[24] ESPÍNOLA FILHO, Eduardo. *Código de Processo Penal brasileiro anotado*, v. 3, p. 359.

flagrante e do detido, para realização da audiência de custódia. Tudo isso sob pena de ilegalidade formal da prisão em flagrante e consequente relaxamento por parte do juiz.

7. Audiência de custódia e a decisão judicial sobre o auto de prisão em flagrante. Aspectos formais e análise da necessidade da decretação da prisão preventiva

Na sistemática pré-convenção americana de Direitos Humanos, o preso em flagrante era conduzido à autoridade policial onde, formalizado o auto de prisão em flagrante, era encaminhado ao juiz, que decidia, nos termos do art. 310 do CPP, se homologava ou relaxava a prisão em flagrante (em caso de ilegalidade) e, à continuação, decidia sobre o pedido de prisão preventiva ou medida cautelar diversa (art. 319).

Recebendo o auto de prisão em flagrante, deveria o juiz, na solidão do gabinete e apenas com a frieza do papel, sem nenhum contato pessoal com o preso:

> 1º Momento: analisar o aspecto formal do auto de prisão em flagrante, bem como a legalidade ou ilegalidade do próprio flagrante, mediante a análise dos requisitos do art. 302 do CPP. Se legal, homologa; se ilegal (nos casos de flagrante forjado, provocado etc.), deverá relaxá-la.
> 2º Momento: homologando a prisão em flagrante, havendo pedido do MP ou representação da autoridade policial, deverá enfrentar a necessidade ou não da prisão preventiva, a concessão da liberdade provisória com ou sem fiança e a eventual imposição de medida cautelar alternativa.

No primeiro momento, o que faz o juiz é avaliar a situação de flagrância, se realmente ocorreu alguma das situações dos arts. 302 ou 303 anteriormente analisados, e, ainda, se todo o procedimento para elaboração do auto de prisão em flagrante foi devidamente desenvolvido, especialmente no que tange à comunicação imediata da prisão ao juiz, a entrega da nota de culpa ao preso e a remessa ao juízo no prazo de 24 horas. É, em última análise, a fiscalização da efetivação do disposto no art. 306.

Superada a análise formal, vem o ponto mais importante: a decretação de alguma das medidas cautelares pessoais.

É importante recordar o que dissemos anteriormente sobre a precautelaridade da prisão em flagrante, ou seja, o flagrante não prende por si só e tampouco mantém alguém preso além das 24 horas necessárias para sua elaboração. Logo, para que o agente permaneça preso ou submetido a qualquer medida cautelar, é imprescindível uma decisão judicial fundamentada.

A inovação agora é inserir, nessa fase, uma audiência de custódia, em que o preso será – após a formalização do auto de prisão em flagrante feito pela autoridade policial – ouvido por um juiz, que decidirá nessa audiência se o flagrante será homologado ou não e, ato contínuo, se a prisão preventiva é necessária ou se é caso de aplicação das medidas cautelares diversas (art. 319).

A eficácia do art. 310 não se dará mais no gabinete do juiz, apenas com o auto de prisão em flagrante nas mãos: ele deverá realizar uma audiência em que o detido será ouvido sobre as condições em que foi preso e discutidos os aspectos materiais e formais da custódia. Inclusive, após esse contato pessoal (já falaremos sobre essa "entrevista", que não se confunde com "interrogatório"), será decidido sobre eventual aplicação das medidas cautelares diversas do art. 319 ou mesmo a decretação da prisão preventiva (se houver pedido e necessidade), pois ela é a *ultima ratio* do sistema cautelar.

Mas um detalhe: a audiência de custódia não deveria se limitar aos casos de prisão em flagrante, senão que terá aplicação em toda e qualquer prisão, detenção ou retenção (dicção do art. 7.5 da CADH), sendo portanto exigível na prisão temporária e também na prisão preventiva. Mas no Brasil, infelizmente, tem sido reduzida ao controle da prisão em flagrante.

Essencialmente, a audiência de custódia humaniza o ato da prisão, permite o controle da legalidade do flagrante e, principalmente, cria condições melhores para o juiz avaliar a situação e a necessidade ou não da prisão cautelar (inclusive temporária ou preventiva).

Também evita que o preso somente seja ouvido pelo juiz muitos meses (às vezes anos) depois de preso (na medida em que o interrogatório judicial é o último ato do procedimento). A audiência de custódia corrige de forma simples e eficiente a dicotomia gerada: o preso em flagrante será imediatamente conduzido à presença do juiz para ser ouvido, momento em que o juiz decidirá sobre as medidas previstas no art. 310. Trata-se de uma prática factível e perfeitamente realizável. O mesmo juiz plantonista que hoje recebe – a qualquer hora – os autos da prisão em flagrante e precisa analisá-los, fará uma rápida e simples audiência com o detido.

A iniciativa é muito importante e alinha-se com a necessária convencionalidade que deve guardar o processo penal brasileiro, adequando-se ao disposto no art. 7.5 da Convenção Americana de Direitos Humanos (CADH) que determina: "Toda pessoa presa detida ou retida deve ser conduzida, sem demora, à presença de um juiz ou outra autoridade autorizada por lei a exercer funções judiciais e tem o direito de ser julgada em um prazo razoável ou de ser posta em liberdade, sem prejuízo de que prossiga o processo. Sua liberdade pode ser condicionada a garantias que assegurem o seu comparecimento em juízo".

Em diversos precedentes a Corte Interamericana de Direitos Humanos (CIDH) tem destacado que o controle judicial imediato – que proporciona a audiência de custódia – é um meio idôneo para evitar prisões arbitrárias e ilegais, pois corresponde ao julgador "garantir os direitos do detido, autorizar a adoção de medidas cautelares ou de coerção quando seja estritamente necessária, e procurar, em geral, que se trate o cidadão de maneira coerente com a presunção de inocência", conforme julgado no caso *Acosta Calderón contra Equador*. A Corte Interamericana entendeu que a mera comunicação da prisão ao juiz é insuficiente, na medida em que "o simples conhecimento por parte de um juiz de que uma pessoa está detida não satisfaz essa garantia, já que o detido deve comparecer pessoalmente e render sua declaração ante o juiz ou autoridade competente".

Nesta linha, o art. 306 do Código do Processo Penal, que estabelece apenas a imediata comunicação ao juiz de que alguém foi detido, bem como a posterior remessa do auto de prisão em flagrante para homologação ou relaxamento, não é suficiente para dar conta do nível de exigência convencional.

No *Caso Bayarri contra Argentina*, a CIDH afirmou que "o juiz deve ouvir pessoalmente o detido e valorar todas as explicações que este lhe proporcione, para decidir se procede à liberação ou manutenção da privação da liberdade" sob pena de "despojar de toda efetividade o controle judicial disposto no artigo 7.5. da Convenção".

Mas outras duas questões podem ser discutidas à luz do art. 7.5.

A primeira é: o que se entende por "outra autoridade autorizada por lei a exercer funções judiciais"? A intervenção da autoridade policial, do delegado, daria conta dessa exigência? E a segunda questão é: em quanto tempo deve se dar a apresentação do preso?

Vamos ao primeiro questionamento. A atuação da autoridade policial não tem suficiência convencional, até porque o delegado de polícia, no modelo brasileiro, não tem propriamente "funções judiciais". É uma autoridade administrativa despida de poder jurisdicional ou função judicial. Em segundo lugar, a própria CIDH já decidiu, em vários casos, que tal expressão deve ser interpretada em conjunto com o disposto no art. 8.1 da CADH, que determina que "toda pessoa terá o direito de ser ouvida, com as devidas garantias e dentro de um prazo razoável, por um juiz ou tribunal competente, independente e imparcial". Com isso, descarta-se, de vez, a suficiência convencional da atuação do Delegado de Polícia no Brasil.

O segundo ponto que poderia suscitar alguma discussão diz respeito à expressão "sem demora". A apresentação do detido ao juiz deve ocorrer em quanto tempo?

A CIDH já reconheceu a violação dessa garantia quando o detido foi apresentado quatro dias após a prisão (Caso *Chaparro Alvarez contra Equador*) ou cinco dias após (Caso *Cabrera Garcia y Montiel Flores contra México*). No Brasil, a autoridade policial tem até 24 horas para formalizar e enviar o auto de prisão em flagrante e o juiz, o recebendo, tem até (mais) 24 horas para realizar a audiência de custódia. Em última análise, uma pessoa presa em flagrante deverá ser apresentada ao juiz em até 48 horas desde a sua prisão.

O art. 1º da Resolução 213 de 15-12-2015, do Conselho Nacional de Justiça, que toda pessoa presa em flagrante delito deverá ser apresentada em até 24 horas da comunicação do flagrante, à autoridade judicial competente, e ouvida sobre as circunstâncias em que se realizou sua prisão ou apreensão.

Após a Resolução n. 213 do CNJ, posteriormente assimilada pelo CPP com a reforma de 2019, foi finalmente implantada a Audiência de Custódia, exigindo que o preso seja apresentado ao juiz – junto com o auto de prisão em flagrante – em até 24 horas. Neste sentido, é categórico o art. 1º da referida Resolução:

> Art. 1º Determinar que toda pessoa presa em flagrante delito, independentemente da motivação ou natureza do ato, seja obrigatoriamente apresentada, em até 24 horas da comunicação do flagrante, à autoridade judicial competente, e ouvida sobre as circunstâncias em que se realizou sua prisão ou apreensão.

E também o *caput* do art. 310 e seus §§ 3º e 4º:

> Art. 310. Após receber o auto de prisão em flagrante, no prazo máximo de até 24 (vinte e quatro) horas após a realização da prisão, o juiz deverá promover audiência de custódia com a presença do acusado, seu advogado constituído ou membro da Defensoria Pública e o membro do Ministério Público, e, nessa audiência, o juiz deverá, fundamentadamente:
> (...)
> § 3º A autoridade que deu causa, sem motivação idônea, à não realização da audiência de custódia no prazo estabelecido no caput deste artigo responderá administrativa, civil e penalmente pela omissão.
> § 4º Transcorridas 24 (vinte e quatro) horas após o decurso do prazo estabelecido no caput deste artigo, a não realização de audiência de custódia sem motivação idônea ensejará também a ilegalidade da prisão, a ser relaxada pela autoridade competente, sem prejuízo da possibilidade de imediata decretação de prisão preventiva.

Portanto, considerando que os autos da prisão em flagrante devem ser remetidos ao juiz em até 24h e que o juiz, recebendo o APF, deverá marcar a audiência de custódia também em até 24h, define a lei claramente uma sistemática rígida de tempo.

A regra, repetimos, é a obrigatoriedade da realização da audiência de custódia (AC), respondendo o juiz, administrativa, civil e penalmente pela sua não realização sem uma justa causa devidamente fundamentada e motivada.

Um grande avanço foi a inserção do § 4º, que estabelece que "transcorridas 24 (vinte e quatro) horas após o decurso do prazo estabelecido no *caput* deste artigo, a não realização de audiência de custódia sem motivação idônea ensejará também a ilegalidade da prisão, a ser relaxada pela autoridade competente, sem prejuízo da possibilidade de imediata decretação de prisão preventiva". A adoção de "prazo com sanção" foi um grande acerto do legislador. **Infelizmente, no julgamento das ADI'S do Pacote Anticrime, o STF** entendeu que "a autoridade judiciária deverá avaliar se estão presentes os requisitos para a prorrogação excepcional do prazo ou para sua realização por videoconferência, sem prejuízo da possibilidade de imediata decretação de prisão preventiva", esvaziando assim a regra do relaxamento imediato pela não observância do prazo.

Determina ainda o art. 6º da Resolução 213/CNJ que, antes da apresentação da pessoa presa ao juiz, será assegurado seu atendimento prévio e reservado por advogado por ela constituído ou defensor público, sem a presença de agentes policiais, sendo esclarecidos por funcionário credenciado os motivos, fundamentos e ritos que versam a audiência de custódia. Deverá ainda ser reservado local apropriado para esse atendimento prévio com o advogado ou defensor público.

Uma vez apresentado o preso ao juiz, ele será informado do direito de silêncio e assegurada será a entrevista prévia com defensor (particular ou público).

Nessa "entrevista" (não é um interrogatório, portanto), não serão feitas ou admitidas perguntas que antecipem instrução própria de eventual processo de conhecimento. Nesse sentido, determina o art. 8º, VIII da Resolução 213/CNJ que o juiz (mas também acusação e defesa) deve ser abster de formular perguntas com finalidade de produzir prova para a investigação ou ação penal relativas aos fatos objeto do auto de prisão em flagrante. Não se trata de interrogatório e não é uma audiência de instrução e julgamento, mas uma "entrevista" que se destina exclusivamente a discutir a "custódia", ou seja, a forma e as condições em que foi realizada a prisão e, ao final. averiguar a medida cautelar diversa mais adequada ou, em último caso, a decretação da prisão preventiva.

Eis um ponto crucial da audiência de custódia: o contato pessoal do juiz com o detido. Uma medida fundamental em que, ao mesmo tempo, humaniza-se o ritual judiciário e criam-se as condições de possibilidade de uma análise acerca do *periculum libertatis*, bem como da suficiência e adequação das medidas cautelares diversas do art. 319 do CPP.

Determina o art. 8º da Resolução 213/CNJ que a autoridade judicial "entrevistará" a pessoa presa e não "interrogará". Existe uma clara distinção da natureza do ato que se reflete, por consequência, em uma **limitação no nível de cognição do juiz** acerca do caso penal. É importante não só que o juiz e demais atores judiciários tenham isso presente, mas também que o preso seja advertido da finalidade da audiência de custódia.

Mesmo sendo uma "entrevista", deverá ser-lhe assegurado o direito de silêncio e também controlado o uso de algemas, nos termos do art. 8º, II, da Resolução e também da Súmula Vinculante 11 do STF. Deverá o juiz questionar as condições e circunstâncias em que ocorreu a prisão e também se foi dada ciência, ao preso, de seus direitos fundamentais, especialmente o direito de consultar-se com advogado ou defensor público, o de ser atendido por médico e o de comunicar-se com seus familiares. Existe uma preocupação muito grande com a questão da violência e da tortura, determinando a Resolução 213/CNJ que o juiz indague ao preso sobre o tratamento recebido em todos os locais por onde passou antes da apresentação à audiência, questionando sobre a ocorrência de tortura e maus-tratos e adotando as providências cabíveis.

Nessa "entrevista" também deverá ser avaliada a possibilidade e a adequação das medidas cautelares diversas (art. 319 do CPP), verificando a situação fática e as condições pessoais do preso, bem como – conforme o art. 8º, X, da Resolução – "averiguar, por perguntas e visualmente, hipóteses de gravidez, existência de filhos ou dependentes sob cuidados da pessoa presa em flagrante delito, histórico de doença grave, incluídos os transtornos mentais e a dependência química, para analisar o cabimento de encaminhamento assistencial e da concessão da liberdade provisória, sem ou com a imposição de medida cautelar".

Importante frisar que essa entrevista – como regra – não deve se prestar para análise do mérito (leia-se, autoria e materialidade), reservada para o interrogatório de eventual processo de conhecimento. Não é o momento para realização de julgamentos, mas de aferir as condições em que foi feita a prisão e sua legalidade, bem como a necessidade ou não de decretação de prisão preventiva a continuação.

A rigor, limita-se a verificar a legalidade da prisão em flagrante e a presença ou não dos requisitos da prisão preventiva, bem como permitir uma melhor análise da(s) medida(s) cautelar(es) diversa(s) adequada(s) ao caso, dando plenas condições de eficácia do art. 319 do CPP, atualmente restrito, na prática, à fiança. Infelizmente, como regra, os juízes não utilizam todo o potencial contido no art. 319 do CPP, muitas vezes até por falta de informação e conhecimento das circunstâncias do fato e do autor.

Contudo, em alguns casos, essa entrevista vai se situar numa tênue distinção entre forma e conteúdo. O problema surge – por exemplo – quando o preso alegar a falta de *fumus commissi delicti*, ou seja, negar autoria ou existência do fato (inclusive atipicidade). Se a tese do preso for a de que ele não praticou o fato ou de que o fato não existiu, é preciso dar-lhe a oportunidade para falar e, portanto, decidir sobre essa questão, pois a própria existência do flagrante depende dela. Não deverá o juiz limitar a cognição nesse caso, pois umbilicalmente ligada ao objeto da própria audiência de custódia.

É preciso desconstruir a equivocada concepção de que a audiência de custódia deveria se limitar a verificar a existência de tortura ou violência no momento da prisão. Errado. A audiência serve para avaliar a prisão como um todo, sua legalidade/ilegalidade e, portanto, a própria existência ou inexistência de uma situação de flagrante delito (incluindo a fumaça de autoria). Não pode se limitar a um formulário de perguntas padronizadas sobre o tratamento dado pela autoridade policial ao preso no momento da sua detenção.

Também pensamos que eventual contradição entre a versão apresentada pelo preso nesse momento, e aquela que futuramente venha a utilizar no interrogatório processual, não poderá ser usada em seu prejuízo. Em outras palavras, o ideal é que essa entrevista não venha a integrar os autos do processo, para evitar uma errônea (des)valoração.

A Resolução 213 do CNJ disciplinou de forma um pouco diferente, determinando no seu art. 8º, § 2º, que "a oitiva da pessoa presa será registrada, preferencialmente, em mídia, dispensando-se a formalização de termo de manifestação da pessoa presa ou do conteúdo das postulações das partes, e ficará arquivada na unidade responsável pela audiência de custódia". Dessa forma, na ata da audiência conterá apenas, e de forma resumida, a decisão do magistrado sobre a prisão preventiva ou concessão de liberdade provisória (com ou sem medidas cautelares diversas). Não deverá constar, nessa ata, o conteúdo da entrevista, que ficará arquivada em mídia na unidade responsável pela audiência de custódia, não ingressando assim nos autos do processo de conhecimento.

Feita a entrevista pelo juiz, caberá ao Ministério Público e, após, à defesa técnica formularem reperguntas ao preso, sempre guardando compatibilidade com a natureza do ato e as limitações cognitivas inerentes. Assim como está vedado ao juiz, também está ao Ministério Público e à defesa pretender fazer incursões no mérito que extravasem os limites do objeto e finalidade da audiência de custódia, exceto, entendemos, quando imprescindíveis para a avaliação da própria legalidade/ilegalidade da prisão em flagrante, como explicamos anteriormente.

Finalizada a entrevista, poderão – Ministério Público e defesa – requerer: 1. o relaxamento da prisão em flagrante (em caso de ilegalidade); 2. concessão de liberdade provisória sem ou com aplicação de medida cautelar diversa (art. 310 c/c art. 319 do CPP); 3. a adoção de outras medidas necessárias à preservação de direitos da pessoa presa; 4. como *ultima ratio* do sistema, poderá o Ministério Público requerer a decretação da prisão preventiva (ou mesmo a prisão temporária, observados seus limites de incidência).

A audiência de custódia representa um grande passo no sentido da evolução civilizatória do processo penal brasileiro e já chega com muito atraso, mas ainda assim sofre críticas injustas e infundadas. É também um instrumento importante para aferir a legalidade das prisões e dar eficácia ao art. 319 do CPP e às medidas cautelares diversas.

Mas uma advertência: precisamos da implantação da audiência de custódia em todas as comarcas do Brasil (e não apenas nas capitais) sob pena de grave quebra de igualdade de tratamento; e também precisamos de um procedimento uniforme, padronizado, para sua realização, não cabendo aos Estados estabelecerem "formas *a la carte*" de realização, como se viu no passado.

Por fim, qualquer que seja o fundamento da prisão, é imprescindível a existência de prova razoável do alegado *periculum libertatis*, ou seja, não bastam presunções ou ilações para a decretação da prisão preventiva. O perigo gerado pelo estado de liberdade do imputado deve ser real, com um suporte fático e probatório suficiente para legitimar tão gravosa medida.

Sem o *periculum libertatis*, a prisão preventiva não poderá ser decretada (ainda que se tenha a fumaça do crime).

Mas, mesmo que se tenha uma situação de perigo a ser cautelarmente tutelada, é imprescindível que o juiz a analise à luz dos princípios da necessidade, excepcionalidade e proporcionalidade, anteriormente explicados, se não existe medida cautelar diversa, que, aplicada de forma isolada ou cumulativa, revele-se adequada e suficiente para tutelar a situação de perigo.

Com a nova redação do art. 319 do CPP e a consagração de diversas medidas cautelares da prisão preventiva, deverá o juiz verificar se o risco apontado não pode ser tutelado por alguma delas.

Assim, por exemplo, se o risco apontado é o de fuga do agente, poderá o juiz determinar, cumulativamente:

- pagamento de fiança;
- comparecimento periódico em juízo (até mesmo diariamente em situações excepcionais); e
- proibição de ausentar-se da comarca ou país com a respectiva entrega de passaporte (art. 319, IV, c/c o art. 320).

Da mesma forma, poderá determinar o pagamento de fiança e a submissão a monitoramento eletrônico, ou mesmo monitoramento eletrônico com o dever de recolhimento domiciliar noturno (art. 319, V).

Um leque de opções está ao alcance do juiz para tutelar o risco de liberdade do imputado, devendo a prisão preventiva ser – efetivamente – reservada para situações de real excepcionalidade.

Não se pode esquecer, ainda, que a prisão preventiva em nenhum caso será decretada se o juiz verificar pelas provas constantes dos autos ter o agente praticado o fato nas condições previstas nos incisos I, II e II do art. 23 do Código Penal, ou seja, ao abrigo de uma das causas de exclusão da ilicitude.

Não se pode exigir, para tanto, prova plena da excludente, mas apenas uma fumaça suficiente, sendo até mesmo, nesse momento, invocável o *in dubio pro reo*. Considerando que a prisão preventiva é medida extremamente grave e último instrumento a ser utilizado, havendo indícios mínimos de ter o agente cometido o delito em legítima defesa, por exemplo, não é necessária nem proporcional a prisão.

Tampouco pode ser decretada a prisão preventiva porque, por exemplo, a legítima defesa (ou qualquer outra excludente) "não restou suficientemente provada". Ao imputado não se lhe atribui qualquer carga probatória no processo penal, sendo descabida a exigência de que ele "prove" que agiu ao abrigo da excludente. Basta que exista a fumaça da excludente para enfraquecer a própria probabilidade da ocorrência de crime, sendo incompatível com a prisão cautelar, ainda que em sede de probabilidade todos esses elementos sejam objeto de análise e valoração por parte do juiz no momento de aplicar uma medida coercitiva de tamanha gravidade.

Por derradeiro, atendendo às peculiaridades do caso e a necessidade, nada impede que o juiz conceda liberdade provisória, mediante termo de comparecimento a todos os atos do processo – como determina o dispositivo legal – e cumule com uma medida cautelar diversa, prevista no art. 319, como a proibição de ausentar-se da comarca ou país, dever de comparecimento periódico etc.

8. Inconstitucionalidade e ilegalidade da "conversão de ofício" da prisão em flagrante em prisão preventiva

É importante sublinhar, uma vez mais, que a prisão preventiva somente poderá ser decretada mediante pedido do Ministério Público (presente na audiência de custódia), jamais de ofício pelo juiz (até por vedação expressa do art. 311 do CPP).

A tal "conversão de ofício" da prisão em flagrante em preventiva é uma burla de etiquetas, uma fraude processual, que viola frontalmente o art. 311 do CPP (e tudo o que se sabe sobre sistema acusatório e imparcialidade), e aqui acaba sendo – felizmente – sepultada, na medida em que o Ministério Público está na audiência. Se ele não pedir a prisão preventiva, jamais poderá o juiz decretá-la de ofício, por elementar.

A "conversão" da prisão em flagrante em preventiva não é automática e tampouco despida de fundamentação. E mais, a fundamentação deverá apontar – além do *fumus commissi delicti* e o *periculum libertatis* – os motivos pelos quais o juiz entendeu inadequadas e insuficientes as medidas cautelares diversas do art. 319, cuja aplicação poderá ser isolada ou cumulativa.

O *fumus commissi delicti* não constitui o maior problema, na medida em que o próprio flagrante já é a visibilidade do delito, ou seja, já constitui a verossimilhança de autoria e materialidade necessárias nesse momento.

O ponto nevrálgico é a avaliação da existência de *periculum libertatis*, ou seja, a demonstração da existência de um perigo que decorre do estado de liberdade do sujeito passivo, previsto no CPP como o risco para a ordem pública, ordem econômica, conveniência da instrução criminal ou para assegurar a aplicação da lei penal.

São conceitos que pretendem designar situações fáticas cuja proteção se faz necessária, constituindo, assim, o fundamento *periculum libertatis*, sem o qual nenhuma prisão preventiva poderá ser decretada. Tais situações, para a decretação da prisão, são alternativas e não cumulativas, de modo que basta uma delas para justificar-se a medida cautelar.

Mas, retomando o ponto em análise, essa "conversão" da prisão em flagrante em prisão preventiva não pode ser feita de ofício pelo juiz.

Há que se observar o seguinte: **a tal conversão da prisão em flagrante em prisão preventiva equivale, fática e juridicamente, ao "decretar de ofício" a prisão preventiva.** Ou seja, o resultado final da conversão é equivalente ao decretar a prisão preventiva de ofício. E, nesse caso, além de clara violação das regras básicas do sistema acusatório-constitucional, viola-se frontalmente a regra insculpida no art. 311, que somente autoriza a prisão preventiva decretada de ofício na fase processual, nunca na fase pré-processual.

Dessarte, nossa posição é no sentido de que, diante de uma prisão em flagrante, se houver requerimento do Ministério Público ou representação da autoridade policial, poderá o juiz, após análise da estrita necessidade, converter a prisão em flagrante em preventiva. Contudo, se não houver prévio pedido, não poderá o juiz converter o flagrante em preventiva, pois vedada está a decretação da prisão preventiva de ofício.

Além de violenta afronta ao sistema acusatório constitucional e convencional, deve-se atentar para o fato de que a Lei n. 13.964/2019 suprimiu a expressão "de ofício" que constava no art. 282, § 2º, e do art. 311, que agora determina:

> *Art. 311. Em qualquer fase da investigação policial ou do processo penal, caberá a prisão preventiva decretada pelo juiz, de ofício, se no curso da ação penal, ou a requerimento do Ministério Público, do querelante ou do assistente, ou por representação da autoridade policial.*

Exatamente nessa linha vinha a decisão do Min. Celso de Mello no HC 186.421/SC, em 17-7-2020, que textualmente afirma que a nova redação "vedou, de forma absoluta, a decretação da prisão preventiva sem o prévio 'requerimento das partes ou, quando no curso da investigação criminal, por representação da autoridade policial ou mediante requerimento do Ministério Público', não mais sendo lícito, portanto, com base no ordenamento jurídico vigente, a atuação 'ex officio' do Juízo processante em tema de privação cautelar da liberdade".

E enfatiza o Ministro "a significar que se tornou inviável a conversão, de ofício, da prisão em flagrante de qualquer pessoa em prisão preventiva, sendo necessária, por isso mesmo, anterior e formal provocação do Ministério Público, da autoridade policial ou, quando for o caso, do querelante ou do assistente do MP".

E conclui o Min. Celso de Mello de forma acertada e precisa que:

Em suma: tornou-se inadmissível, em face da superveniência da Lei n. 13.964 ("Lei Anticrime"), a conversão, "ex officio", da prisão em flagrante em preventiva, pois a decretação dessa medida cautelar de ordem pessoal dependerá, sempre, do prévio e necessário requerimento do Ministério Público, do seu assistente ou do querelante (se for o caso), ou, ainda, de representação da autoridade policial na fase pré-processual da "persecutio criminis", sendo certo, por tal razão, que, em tema de privação e/ou de restrição cautelar da liberdade, não mais subsiste, em nosso sistema processual penal, a possibilidade de atuação "ex officio" do magistrado processante.

Mesmo assim muitos tribunais – incluindo o próprio STJ – ainda resistiam e admitiam a conversão.

Finalmente, em dezembro de 2024, portanto com algumas décadas de atraso e muita resistência, o STJ compreendeu o absurdo que era a conversão de ofício da prisão em flagrante em prisão preventiva e parou de chancelar essa prática autoritária, com a edição da Súmula 676:

Súmula 676 – *Em razão da Lei n. 13.964/2019, não é mais possível ao juiz, de ofício, decretar ou converter prisão em flagrante em prisão preventiva.*

A súmula diz o óbvio, mas nunca esqueçamos: o óbvio precisa ser dito, especialmente em uma ambiência de práticas autoritárias e negacionistas de direitos fundamentais. Esperemos que, agora, pelo menos essa prática seja abandonada.

Diante de um cenário tão claro de qual é o *standard* de legalidade da prisão cautelar, não é exagero considerar que, em tese, comete o crime de abuso de autoridade previsto no art. 9º da Lei n. 13.869/2019, o juiz que "converte de ofício" uma prisão em flagrante em prisão preventiva, na medida em que preenche os elementos do tipo penal: *Decretar medida de privação da liberdade em manifesta desconformidade com as hipóteses legais.* Pena – detenção, de 1 (um) a 4 (quatro) anos, e multa.

Outro aspecto que chamamos a atenção é o seguinte: **e se o Ministério Público – diante de uma situação de flagrante delito – requer a aplicação de medidas cautelares diversas (art. 319), pode o juiz decretar a prisão preventiva?**

Entendemos que o juiz não pode decretar a prisão preventiva e se assim o fizer, estará violando *ratio decidendi* da Súmula 676 do STJ.

Ademais, viola uma **regra básica de correlação (pedido-decisão) e do** *ne procedat iudex ex officio,* **que juntos sustenta o sistema acusatório e a imparcialidade do juiz.** Se o MP pedir a aplicação de medidas cautelares diversas, a decretação de prisão preventiva é ato de ofício do juiz, iniciativa exclusiva sua, sem pedido ou provocação. Não cabe ao juiz, por "melhores" que sejam as suas intenções e justificativas, decidir por uma medida tão gravosa sem qualquer pedido do titular da acusação, que recordemos, é um órgão de Estado, público portanto, e titular exclusivo do poder de acusar. A adoção do sistema acusatório – como corolário básico de sustentação da imparcialidade judicial (princípio supremo do processo) – obviamente cobra um preço[25], que é a necessidade de o juiz ter de se conformar com a iniciativa (ainda que incompleta, na sua visão) das partes, especialmente, no caso em tela, do acusador.

---

25 Para melhor compreensão da matéria, remetemos o leitor para nossa obra *Fundamentos do processo penal*, publicada pela Editora SaraivaJur, onde aprofundamos o estudo dos sistemas processuais.

9. Refletindo sobre a necessidade do processo ainda que exista prisão em flagrante: contaminação da evidência, alucinação e ilusão de certeza

Em que pese toda a crítica que já fizemos em nossa obra *Direito processual penal* sobre a problemática em torno da "verdade" (real ou processual), bem como nossa descrença na possibilidade de obter tal verdade nos estritos limites do ritual judiciário em que se desenvolve processo penal, pensamos que é importante retomar essa questão, até porque, infelizmente, grande parcela dos atores judiciários (juízes, promotores, advogados etc.) ainda não atingiu sequer a consciência do absurdo que constitui a ambição de "verdade real".

Não se trata de "negar a verdade", senão de negar que seja ela o fator de legitimação do processo e da decisão penal. O que legitima o poder exercido no processo penal é o estrito respeito às regras do jogo, do *due process of law*, a partir das quais deve ser construído o convencimento judicial em pleno contraditório.

Daí por que, em nome do interesse dos leitores, trabalharemos aqui com o conceito de *verdade processual*, mas sem que isso signifique uma recusa à posição defendida.

Como já explicamos, o tempo e a aceleração norteiam nossas vidas e, por consequência, afetam o direito e nossa relação com ele. É inevitável a comparação – e insatisfação – da dinâmica social com o tempo do direito, conduzindo a uma busca incessante por mecanismos de aceleração do tempo do processo, numa desesperada tentativa de aproximação com o imediatismo que vivemos.

Sempre que uma pessoa é surpreendida cometendo um delito (art. 302, I) ou quando acabou de cometê-lo (art. 302, II), existe o que se chama de *visibilidade*, ou seja, uma certeza visual que decorre da constatação direta. Os demais casos, incisos III e IV do art. 302, são construções artificiais do processo penal e que, na realidade, estão fora do que realmente seja o "flagrante".

Imediatamente, a partir das imagens, o sujeito tem "certeza" de que aquela pessoa cometeu um delito. A partir disso, surge automaticamente uma questão: por que precisamos de um longo processo para discutir o que "já está provado"? Será que o flagrante não autorizaria um juízo imediato?

Partindo da premissa de que o flagrante é a "evidência", a questão é definir a necessidade ou não de buscar uma "verdade" no processo, ou ainda quais são os níveis de contaminação da evidência sobre a verdade.

A questão é complexa, mas foi muito bem apresentada por RUI CUNHA e FERNANDO GIL[26], para quem a evidência não basta para afirmação da verdade, ainda que exista uma proximidade fortíssima entre verdade e evidência.

A verdade (processual ou formal) necessita desprender-se da evidência para ser construída. Ela não é *dada* pela evidência, senão que terá de ser descoberta no curso do processo.

Como explica FERNANDO GIL[27], há na evidência um *excesso epistêmico*, diante da posição do sujeito em face do conhecimento. A "evidência significa agora presentificação do sentido e da verdade como autossuficientes e autoposicionando-se, como sugere a expressão *index sui*. Uma verdade índice de si mesma é excessiva por natureza".

Existe um claro caráter alucinatório na *evidência*, que conduz a um contágio dela sobre a *verdade*. Isso porque "a verdade evidente é vista com os olhos da mente, e não se pode dizer de outro modo. E a evidência contagia a verdade na medida em que o desprendimento da evidência que falava há um instante nunca pode ser completo – tal significaria que o sujeito deixaria de ser sujeito, que a primeira pessoa se transformaria na terceira pessoa"[28].

A questão nuclear é que a *verdade* deve ser construída, não se constituindo apenas pela evidência. Deve desprender-se da *evidência*, relativizando-a e submetendo-a a certas exigências. A *verdade* exige certos critérios e a própria racionalidade critica a evidência pelo

---

26 Entrevista conduzida por RUI CUNHA MARTINS com FERNANDO GIL acerca dos "Modos da verdade", *Revista de História das Ideias*, p. 15 e s.
27 Idem, ibidem.
28 Idem, ibidem.

inerente caráter alucinatório e as *projeções imaginárias que são vividas na atualidade do conhecer*[29].

Há que distinguir, na esteira de RUI CUNHA e FERNANDO GIL[30], *verdade da evidência* e *verdade da prova*. A primeira, verdade da evidência, é alheia à ideia de processo, pois ela "constitui o que [se] chama o desdobramento do sentido na indicação da própria verdade, pondo-se por si".

Já a verdade da prova, mais adequada à verdade processual, necessita de dispositivos exteriores de avaliação e comprovação. Isso porque trabalha de modo não alucinatório.

Aqui está a questão fundamental, bem identificada pelos autores: o processo e a prova nele colhida servem para – de alguma maneira – corrigir esse caráter alucinatório da evidência. Logo, o processo é um instrumento de correção do caráter alucinatório da evidência.

Deve-se considerar, ainda, que a convicção, como o saber, é datado. Isso porque uma convicção, hoje, pode cair perfeitamente por terra amanhã, quando repousarmos um olhar mais tranquilo e distante do acontecimento e da imagem.

Para ter uma verdade processual, a evidência deve passar pelos filtros do processo, somente resistindo se conseguir provar que não é uma ilusão, uma fabricação ou uma alucinação. Por isso, o processo deve alcançar um alto grau de correção da alucinação inerente à evidência.

Maior cuidado deve-se ter, também, com a *evidência midiática*, ou seja, com as imagens captadas pelos meios de comunicação de um flagrante delito. Ela exige maior cuidado, porque a mídia como um todo e a imagem em específico possuem um imenso déficit de correção e, por isso, está muito mais próxima da evidência e da alucinação. Não há dúvida de que existe ainda um sobrecusto alucinatório derivado do filtro do cronista, que se interpõe entre o fato e o

---

29 A construção é de FERNANDO GIL, para quem "trata-se antes de uma projecção imaginária na evidência, vivida na actualidade do conhecer, e por isso falo de modo de doação – no presente".

30 Op. cit., p. 15 e s.

espectador, a manipulação de imagens e os naturais interesses econômicos aferidos nos indicadores de audiência.

FERNANDO GIL destaca ainda que a mídia está, com certeza, fora da verdade da prova. Não é apta a corrigir o caráter alucinatório da imagem gerada pela evidência, senão que se contenta em excitar o afeto e em comover. Segundo o autor, "trata-se de uma patologia da pura retórica, não da argumentação dialética ou da demonstração"[31].

Em definitivo, não há que se iludir com a evidência e tampouco deixá-la contaminar excessivamente a verdade, que deve ser construída e buscada no processo, verdadeiro instrumento de correção da alucinação e da comoção.

Para os autores, o maior receio do garantismo é que o momento decisório (assentimento do juiz, em que ele aceita ou não as teses apresentadas) ocorra cedo demais, situando-se assim ao nível da respectiva temporalidade.

O garantismo seria assim um sistema de limite, de constrangimento à evidência, na medida em que a submete ao tempo do processo, com suas etapas de investigação, acusação, defesa e decisão. Isso serve para evitar os juízos imediatos, realizados ainda no calor da (irracional) emoção e contaminados pelo sentimento de vingança. Como conclui FERNANDO GIL, "a verdade não tem pedra de toque. Ou, se quiser, a sua única pedra de toque é a convicção não apressada"[32].

Por tudo isso, os fatos que constituem o flagrante precisam ser devidamente provados no processo, à luz do contraditório e das regras do devido processo penal. O flagrante não se basta por si só, é preciso provar a autoria e a materialidade no devido processo.

10. Relação de prejudicialidade. Prestação de socorro (art. 301 da Lei n. 9.503/97) e prisão em flagrante

Até a entrada em vigor da Lei n. 12.403/2011, o art. 317 do CPP disciplinava a apresentação espontânea, fator impeditivo da prisão

---

31 Idem, ibidem, p. 24.
32 Idem, ibidem, p. 39.

em flagrante (mas não de eventual prisão temporária ou preventiva). Isso porque se o réu se apresentasse espontaneamente à autoridade policial, narrando e reconhecendo a autoria de um fato criminoso (muitas vezes desconhecido pela própria polícia), não haveria motivo para lavrar o auto de prisão em flagrante.

Tratava-se de uma postura incompatível com a intenção de fugir ou ocultar-se, esvaziando os motivos da prisão em flagrante. É uma incompatibilidade genética.

Não obstante, com o advento da Lei n. 12.403/2011, os arts. 317 e 318 foram revogados e, agora, esses dispositivos disciplinam a prisão domiciliar.

Assim, o instituto da apresentação espontânea como impeditivo da prisão em flagrante deixou, formalmente, de existir.

Mas, havendo uma situação fática na qual o imputado se apresenta espontaneamente à polícia, ainda que seja formalizada a prisão em flagrante (desde que exista uma das situações do art. 302 anteriormente explicadas), pensamos que tal circunstância deverá ser bem sopesada pelo juiz ao receber o auto de prisão em flagrante, nos termos do art. 310 do CPP. Ou seja, o fato de o imputado comparecer pessoal e espontaneamente à autoridade policial e reconhecer a prática de um crime recém-ocorrido afasta completamente o *periculum libertatis*, esvaziando o cabimento de eventual prisão preventiva. Assim, não vislumbramos sentido em que seja decretada eventual prisão temporária ou preventiva, salvo alguma situação excepcional.

Poderá, se for o caso, ser imposta uma medida cautelar diversa (art. 319).

Por fim, em se tratando de delito de trânsito, interessa-nos o disposto no art. 301 da Lei n. 9.503/97:

> Art. 301. Ao condutor de veículo, nos casos de acidentes de trânsito de que resulte vítima, não se imporá a prisão em flagrante, nem se exigirá fiança, se prestar pronto e integral socorro àquela.

Trata-se de um estímulo para que as pessoas envolvidas em acidentes de trânsito prestem socorro à vítima, sem receio de serem presas por isso. É inteligente o dispositivo, até porque estamos diante de um crime culposo, em que nem sequer é possível a prisão preventiva (não existe prisão preventiva em crime culposo, pois exige o art. 313 que o delito seja doloso).

Ademais, a conduta do agente que presta socorro é (geneticamente) incompatível com o fundamento da existência da prisão em flagrante.

Capítulo III
DA PRISÃO PREVENTIVA. DO SENSO COMUM À ANÁLISE DOS DEFEITOS FISIOLÓGICOS

1. **Momentos da prisão preventiva. Quem pode postular seu decreto. Ilegalidade da prisão preventiva decretada de ofício. Violação do sistema acusatório e da garantia da imparcialidade do julgador**

A prisão preventiva pode ser decretada no curso da investigação preliminar ou do processo, até mesmo após a sentença condenatória recorrível. Ademais, mesmo na fase recursal, se houver necessidade real, poderá ser decretada a prisão preventiva (com fundamento na garantia da aplicação da lei penal).

A prisão preventiva somente pode ser decretada por juiz ou tribunal competente, em decisão fundamentada, a partir de prévio pedido expresso (requerimento) do Ministério Público ou mediante representação da autoridade policial. Estabelece ainda o art. 311 que caberá a prisão preventiva a partir de requerimento do querelante, logo, no curso de ação penal de iniciativa privada.

Quanto a essa possibilidade, excetuando-se os casos de ação penal privada subsidiária da pública, em que o querelante poderá fazer o requerimento, são bastante raras as situações em que isso possa ocorrer, até porque, como regra, os crimes em que a ação penal depende de iniciativa privada são de menor gravidade, sendo desproporcional a prisão preventiva. Mas, em se tratando de ação penal privada subsidiária da pública, a situação do querelante é similar àquela ocupada pelo Ministério Público (que por inércia não está ali), podendo perfeitamente requerer a prisão preventiva, demonstrando seus fundamentos.

A nova redação do art. 311 tem o claro objetivo de vedar a prisão preventiva decretada pelo juiz de ofício:

> *Art. 311. Em qualquer fase da investigação policial ou do processo penal, caberá a prisão preventiva decretada pelo juiz, a requerimento do Ministério Público, do querelante ou do assistente, ou por representação da autoridade policial.*

A redação é clara e deve estabelecer um rompimento cultural, abandono da mentalidade inquisitória, e contribuir para a implantação do sistema acusatório (e, com ele, criar as condições de possibilidade de termos um juiz imparcial e o devido processo penal).

O maior problema do ativismo judicial – como a prisão de ofício, a produção de provas de ofício e até a condenação sem pedido (art. 385) – é a violação da imparcialidade, uma garantia que corresponde exatamente a essa posição de terceiro que o Estado ocupa no processo, por meio do juiz, atuando como órgão supraordenado às partes ativa e passiva. Mais do que isso, exige uma posição de *terzietà*[1], um estar alheio aos interesses das partes na causa, ou, na síntese de JACINTO COUTINHO[2], *não significa que ele está acima das partes, mas que está para além dos interesses delas.*

A imparcialidade do juiz fica evidentemente comprometida quando estamos diante de um juiz-instrutor (poderes investigatórios) ou, pior, quando ele assume uma postura inquisitória decretando – de ofício – a prisão preventiva. É um contraste que se estabelece da posição totalmente ativa e atuante do inquisidor e a inércia que caracteriza o julgador. Um é sinônimo de atividade e o outro de inércia.

Assim, ao decretar uma prisão preventiva de ofício, assume o juiz uma postura incompatível com aquela exigida pelo sistema acusatório e, principalmente, com a estética de afastamento que garante a imparcialidade.

Na mesma linha desse problema se situa a chamada "conversão do flagrante em preventiva", infelizmente tolerada até recentemente pelos tribunais superiores (veja-se a importante decisão proferida

---

1 Para FERRAJOLI (op. cit., p. 580), é a *ajenidad del juez a los intereses de las partes en causa.*
2 COUTINHO, Jacinto Nelson de Miranda. O papel do novo juiz no processo penal. In: *Crítica à teoria geral do direito processual penal*, p. 11.

pelo Min. Celso de Mello no HC 186.421 anteriormente referida que decidiu pela ilegalidade de tal prática). O problema está em que a tal "conversão" feita pelo juiz sem pedido do Ministério Público é, faticamente, exatamente o mesmo que "decretação" de ofício. Igualmente é violada a correlação (decreto de prisão sem pedido) e a imparcialidade (pré-julgamento).

Importante superação de um entendimento completamente errado foi o estabelecimento por parte do STJ[3] do seguinte enunciado de "jurisprudência em teses":

> *Não é possível a decretação da prisão preventiva de ofício em face do que dispõe a Lei n. 13.964/2019, mesmo se decorrente de conversão da prisão em flagrante.*

Mas existia um complicador: o STJ também firmou, nessa mesma "jurisprudência em teses", que:

> *A posterior manifestação do órgão ministerial ou da autoridade policial pela conversão ou decretação de prisão cautelar supre o vício de não observância da formalidade do prévio requerimento para a prisão preventiva decretada de ofício.*

Esse enunciado é confuso e, ao mesmo tempo, se insere na perigosa linha de relativização de nulidades e regras do devido processo.

Finalmente, em dezembro de 2024 (quanta demora para dizer o óbvio...), o STJ editou a Súmula 676, com o seguinte enunciado:

> **Súmula 676** – *Em razão da Lei n. 13.964/2019, não é mais possível ao juiz, de ofício, decretar ou converter prisão em flagrante em prisão preventiva.*

Pensamos que, agora, finalmente, a questão está resolvida: não cabe a conversão de ofício. Remetemos ainda o leitor para o final do capítulo anterior, sobre a prisão em flagrante, em que igualmente tratamos deste tema.

Noutra dimensão, chamamos a atenção para a decisão proferida pelo STJ no julgamento do HC 145.225/2022, 6ª Turma, Rel. Min.

---

3 Conforme consta na edição 184 da *Jurisprudência em Teses* do STJ, publicada em 21-1-2022.

Schietti Cruz, **entendendo que a vedação de decretação da prisão preventiva de ofício também se aplica à Lei Maria da Penha**, por conta da alteração trazida pela Lei n. 13.964/2019. Disse o Ministro no seu voto que "não obstante o artigo 20 da Lei n. 11.340/2006 ainda autorize a decretação da prisão preventiva de ofício pelo juiz de direito, tal disposição destoa do atual regime jurídico. A atuação do juiz de ofício é vedada, independentemente do delito praticado ou de sua gravidade".

Na mesma decisão, contudo, nos deparamos com um problema: o STJ vai além, para afirmar que havendo provocação do órgão ministerial pela aplicação de medidas cautelares diversas, está autorizado o juiz a aplicar outras medidas cautelares, ainda que mais gravosas do que as postuladas, e, inclusive, decretar a prisão preventiva. Entendeu a turma que essa prisão preventiva não seria de ofício, na medida em que houve o pedido anterior do MP ainda que pela aplicação das medidas do art. 319.

Neste ponto, com a devida vênia, divergimos frontalmente, como já explicamos. Se o MP postula a aplicação de MCD (art. 319), está demarcado e delimitado o espaço decisório do juiz. Decretar uma prisão preventiva quando o órgão acusador postula a aplicação de uma fiança, monitoramento eletrônico ou qualquer outra medida cautelar diversa da prisão é sim decretar uma prisão sem pedido. É uma prisão de ofício, violando a *ratio decidendi* da Súmula 676, e ainda o *ne procedat iudex ex officio*, a estrutura acusatória constitucional e o princípio da correlação. Neste ponto, portanto, a decisão é completamente equivocada e não supera os argumentos que a própria Turma adota para vedar (corretamente) a prisão preventiva de ofício.

Mais uma vez nos defrontamos com o preço a ser pago pela garantia do sistema acusatório (o juiz estar vinculado ao pedido e, portanto, a responsabilidade do acusador oficial no seu agir/não agir) e o peso da tradição inquisitória brasileira, que não consegue se libertar do protagonismo do juiz, da crença de que o ativismo judicial é melhor do que a eventual inércia do MP e de que o processo é um instrumento de punição, sendo o juiz o gestor das expectativas punitivistas populares.

2. Requisito da prisão preventiva: *fumus commissi delicti*. Juízo de probabilidade de tipicidade, ilicitude e culpabilidade

Novamente evidencia-se o equívoco da teoria geral do processo e a errônea transmissão das categorias do processo civil para o processo penal. Como explicamos no início desta obra, é – no mínimo – inadequado falar em *fumus boni iuris* e *periculum in mora*, pois o fenômeno da prisão cautelar é completamente diverso das medidas cautelares do processo civil.

Compreendida a inadequação dos conceitos do processo civil, vejamos agora o requisito e os fundamentos da prisão preventiva, à luz das categorias jurídicas próprias do processo penal e do disposto no art. 312 do CPP:

> Art. 312. A prisão preventiva poderá ser decretada como garantia da ordem pública, da ordem econômica, por conveniência da instrução criminal ou para assegurar a aplicação da lei penal, quando houver prova da existência do crime e indício suficiente de autoria e de perigo gerado pelo estado de liberdade do imputado.
> § 1º A prisão preventiva também poderá ser decretada em caso de descumprimento de qualquer das obrigações impostas por força de outras medidas cautelares (art. 282, § 4º).
> § 2º A decisão que decretar a prisão preventiva deve ser motivada e fundamentada em receio de perigo e existência concreta de fatos novos ou contemporâneos que justifiquem a aplicação da medida adotada.

O *fumus commissi delicti* é o requisito da prisão preventiva, exigindo-se para sua decretação que haja "prova da existência do crime e indícios suficientes de autoria". Mas esse é um conceito por demais relevante para ficarmos apenas com a letra da lei, que pouco diz, exigindo uma interpretação sistemática e constitucional.

A fumaça da existência de um crime não significa juízo de certeza, mas de probabilidade razoável[4]. A prisão preventiva deve ter

---

4 O Código de Processo Penal da Alemanha – StPO, § 112 – exige que a pessoa seja fundadamente suspeita do fato delitivo e que exista um motivo para a prisão. Isto é, suspeita bem fundada, alto grau de probabilidade de que o imputado tenha cometido o delito. Além disso, é necessário que existam, como fundamento da prisão: perigo de fuga, de ocultação da prova, gravidade do crime ou perigo de reiteração (GÓMEZ COLOMER, Juan-Luis. *El proceso penal aleman*, p. 106).

por base "la razonada atribución del hecho punible a una persona determinada"[5].

É, antes de tudo, uma prognose sobre a questão de fundo[6], uma metáfora que designa os sintomas de uma situação jurídica (no léxico goldschmidtiano). É simétrico ao *fumus boni iuris* do processo civil, mas com ele não se confunde. A identidade está na prognose, não na essência do conceito.

O *fumus commissi delicti* exige a existência de sinais externos, com suporte fático real, extraídos dos atos de investigação levados a cabo, em que por meio de um raciocínio lógico, sério e desapaixonado, permita deduzir com maior ou menor veemência a comissão de um delito, cuja realização e consequências apresentam como responsável um sujeito concreto[7].

Para CARNELUTTI[8], quando se diz que para emitir um mandado de prisão é necessário que existam indícios suficientes de culpabilidade, "não se está dizendo nada". A proposição "indícios suficientes" não diz nada. Como questiona o mestre italiano, devem ser suficientes, isso é óbvio, mas para quê? Sem indícios suficientes, nem sequer uma acusação pode ser formulada. Qual é o valor das provas de culpabilidade exigido para que o imputado possa ser detido? Será aquele mesmo que é necessário para ser processado?

Para responder a essa indagação, deve-se distinguir entre juízo de probabilidade e juízo de possibilidade, visto que em sede de cautelar não se pode falar em juízo de certeza.

Seguindo a lição de CARNELUTTI[9], existe possibilidade em lugar de probabilidade quando as razões favoráveis ou contrárias à hipótese são equivalentes. O juízo de possibilidade prescinde da afirmação de um predomínio das razões positivas sobre as razões negativas ou vice-versa. Para o indiciamento, seria suficiente um juízo de pos-

---

5 SENDRA, Vicente Gimeno et al. *Derecho procesal penal*, p. 481.
6 CORDERO, Franco. Op. cit., p. 404.
7 ILLESCAS RUS, Angel-Vicente. Las medidas cautelares personales en el procedimiento penal. *Revista de Derecho Procesal*, p. 66.
8 CARNELUTTI, Francesco. Op. cit., p. 180.
9 Ibidem, p. 181-182.

sibilidade, já que no curso do processo deve o Ministério Público provar de forma plena, robusta, a culpabilidade do réu. Para a denúncia ou queixa ser recebida, entendemos que deve existir probabilidade do alegado. A sentença condenatória, ainda que seja um ato de convencimento do juiz, somente se legitima quando calcada em um alto grau de probabilidade. Caso contrário, a absolvição é imperativa.

Para a decretação de uma prisão preventiva (ou qualquer outra prisão cautelar), diante do altíssimo custo que significa, é necessário um juízo de probabilidade, um predomínio das razões positivas. Se a possibilidade basta para a imputação, não o pode ser para a prisão preventiva, pois o peso do processo agrava-se notavelmente sobre as costas do imputado.

A probabilidade significa a existência de uma fumaça densa, a verossimilhança (semelhante ao *vero*, verdadeiro) de todos os requisitos positivos e, por consequência, da inexistência de verossimilhança dos requisitos negativos do delito.

Interpretando as palavras de CARNELUTTI, requisitos positivos do delito significam prova de que a conduta é aparentemente típica, ilícita e culpável. Além disso, não podem existir requisitos negativos do delito, ou seja, não podem existir (no mesmo nível de aparência) causas de exclusão da ilicitude (legítima defesa, estado de necessidade etc.) ou de exclusão da culpabilidade (inexigibilidade de conduta diversa, erro de proibição etc.).

No mesmo sentido, CIRILO DE VARGAS[10] explica que, no momento da análise sobre o pedido de prisão preventiva, o juiz deve considerar que o crime é ação a que se juntam os atributos da tipicidade, da ilicitude e da culpabilidade. Logo, "**não haverá prisão preventiva sem a prova desses três elementos: bastaria, no entanto, que o juiz se convencesse da inexistência do dolo, para não decretá-la**".

Sem dúvida que a análise do elemento subjetivo do tipo é crucial, até porque sua ausência conduz à atipicidade da conduta (sem crime, não há que falar em prisão preventiva) ou à desclassificação para o tipo culposo (e não cabe prisão preventiva por crime culposo). Logo, a análise do dolo é fundamental.

---

10 CIRILO DE VARGAS, José. *Processo penal e direitos fundamentais*, p. 120.

Dessarte, o primeiro ponto a ser demonstrado é a aparente tipicidade da conduta do autor. Esse ato deve amoldar-se perfeitamente a algum dos tipos previstos no Código Penal, mesmo que a prova não seja plena, pois o que se exige é a probabilidade e não a certeza. Em síntese, deverá o juiz analisar todos os elementos que integram o tipo penal, ou seja, conduta humana voluntária e dirigida a um fim, presença de dolo ou culpa, resultado, nexo causal e tipicidade.

Tradicionalmente entende-se que basta a verossimilhança de tipicidade, contentando-se, tanto a doutrina tradicional como a jurisprudência majoritária, com a prática de um fato aparentemente típico, não havendo incursão nos campos da ilicitude e culpabilidade.

Contudo, pensamos que essa não é a melhor posição, ainda que majoritária.

Entendemos que não basta a tipicidade, pois o conceito formal de crime exige a prática de um ato que, além de típico, seja também ilícito e culpável. Deve existir uma fumaça densa de que a conduta é aparentemente típica, ilícita e culpável.

É imprescindível que se demonstre que a conduta é provavelmente ilícita – por ausência de suas causas de justificação –, bem como a provável existência dos elementos que integram a culpabilidade penal (e a consequente ausência das causas de exclusão).

Mas, como sublinha CIRILO DE VARGAS[11], "se o fato não fosse típico por outra razão, estranha ao dolo, falharia a ilicitude (sem possibilidade da custódia preventiva), porque, em matéria criminal, a ilicitude é tipificada".

Especificamente no que se refere à ilicitude, não se pode olvidar do disposto no art. 314 do CPP, segundo o qual, havendo fumaça de que o agente praticou o fato ao abrigo de uma causa de exclusão da ilicitude, não pode ser imposta a prisão preventiva (sem prejuízo da imposição de medidas cautelares diversas da prisão – art. 319). Basta que exista a fumaça da excludente para enfraquecer a própria probabilidade da ocorrência de crime, sendo incompatível com a prisão cautelar, ainda que em sede de probabilidade todos esses elementos

---

[11] Ibidem, p. 120.

sejam objeto de análise e valoração por parte do juiz no momento de aplicar uma medida coercitiva de tamanha gravidade.

Para tanto, é necessário que o pedido venha acompanhado de um mínimo de provas – mas suficientes – para demonstrar a autoria e a materialidade do delito e que a decisão judicial seja fundamentada.

Concluindo, a prisão preventiva possui como requisito o *fumus commissi delicti*, ou seja, a probabilidade da ocorrência de um delito. Na sistemática do Código de Processo Penal (art. 312), é a *prova da existência do crime e indícios suficientes de autoria*.

Além do *fumus commissi delicti*, a prisão preventiva exige uma situação de perigo ao normal desenvolvimento do processo, representada pelo *periculum libertatis*, como veremos na continuação.

O próprio art. 312, após referir a necessidade de prova da existência do fato e de indícios razoáveis de autoria, menciona o "perigo gerado pelo estado de liberdade do imputado", sinalizando para o *periculum libertatis*.

3. Fundamento da prisão preventiva: *periculum libertatis*. Análise a partir do senso comum doutrinário e jurisprudencial

Analisaremos agora, à luz do senso comum doutrinário e jurisprudencial, as diferentes situações que constituem o *periculum libertatis*, sublinhando que nossa crítica será feita depois. Primeiro há que se construir, para depois desconstruir.

Retomando o art. 312 do CPP, lá encontramos que a prisão preventiva "*poderá ser decretada como garantia da ordem pública, da ordem econômica, por conveniência da instrução criminal, ou para assegurar a aplicação da lei penal, quando houver prova da existência do crime e indício suficiente de autoria e de perigo gerado pelo estado de liberdade do imputado*".

Primeiro aspecto a ser sublinhado: a Lei n. 12.403/2011 e a posterior 13.964/2019 não evoluíram – como esperado – a ponto de afastar definitivamente os conceitos jurídicos abertos e indeterminados de "ordem pública" e "ordem econômica".

Infelizmente, como criticaremos na sequência, continuamos com esses fundamentos vagos e que não são, na essência, cautelares.
Feita essa ressalva, sigamos.

As expressões "garantia da ordem pública, da ordem econômica, por conveniência da instrução criminal ou para assegurar a aplicação da lei penal" são expressões que pretendem designar situações fáticas, cuja proteção se faz necessária, constituindo, assim, o fundamento *periculum libertatis*, sem o qual nenhuma prisão preventiva poderá ser decretada. Tais situações, para a decretação da prisão, são alternativas e não cumulativas, de modo que basta uma delas para justificar-se a medida cautelar.

Assim, pode-se considerar que o *periculum libertatis* é o perigo que decorre do estado de liberdade do sujeito passivo, previsto no CPP como o risco para a ordem pública, ordem econômica, conveniência da instrução criminal ou para assegurar a aplicação da lei penal.

Vejamos agora, resumidamente, cada uma das situações previstas no art. 312 do CPP:

a) Garantia da ordem pública: por ser um conceito vago, indeterminado, presta-se a qualquer *senhor*, diante de uma maleabilidade conceitual apavorante, como mostraremos no próximo item, destinado à crítica. Não sem razão, por sua vagueza e abertura, é o fundamento preferido, até porque ninguém sabe ao certo o que quer dizer... Nessa linha, é recorrente a definição de risco para a ordem pública como sinônimo de "clamor público", de crime que gera um abalo social, uma comoção na comunidade, que perturba a sua "tranquilidade". Alguns, fazendo uma confusão de conceitos ainda mais grosseira, invocam a "gravidade" ou "brutalidade" do delito como fundamento da prisão preventiva. Também há quem recorra à "credibilidade das instituições" como fundamento legitimante da segregação, no sentido de que, se não houver a prisão, o sistema de administração de justiça perderá credibilidade. A prisão seria um antídoto para a omissão do Poder Judiciário, Polícia e Ministério Público. É prender para reafirmar a "crença" no aparelho estatal repressor.

Quanto à prisão cautelar para garantia da integridade física do imputado, diante do risco de "linchamento", atualmente predomina o acertado entendimento de que é incabível. Prender alguém para assegurar sua segurança revela um paradoxo insuperável e insustentável. Por fim, há aqueles que justificam a prisão preventiva em nome da "credibilidade da justiça" (pois deixar solto o autor de um delito grave geraria um descrédito das instituições) e, ainda, no risco de reiteração de condutas criminosas. Este último caso se daria quando ao agente fossem imputados diversos crimes, de modo que a prisão impediria que voltasse a delinquir. Com maior ou menor requinte, as definições para "garantia da ordem pública" não fogem muito disso.

b) Garantia da ordem econômica: tal fundamento foi inserido no art. 312 do CPP por força da Lei n. 8.884/94, Lei Antitruste, para o fim de tutelar o risco decorrente daquelas condutas que, levadas a cabo pelo agente, afetam a tranquilidade e harmonia da ordem econômica, seja pelo risco de reiteração de práticas que gerem perdas financeiras vultosas, seja por colocar em perigo a credibilidade e o funcionamento do sistema financeiro ou mesmo o mercado de ações e valores. Tal situação, além da crítica que faremos ao final, teve e tem pouquíssima utilização forense. A "magnitude da lesão", prevista no art. 30 da Lei n. 7.492, quando invocada, em geral o é para justificar o abalo social da garantia da ordem pública, vista no item anterior, e não para tutelar a ordem econômica.

c) Conveniência da instrução criminal (tutela da prova): é empregada quando houver risco efetivo para a instrução, ou seja, "conveniência" é um termo aberto e relacionado com ampla discricionariedade, incompatível com o instituto da prisão preventiva, pautada pela excepcionalidade, necessidade e proporcionalidade, sendo, portanto, um último instrumento a ser utilizado.

Feita essa ressalva, a prisão preventiva para tutela da prova é uma medida tipicamente cautelar, instrumental em relação ao (instrumento) processo. Aqui, o estado de liberdade do imputado coloca em risco a coleta da prova ou o normal desenvolvimento do processo, seja porque ele está destruindo documentos ou alterando o local do crime, seja porque está ameaçando, constrangendo ou subornando testemunhas, vítimas ou peritos.

Também se invoca esse fundamento quando o imputado ameaça ou intimida o juiz ou promotor do feito, tumultuando o regular andamento do processo. Por fim, não se justifica a prisão do imputado em nome da conveniência da instrução quando o que se pretende é prendê-lo para ser interrogado ou forçá-lo a participar de algum ato probatório (acareação, reconhecimento etc.). Isso porque, no primeiro caso (interrogatório), o sujeito passivo não é mais visto como um "objeto de prova", fazendo com que o interrogatório seja, essencialmente, um momento de defesa pessoal. Logo, absurdo prender-se alguém para assegurar o seu direito de defesa. No segundo caso, a prisão para obrigá-lo a participar de determinado ato probatório é também ilegal, pois viola o direito de silêncio e, principalmente, o *nemo tenetur se detegere*. Daí por que é incabível a prisão preventiva com esses fins, em que pese o emprego por parte de alguns.

d) Assegurar a aplicação da lei penal: em última análise, é a prisão para evitar que o imputado fuja, tornando inócua a sentença penal por impossibilidade de aplicação da pena cominada. O risco de fuga representa uma tutela tipicamente cautelar, pois busca resguardar a eficácia da sentença (e, portanto, do próprio processo). O risco de fuga não pode ser presumido; tem de estar fundado em circunstâncias concretas.

Não basta invocar a gravidade do delito ou a situação social favorável do réu. É importante o julgador controlar a "projeção" (mecanismo de defesa do ego) para evitar decisões descoladas da realidade fática e atentar para o que realmente está demonstrado nos autos.

Explicamos: é bastante comum que alguém, tomando conhecimento de determinado crime praticado por esse ou aquele agente, decida a partir da projeção, isto é, a partir da atribuição ao agente daquilo que está sentindo quando se coloca em situação similar. Logo, é comum juízes presumirem a fuga, pois, (in)conscientemente, estão se identificando (ficar idem) com o imputado e, a partir disso, pensam da seguinte forma: se eu estivesse no lugar dele, tendo praticado esse crime e com as condições econômicas que tenho (ele tem), eu fugiria! Ora, por mais absurdo que isso pareça, é bastante comum e recorrente. A decisão é tomada a partir de ilações (e projeções) do juiz, sem qualquer vínculo com a realidade fática e probatória.

Qualquer que seja o fundamento da prisão, é imprescindível a existência de prova razoável do alegado *periculum libertatis*, ou seja, não bastam presunções ou ilações para a decretação da prisão preventiva. O perigo gerado pelo estado de liberdade do imputado deve ser real, com um suporte fático e probatório suficiente para legitimar tão gravosa medida.

Toda decisão determinando a prisão do sujeito passivo deve estar calcada em um fundado temor, jamais fruto de ilações ou criações fantasmagóricas de fuga (ou de qualquer dos outros perigos). Deve-se apresentar um fato claro, determinado, que justifique o *periculum libertatis*.

Como bem explicou o Min. Eros Grau, "a custódia cautelar voltada à garantia da ordem pública não pode, igualmente, ser decretada com esteio em mera **suposição** – vocábulo abundantemente usado na decisão que a decretou – de que o paciente obstruirá as investigações ou continuará delinquindo. Seria indispensável, também aí, a indicação de elementos concretos que demonstrassem, cabalmente, a necessidade da medida extrema"[12].

Sequer o fato de não ter sido encontrado o réu, para ser citado (situação de ausência, erroneamente chamado de revelia[13]), justifica por si só a prisão preventiva. Não se pode presumir a fuga simplesmente porque não encontrado para ser citado. Neste sentido, é interessante a decisão proferida pela 5ª Turma do STJ, no AgRg no Recurso em HC 170.036/MG (2022/0269968-3) Rel. Min. João Batista Moreira: "EMENTA PROCESSO PENAL. AGRAVO REGIMENTAL NO RECURSO EM 'HABEAS CORPUS'. TRÁFICO DE DROGAS. PARTICIPAÇÃO DE ADOLESCENTE. CITAÇÃO EDITALÍCIA FRUSTRADA. PRISÃO PREVENTIVA. FUNDAMENTAÇÃO INSUFICIENTE. AGRAVO REGIMENTAL PROVIDO. 1. *A decretação de prisão preventiva em caso de citação editalícia frustrada, prevista no art. 366 do Código de Processo Penal, não é automática. 2. Pacífica jurisprudência desta Corte indica a impossibilidade de decretação de prisão preventiva*

---

[12] Trecho extraído do voto proferido pelo Min. Eros Grau no HC 95.009-4/SP, p. 29.
[13] Sobre o emprego inadequado do termo "revelia" no processo penal, indicamos a leitura de nossa obra *Direito processual penal*, também publicada pela editora Saraiva, onde explicamos a problemática.

amparada apenas na ausência de localização do réu, sem a demonstração de outros elementos que justifiquem a necessidade da segregação cautelar. 3. As instâncias de origem não indicaram elementos concretos que pudessem justificar a medida extrema, o que evidencia ausência de fundamentação do decreto prisional. 4. Agravo regimental provido". (Grifamos)

Portanto, sempre é necessário que se indique e fundamente, demonstrando elementos probatórios, o risco de fuga, não bastando apenas o estado de ausência do imputado.

É imprescindível um juízo sério, desapaixonado e, acima de tudo, calcado na prova existente nos autos. A decisão que decreta a prisão preventiva deve conter um primor de fundamentação, não bastando a invocação genérica dos fundamentos legais. Deve o juiz demonstrar, com base na prova trazida aos autos, a probabilidade do *fumus commissi delicti* e do *periculum libertatis*.

Outro ponto importante, que precisamos recordar, é a necessidade da **"atualidade do perigo"**. Para que uma prisão preventiva seja decretada, é necessário que o *periculum libertatis* seja contemporâneo, atual, não passado e tampouco futuro e incerto. A "atualidade do perigo" é elemento fundante da natureza cautelar. Prisão preventiva é "situacional" (provisional), ou seja, tutela uma situação fática presente, um risco atual. No RHC 67534/RJ, o Min. Sebastião Reis Junior afirma a necessidade de "atualidade e contemporaneidade dos fatos". No HC 126815/MG, o Min. Marco Aurélio utilizou a necessidade de "análise atual do risco que funda a medida gravosa". Finalmente o legislador consagrou, na reforma de 2019, a necessidade de **concretude e atualidade do *periculum libertatis***, nas seguintes disposições legais:

- art. 312, § 2º: *A decisão que decretar a prisão preventiva deve ser motivada e fundamentada em receio de perigo e existência concreta de fatos novos ou contemporâneos que justifiquem a aplicação da medida adotada.*
- art. 315, § 1º: *Na motivação da decretação da prisão preventiva ou de qualquer outra cautelar, o juiz deverá indicar concretamente a existência de fatos novos ou contemporâneos que justifiquem a aplicação da medida adotada.*

Um importante avanço é a exigência do binômio concretude-
-atualidade, sem os quais não existe fundamento cautelar para
justificar a prisão. Se não existe atualidade e concretude do risco,
não existe *periculum libertatis* e a prisão preventiva é despida de
fundamento.

Importante ainda recordar o art. 312, § 1º, em que a prisão preventiva também poderá ser decretada em caso de descumprimento de qualquer das obrigações impostas por força de outras medidas cautelares (art. 319), nos termos do art. 282, § 4º, do CPP.

As medidas cautelares diversas, estabelecidas no art. 319, são importantes alternativas à prisão preventiva, mas pressupõem a observância de todas as condições estabelecidas.

Mas, por outro lado, mesmo em caso de descumprimento de alguma das condições decorrentes da medida cautelar diversa, é fundamental o juiz:

- permitir o contraditório, através de audiência (cultura de audiência e oralidade) conforme exige o art. 282, § 3º;
- atentar para a proporcionalidade no momento da modificação/revogação, pois, dependendo do caso, a situação pode ser igualmente tutelada sem que se recorra à prisão preventiva.

Daí por que deve sempre preferir a cumulação de medidas ou adoção de outra mais grave, reservando a prisão preventiva como *ultima ratio* do sistema.

4. Análise dos arts. 313 e 314 do CPP. Casos em que a prisão preventiva pode ou não ser decretada

Além da existência do *fumus commissi delicti* e do *periculum libertatis*, a prisão preventiva somente poderá ser decretada nos crimes dolosos. Não existe possibilidade de prisão preventiva em crime culposo, ainda que se argumente em torno da existência de quaisquer dos requisitos do art. 312. Isso porque, para além do princípio da proporcionalidade, o art. 313 inicia por uma limitação estabelecida no inciso I: crime doloso punido com pena privativa de liberdade máxima superior a 4 anos.

Viola qualquer senso mínimo de proporcionalidade ou necessidade, além do caráter excepcional da medida, a imposição de prisão preventiva em crime culposo.

Mas uma advertência: **esse limite de pena do art. 313, I, não se aplica às medidas cautelares diversas,** do art. 319, como explicaremos a continuação. As MCD possuem natureza substitutiva, no sentido de que somente podem ser aplicadas quando houver *fumus* e *periculum*, autorizadores da prisão preventiva. Então observando a excepcionalidade da prisão preventiva, sua proporcionalidade e adequação, o juiz deixa de decretar a prisão e substitui pelas MCD. O único elemento que pode ser desconsiderado é o limite de pena, pois as MCD podem ser usadas em crimes cuja pena máxima seja igual ou inferior a 4 anos.

Sigamos.

Além do *fumus commissi delicti* e do *periculum libertatis*, deverá o juiz observar os limites de incidência da prisão preventiva, que estão enumerados no art. 313 do CPP e que serão agora analisadas, uma a uma:

> Art. 313. Nos termos do art. 312 deste Código, será admitida a decretação da prisão preventiva:
> I – nos crimes dolosos punidos com pena privativa de liberdade máxima superior a 4 (quatro) anos;

COMENTÁRIO:

Não cabe prisão preventiva por crime culposo em nenhuma hipótese. Sendo doloso, o critério de proporcionalidade vem demarcado pela lei: a pena máxima cominada deve ser superior a 4 anos. Isso dá margem, de plano, ao seguinte questionamento: e nos (muitos) tipos penais em que a pena máxima é igual a 4 anos (e não superior), como nos crimes de furto (art. 155), estelionato (art. 171) e tantos outros? A rigor, o dispositivo é claro e não dá margem para interpretação extensiva (sempre vedada em matéria penal), portanto, esses casos estão excluídos das hipóteses de decretação.

Nossa posição aqui é pela estrita legalidade e vedação de interpretação extensiva no que tange às medidas restritivas de direitos fundamentais: só cabe prisão preventiva quando a pena máxima cominada for superior a 4 anos.

A relativização desta regra não se dá no *quantum* de pena, mas nas situações previstas nos próximos incisos (onde esse limite de pena será flexibilizado diante de situações especiais taxativamente previstas nos demais incisos do art. 313).

Outra problemática se dará em relação ao concurso de crimes (por exemplo, furto e formação de quadrilha). A jurisprudência[14] se

---

14 Entre outros:

HABEAS CORPUS SUBSTITUTIVO DE RECURSO PRÓPRIO. NÃO CABIMENTO. PORTE ILEGAL DE ARMA DE FOGO (ART. 14 DA LEI 10.826/2003) E RESISTÊNCIA (ART. 329 DO CP). PRISÃO PREVENTIVA. ART. 313, I, DO CPP. REQUISITOS PREENCHIDOS. SOMATÓRIO DAS PENAS PREVISTAS. FUNDAMENTAÇÃO IDÔNEA. GARANTIA DA ORDEM PÚBLICA. *HABEAS CORPUS* NÃO CONHECIDO.

1. Diante da hipótese de *habeas corpus* substitutivo de recurso próprio, a impetração não deve ser conhecida, segundo orientação jurisprudencial do Supremo Tribunal Federal e do próprio Superior Tribunal de Justiça. Nada impede, contudo, que se verifique a eventual existência de flagrante constrangimento ilegal que autorize a concessão da ordem de ofício.

2. Considerando a natureza excepcional da prisão preventiva, somente se verifica a possibilidade da sua imposição quando evidenciado, de forma fundamentada e com base em dados concretos, o preenchimento dos pressupostos e requisitos previstos no art. 312 do Código de Processo Penal – CPP. Deve, ainda, ser mantida a prisão antecipada apenas quando não for possível a aplicação de medida cautelar diversa, nos termos do previsto no art. 319 do CPP.

3. O art. 313, I, do CPP restringe a possibilidade da prisão preventiva para os casos de crimes dolosos punidos com pena restritiva de liberdade máxima superior a quatro anos, devendo, nos casos de concurso de crimes, ser considerado o somatório das reprimendas previstas nos tipos penais. Assim, no caso dos autos, considerando que os delitos imputados ao paciente, porte ilegal de arma de fogo e resistência, possuem penas máximas respectivas de 4 e 2 anos, encontram-se plenamente satisfeitos os requisitos previstos no art. 313 do CPP.

4. Quanto ao preenchimento dos requisitos do art. 312 do CPP, as instâncias ordinárias, soberanas na análise dos fatos, entenderam que ficou demonstrada a

inclina para uma solução similar àquela utilizada para definição da competência dos Juizados Especiais Criminais ou o cabimento da suspensão condicional do processo, ou seja: deve incidir o aumento de pena decorrente do concurso material, formal ou crime continuado. Nesta linha, já sinalizam as Súmulas 723 do STF e 243 do STJ, a saber:

> SÚMULA 723 do STF:
> Não se admite a suspensão condicional do processo por crime continuado, se a soma da pena mínima da infração mais grave com o aumento mínimo de um sexto for superior a um ano.
> SÚMULA 243 do STJ:
> O benefício da suspensão do processo não é aplicável em relação às infrações penais cometidas em concurso material, concurso formal ou continuidade delitiva, quando a pena mínima cominada, seja pelo somatório, seja pela incidência da majorante, ultrapassar o limite de um (01) ano.

Ainda que os limites de pena sejam completamente distintos, os tribunais superiores já definiram a lógica a ser utilizada em situações similares, ou seja, no caso de concurso material de crimes, somam-se as penas máximas, e no concurso formal ou crime continuado, incide a causa de aumento no máximo e a de diminuição, no mínimo. Em qualquer caso, se a pena máxima obtida for superior a 4 anos, está cumprido esse requisito.

Também devemos considerar, ainda, que diversos crimes praticados sem violência ou grave ameaça à pessoa têm pena máxima igual (e não superior) a 4 anos, e, portanto, ainda que condenado o réu, sempre caberá a substituição da pena privativa de liberdade por restritiva de direitos, sendo manifesta a desproporcionalidade e o abuso decorrente da imposição de prisão preventiva nesses casos.

---

periculosidade concreta do paciente, evidenciada pela sua certidão de antecedentes na qual consta o registro da suposta prática reiterada diversos delitos, além de ter, em seu desfavor, ação penal instaurada pela prática do mesmo crime de porte de arma de fogo, indicando a real possibilidade de cometimento de novas infrações. Assim, está autorizada a imposição da medida extrema, para a garantia da ordem pública.

Habeas corpus não conhecido (HC 367.329/MG, Rel. Min. Joel Ilan Paciornik, 5ª T. j. em 15-9-2016, *DJe* 29-9-2016).

Mas, se a pena máxima cominada for igual ou inferior a 4 anos, não caberá preventiva (exceto nos casos abaixo).

Antevemos problemas na seguinte situação: e se o imputado foi preso em flagrante por delito cuja pena máxima é inferior a 4 anos, tendo-lhe sido imposta uma medida cautelar diversa. Sucede que, após algum tempo, o imputado descumpre as condições impostas. Poderá ser decretada a prisão preventiva (art. 282, § 4º, c/c o art. 312, parágrafo único)?

A rigor sim, pois há expressa previsão legal para essa situação.

Sem embargo, pensamos que a interpretação deve ser sistemática e restritiva. Logo, descumprida a medida cautelar diversa imposta, deverá o juiz, em primeiro lugar, buscar a ampliação do controle pela via da cumulação com outra medida cautelar diversa. Somente quando insuficiente a cumulação, poder-se-á cogitar da prisão preventiva e, mesmo assim, quando houver proporcionalidade em relação ao delito imputado. Por isso, entendemos, por exemplo, que jamais caberá prisão preventiva por crime culposo, nem mesmo nesse caso, pois é evidentemente desproporcional.

Também se deve atentar aos limites abstratos da pena, para evitar que a prisão preventiva prolongue-se por tempo superior àquele da pena privativa de liberdade ao final cominada.

Nessa linha, **somente em situações realmente excepcionais e por um curto período de tempo pode ser admitida a prisão preventiva decretada pelo descumprimento de medida cautelar diversa, em face de um delito cuja pena máxima cominada seja igual ou inferior a 4 anos.**

Por derradeiro, recordemos que o art. 313 deve sempre ser conjugado com o art. 312, de modo que:

- ainda que tenha sido praticado um crime doloso com pena máxima superior a 4 anos, sem a presença do *periculum libertatis*, não há que falar em prisão preventiva;
- mesmo que existam *fumus commissi delicti* e *periculum libertatis* (art. 312), se o caso não se situar nos limites do art. 313, não caberá prisão preventiva.

II – se tiver sido condenado por outro crime doloso, em sentença transitada em julgado, ressalvado o disposto no inciso I do caput *do art. 64 do Decreto-Lei n. 2.848, de 7 de dezembro de 1940 – Código Penal;*

COMENTÁRIO:

Trata-se da situação de réu reincidente em crime doloso. Infelizmente, optou o legislador em seguir na linha de máxima estigmatização do reincidente, em flagrante *bis in idem*. Autorizar uma prisão preventiva com base, exclusivamente, no fato de ser o réu ou indiciado reincidente é uma interpretação equivocada (mas possui defensores, importante sublinhar). O art. 313 somente tem aplicação quando presentes o *fumus commissi delicti* e o *periculum libertatis* do art. 312. Pensamos que uma prisão preventiva com base, exclusivamente, no fato de ser o agente reincidente, além de violar o princípio da proporcionalidade, não teria nenhuma natureza cautelar. Por último, recordemos que os efeitos da reincidência cessam se entre a data do cumprimento da pena ou de sua extinção e o novo delito (pelo qual se postula a prisão preventiva) já tiverem passados 5 anos.

III – se o crime envolver violência doméstica e familiar contra a mulher, criança, adolescente, idoso, enfermo ou pessoa com deficiência, para garantir a execução das medidas protetivas de urgência.

COMENTÁRIO:

Esse inciso foi além da redação anterior, que havia sido inserida por força da Lei n. 11.340/2006, para incluir no caso de violência doméstica, além da mulher, a criança, o adolescente, o idoso, o enfermo ou qualquer pessoa com deficiência (mas sempre no contexto de coabitação da violência doméstica).

Cria o dispositivo uma espécie de vulnerabilidade doméstica, em que a prisão preventiva é usada para dar eficácia à medida protetiva aplicada.

Mas o artigo precisa ser lido com cuidado, ainda que as intenções de tutela sejam relevantes.

Em primeiro lugar, não criou o legislador um novo caso de prisão preventiva, ou seja, um novo *periculum libertatis*, pois, para isso ocorrer, a inserção deveria ter sido feita no art. 312, definindo claramente qual é o risco que se pretende tutelar. O segundo aspecto a ser considerado é a péssima sistemática da Lei n. 11.340. Por mais respeitável (e necessária) que fosse a intenção de proteger a mulher da violência doméstica, infelizmente, é uma das piores leis que se fez neste país nas últimas décadas (pelo menos...). Misturando, absurdamente, matéria penal com questões civis, criou-se uma monstruosidade jurídica.

A definição de violência doméstica e familiar contra a mulher, prevista no art. 7º da lei, é de uma vagueza apavorante, com disposições genéricas, alternativas e ambíguas.

Uma leitura apressada levaria à (errada) conclusão de que "qualquer conduta que configure calúnia, difamação ou injúria" (art. 7º, V, da Lei n. 11.340) autorizaria a prisão preventiva pela incidência do art. 313, III, quando o juiz determinasse, por exemplo, a proibição de contato com a ofendida (art. 22, III, *b*, da Lei n. 11.340). Um absurdo.

No mesmo sentido, pode-se pensar em um exemplo[15] de lesão corporal leve (art. 129, *caput* e § 9º, do CP), para apontar o equívoco da lei. Infelizmente, por mais nobre que fosse a intenção de tutelar a mulher que sofre violência doméstica, a disciplina legal é péssima, estabelecendo-se obstáculos sistêmicos insuperáveis para que se cogite da possibilidade de uma prisão preventiva só com base nesse inciso.

Pensamos que, quando muito, estando presentes o *fumus commissi delicti* e alguma das situações de *periculum libertatis* do art. 312, e sendo o crime doloso, o inciso em questão somente serviria para reforçar o pedido e a decisão. Mas, para tanto, deve-se analisar ainda qual foi a medida protetiva decretada, para verificar a adequação da prisão em relação a esse fim, bem como a proporcionalidade. Do contrário, incabível a prisão preventiva, a nosso juízo.

No mesmo sentido, CÂMARA[16] adverte que se devem conjugar tais normativas com o princípio da adequação e com a subsidiariedade da cautela máxima, não podendo o juiz impor uma cautela menos gravosa *e* a prisão preventiva com o intuito de garantir a execução

---

15 RANGEL, Paulo. Op. cit., p. 618.
16 CÂMARA, Luiz Antonio. *Medidas cautelares pessoais*, p. 149.

daquela. Deverá fazê-lo gradativamente, adverte o autor, valendo-se da prisão preventiva somente quando o apenamento projetado permitir – por imposição da proporcionalidade – e quando a proteção de direitos da mulher não for conseguida com medida menos gravosa.

Mas a prisão preventiva nos casos de imputação de violência doméstica tem sido bastante banalizada, e decretada com espantosa facilidade, muitas vezes sem nenhum elemento probatório mais robusto ou mesmo análise de proporcionalidade. Não se trata, repetimos, de qualquer tipo de minimização da importância do bem jurídico tutelado, mas sim de responsabilidade e comedimento no uso de uma medida tão gravosa como é a prisão preventiva.

> § 1º Também será admitida a prisão preventiva quando houver dúvida sobre a identidade civil da pessoa ou quando esta não fornecer elementos suficientes para esclarecê-la, devendo o preso ser colocado imediatamente em liberdade após a identificação, salvo se outra hipótese recomendar a manutenção da medida.

COMENTÁRIO:

Trata-se de disposição legal que exige uma leitura cautelosa. Para que seja decretada a prisão preventiva do imputado por haver dúvida em relação à identidade civil são imprescindíveis o *fumus commissi delicti* e o *periculum libertatis*. Mais do que isso, até por uma questão de proporcionalidade, pensamos ser necessária uma interpretação sistemática, à luz do inciso I do art. 313 (topograficamente situado antes, como orientador dos demais), para que se exija um crime doloso punido com pena privativa de liberdade máxima superior a 4 anos. Impensável decretar uma preventiva com base nesse parágrafo único em caso de crime culposo, por exemplo. Da mesma forma, como regra, incabível para crimes de menor gravidade, em que nem sequer a preventiva seria possível.

Excepcionalmente, atendendo à necessidade do caso, poderia ser decretada essa prisão preventiva quando o agente fosse preso em flagrante por um delito de estelionato (com uso de identidade falsa), falsidade documental ou mesmo falsidade ideológica. São situações em que existe uma dúvida fundada sobre a identidade civil, até mesmo pelas características do delito perpetrado.

Também não se pode fazer uma leitura isolada do dispositivo, sob pena de incidir no erro de pensar estar autorizada uma *prisão preventiva para averiguações*, burlando até mesmo os limites que a jurisprudência consagrou para impossibilitar a prisão temporária com base apenas (isoladamente) no inciso II do art. 1º da Lei n. 7.960/89. Vislumbramos, aqui, um terreno fértil para abusos.

O problema é que o *periculum libertatis*, no texto legal, acaba sendo reduzido a uma presunção de perigo decorrente da falta de identidade civil, devendo o imputado ser imediatamente colocado em liberdade após a identificação, exceto se outra medida cautelar for cabível e necessária.

Por tudo isso, pensamos que esse artigo deve ser interpretado em conjunto com o disposto na Lei n. 12.037/2009, que regulamentou a identificação criminal prevista no art. 5º, LVIII, da Constituição.

A regra é que o civilmente identificado não seja submetido à identificação criminal (ou seja, nem datiloscópica, nem fotográfica), definindo a lei que a identificação civil pode ser atestada por qualquer dos seguintes documentos: carteira de identidade; carteira de trabalho; carteira profissional; passaporte; carteira de identificação funcional; outro documento público que permita a identificação do indiciado. A lei equipara aos documentos civis os de identificação militar.

Não sendo apresentado qualquer desses documentos, será o suspeito submetido à identificação criminal e, dependendo do caso, à prisão preventiva (recordemos, desde que observados os casos de cabimento). Contudo, estabelece o art. 3º da lei que, mesmo apresentando o documento de identificação, poderá ocorrer identificação criminal (e, portanto, a prisão preventiva que estamos analisando) quando:

I – o documento apresentar rasura ou tiver indício de falsificação;
II – o documento apresentado for insuficiente para identificar cabalmente o indiciado;
III – o indiciado portar documentos de identidade distintos, com informações conflitantes entre si;
IV – a identificação criminal for essencial às investigações policiais, segundo despacho da autoridade judiciária competente, que decidirá de ofício ou mediante representação da autoridade policial, do Ministério Público ou da defesa;
V – constar de registros policiais o uso de outros nomes ou diferentes qualificações;

VI – o estado de conservação ou a distância temporal ou da localidade da expedição do documento apresentado impossibilite a completa identificação dos caracteres essenciais.

Destacamos a abertura feita pelo inciso IV, que permite a identificação criminal do civilmente identificado quando "a identificação criminal for essencial às investigações policiais". Portanto, a identificação criminal ficará a critério do juiz, bastando apenas uma "maquiagem argumentativa" para fundamentar a decisão. Isso poderá servir como forma de negar eficácia ao direito de não produzir prova contra si mesmo, quando – por exemplo – o imputado se recusa a fornecer suas digitais para confrontação com aquelas encontradas no local do delito. Diante da recusa, determina o juiz a identificação criminal, e o material necessário para a perícia datiloscópica é extraído compulsoriamente, burlando a garantia constitucional do *nemo tenetur se detegere*. Igualmente censurável é a possibilidade de que tal ato seja determinado de ofício pelo juiz, em censurável ativismo probatório/investigatório, como já criticado tantas vezes ao longo desta obra.

A situação é ainda mais grave após a mudança levada a cabo pela Lei n. 12.654, de 28-5-2012 (entrada em vigor dia 28-11-2012), que prevê a coleta de material genético como forma de identificação criminal. A nova lei altera dois estatutos jurídicos distintos: a Lei n. 12.037/2009, que disciplina a identificação criminal e tem como campo de incidência a investigação preliminar, e, por outro lado, a Lei n. 7.210/84 (LEP), que regula a Execução Penal. Aproveitou a nova *legis* a abertura do inciso IV do art. 3º da Lei n. 12.037, de modo que, embora o suspeito apresente documento de identidade, poderá ser feita a identificação criminal e a extração compulsória de material genético sempre que for *"essencial às investigações policiais"* e houver *decisão judicial*. Ou seja, poderá o juiz determinar a *extração de material genético de ofício ou mediante representação da autoridade policial, do Ministério Público ou da defesa*. A lei exige a concorrência de dois requisitos nessa situação: necessidade para as investigações e autorização judicial.

Noutra dimensão, é salutar a possibilidade de que a identificação criminal seja solicitada pela própria defesa (mas não é caso de prisão preventiva, por evidente), como forma de evitar investigações e até prisões cautelares em relação a uma pessoa errada. Não são raros os casos de perda de documentos que acabam sendo utilizados e falsificados por terceiros para a prática de delitos. Tempos depois, é expedido mandado de prisão em relação à pessoa errada, pois o responsável pelo crime apresentou um documento falso. A identificação datiloscópica e/ou por fotografia pode auxiliar a evitar situações dessa natureza.

A identificação criminal, que inclui o processo datiloscópico e o fotográfico (além da coleta de material genético, se autorizado pelo juiz), deverá ser feita da forma menos constrangedora possível (art. 4º) e ser juntada aos autos da comunicação da prisão em flagrante, ou do inquérito policial ou outra forma de investigação (art. 5º), não devendo ser mencionada em atestados de antecedentes ou em informações não destinadas ao juízo criminal, antes do trânsito em julgado da sentença condenatória (art. 6º).

Em suma, essa hipótese de prisão preventiva deve ser empregada com cuidado, analisando-se a situação à luz dos casos de identificação criminal previstos na Lei n. 12.037/2009 e cessando tão logo ela seja realizada.

> *§ 2º Não será admitida a decretação da prisão preventiva com a finalidade de antecipação de cumprimento de pena ou como decorrência imediata de investigação criminal ou da apresentação ou recebimento de denúncia.*

COMENTÁRIO:

O legislador se preocupou em deixar expresso que a prisão preventiva não pode ser usada como instrumento de antecipação de pena, devendo sempre estar comprovado seu caráter e fundamento cautelar. Tampouco pode ser uma decorrência automática, imediata, da investigação ou da apresentação ou recebimento da denúncia. É preciso sempre que se demonstre o *fumus comissi delicti* e o *periculum libertatis*.

Após longa discussão travada no STF acerca da execução antecipada da pena, o legislador optou por colocar a expressa referência de que a prisão preventiva não pode ser utilizada com a finalidade de antecipação de cumprimento de pena. Isso reforça a necessidade de demonstração da real e concreta necessidade cautelar.

Na mesma perspectiva de aumento do rigor no emprego da prisão preventiva, o legislador deixa claro que não se presume a necessidade cautelar em decorrência imediata da investigação criminal ou da apresentação ou mesmo recebimento da denúncia. Importante compreender que o *periculum libertatis* não se presume, em nenhuma hipótese. O fato e alguém ser investigado ou ter uma denúncia recebida sinaliza, no máximo, a existência do *fumus comissi delicti*, jamais do *periculum libertatis*, e sem ele não pode ser decretada a prisão preventiva. O perigo que decorre do estado de liberdade do imputado não surge em razão da fase procedimental, mas de uma situação fática real e concreta.

Quanto ao art. 314, determina o Código de Processo Penal que:

> Art. 314. *A prisão preventiva em nenhum caso será decretada se o juiz verificar pelas provas constantes dos autos ter o agente praticado o fato nas condições previstas nos incisos I, II e III do* caput *do art. 23 do Decreto-Lei n. 2.848, de 7 de dezembro de 1940 – Código Penal.*

Se houver prova razoável de que o agente tenha praticado o fato ao abrigo de uma causa de exclusão da ilicitude, tais como estado de necessidade, legítima defesa, estrito cumprimento do dever legal ou exercício regular de direito, não caberá a prisão preventiva, por ausência de fumaça de ilicitude na conduta.

Explicamos anteriormente que não se exige uma prova plena da excludente, mas uma fumaça. Assim, diante da gravidade de uma prisão preventiva, pensamos que a dúvida deve beneficiar o réu também nesse momento, incidindo sem problemas o *in dubio pro reo*.

5. Nulidade da decisão que não fundamentar concretamente a prisão preventiva. O novo *standard* de qualidade do art. 315 do CPP

Como já explicamos ao tratar dos princípios gerais das medidas cautelares, no início dessa obra, ainda que o dispositivo esteja inserido no tratamento da prisão preventiva, é importante perceber que o § 2º é muito mais abrangente, ao prever que *não se considera fundamentada qualquer decisão judicial, seja ela interlocutória, sentença ou acórdão*. Então, todas essas vedações, que exigem qualidade da decisão, ao não admitir que ela se limite a indicar artigos da lei ou precedentes, enunciados, sem fazer a adequação ao caso concreto; que empregue conceitos jurídicos vagos e indeterminados, sem relacionar com o fato concreto; a invocar motivos formulários, padronizados, que servem para "qualquer" decisão; que não enfrente os argumentos trazidos pelas partes e que se relacionem com a linha decisória adotada; ou, ainda, que deixe de seguir súmula, jurisprudência ou precedente invocado pela parte e que diga respeito ao caso em discussão, sem fazer o necessário *distinguishing*.

Trata-se de ampliação do nível de exigência de qualidade da fundamentação necessária para legitimar e dar validade a qualquer decisão judicial.

O legislador busca vedar as decisões formulárias, padronizadas, genéricas e que não tenham uma concretude e qualidade decisória mínima. Nessa perspectiva, é nula a decisão, por falta de fundamentação suficiente e qualificada, que simplesmente referir artigos de lei ou reproduzi-los, sem demonstrar sua incidência e aplicação no caso concreto, como ocorre, v.g., quando o juiz faz a mera transcrição do art. 312 sem demonstrar sua incidência e aplicação no caso concreto (portanto, sem concretude e individualização do ato decisório).

O inciso II traz uma importante exigência: **não pode a decisão empregar "conceitos jurídicos indeterminados sem explicar o motivo concreto de sua incidência no caso"**. Essa é uma situação recorrente, *v.g.* quando o ato decisório simplesmente invoca a **"gravidade do crime"**, **"a perigosidade social do agente"** sem explicar, de forma clara, concreta e vinculada ao caso em análise, no que consiste tal gravidade ou periculosidade.

Na prisão preventiva, isso ocorre quando o ato decisório simplesmente invocar a **"garantia da ordem pública"** sem explicar, de forma clara, concreta e vinculada ao caso em análise, no que consiste tal risco. A **"garantia da ordem pública"** é uma cláusula genérica, aberta e indeterminada, que sofre de uma anemia semântica. É preciso fundamentar no que ela consiste, concretamente no caso em tela, não bastando a simples referência a conceitos vagos como clamor popular, risco de reiteração etc.

Nessa mesma perspectiva insere-se a prisão preventiva decretada para garantia da **"aplicação da lei penal"**. O risco de fuga não pode ser abstratamente invocado, como se fosse um "coringa argumentativo" a servir em qualquer decisão. É preciso, dada sua vagueza, que o juiz fundamente concretamente à luz do caso e suas peculiaridades, indicando que situações fáticas constituem o risco de fuga, como a renovação injustificada de passaporte, aquisição de passagens aéreas, interceptação de conversas que comprovem o ajuste para a fuga, enfim, elementos fáticos concretos, com suporte probatório suficiente (ainda que no plano da verossimilhança, mas é preciso indícios razoáveis, não mera ilação).

Não são raras ainda as decisões que **"invocam motivos que se prestariam a justificar qualquer outra decisão"**, especialmente quando se trata de investigação que recai sobre várias pessoas. O julgador constrói uma **fundamentação padrão**, invocando motivos genéricos, e acaba por simplesmente repetir sem individualizar. Há casos em que o julgador constrói uma fundamentação padrão, invocando motivos genéricos e perigos abstratos (gravidade do crime, risco (presumido) de reiteração, clamor popular, complexa organização criminosa etc.), e acaba por simplesmente repetir em todos os decretos prisionais, sem individualizar o *periculum libertatis*. Sempre que se puder, através de um simples exercício mental, tomar a fundamentação empregada e universalizá-la, estamos diante de uma decisão nula, formulária.

Outra situação – que conduz a nulidade da decisão – é quando o juiz **não enfrenta todos os argumentos trazidos pela defesa** e, em tese, aptos a refutar a conclusão (condenação) do julgador. O juiz não pode ignorar as teses defensivas (argumentos/provas) que, se acolhidos, impediram a prisão, como o são aqueles argumentos/provas que fulminam a base fática do *periculum libertatis*. É preciso enfrentá-los e refutá-los para que a prisão se sustente.

Isso ocorre quando o magistrado, por exemplo, ignora completamente a prova testemunhal produzida pela defesa, que é capaz de infirmar a tese acusatória e deslegitimar a prisão preventiva. Da mesma forma, quando existe uma contraprova pericial, produzida pela defesa, que desconstrói a perícia oficial. O juiz obrigatoriamente precisa demonstrar o conhecimento da prova produzida pela defesa e por quais motivos não lhe deu credibilidade. Não basta simplesmente aderir à tese e prova produzida pela acusação e silenciar em relação à contraprova, ainda que a repute frágil. É preciso, minimamente, fundamentar essa refutação, ela não é "tácita", lógica ou presumida.

Na mesma linha vem a argumentação defensiva de suficiência das medidas cautelares diversas, do art. 319 do CPP. Incumbe ao juiz fundamentar a insuficiência e inadequação das medidas substitutivas para manutenção do decreto prisional, não podendo desconsiderar ou genericamente refutar. É preciso, como determina o dispositivo legal, o enfrentamento de todos os argumentos trazidos pela defesa e que, se acolhidos, forem incompatíveis com a prisão cautelar.

Quanto aos incisos V e VI, ainda que contenham a ambição de inserir no processo penal um sistema de precedentes, com o qual não concordamos, na esteira de STRECK[17], sem dúvida representa um avanço no que tange à elevação do nível de qualidade das decisões judiciais. Nosso sistema jurídico, fundamentalmente distinto de um sistema *common law*, não cria condições de possibilidade para que o STJ e o STF se transformem em cortes de vértice e vinculem um verdadeiro *stare decisis* (como lembra STRECK[18], nos recursos especial e extraordinários são impugnações para o julgamento de "causas", não havendo uma autorização para formação de teses como comandos gerais e abstratos para resolução de casos repetitivos). Nem a Constituição alberga tal função aos tribunais superiores. Quando muito se tem "tese" e tese não é propriamente um precedente. Ademais – e aqui novamente é preciso rejeitar a teoria geral do processo e respeitar a complexa e diversa fenomenologia do processo penal – o direito penal e o processo penal estão cravados no Princípio da Legalidade, na forma e nos limites ao exercício do poder previsto em lei. A reserva de lei, para o direito penal/processo penal, é garantia insubstituível, não se admitindo a aproximação da atividade judicial à legislativa. Muito menos a substituição. Jamais, no processo penal, a jurisprudência pode ser equiparada à legislação, como fonte equivalente. Obviamente pode haver interpretação, enquanto demarcação

---

[17] Uma quatrologia de colunas para acesso fácil pode ser encontrada no seguinte sítio: <https://www.conjur.com.br/dl/anexo-senso-incomum.pdf>. Ainda na obra *Precedentes judiciais e hermenêutica:* o sentido da vinculação no CPC/2015, publicado pela Editora Jus Podium, Lenio Streck aprofunda a crítica à invocação de um sistema de precedentes no direito processual brasileiro e sua inadequação.

[18] *Precedentes judiciais e hermenêutica*, p. 23.

de sentido e de limites semânticos, mas não criação de normas gerais vinculantes. Mas essa discussão transborda os estreitos limites da nossa abordagem, cabendo apenas a ressalva.

O que importa referir é que sem dúvida, seguindo a dicção do art. 315, o "precedente, súmula ou jurisprudência" invocado pela acusação ou defesa, desempenha uma **relevante função argumentativa**, que faz nascer a **obrigatoriedade de enfrentamento pelo juiz** sob pena de nulidade. Nessa perspectiva pensamos os incisos V e VI.

Portanto, é nula a decisão que simplesmente se limitar a *invocar precedente ou enunciado de súmula, sem identificar seus fundamentos determinantes nem demonstrar que o caso sob julgamento se ajusta àqueles fundamentos*. É uma exigência de concretude da fundamentação, que não pode se limitar à invocação de precedente ou enunciado de súmula de forma genérica e vaga, sem demonstrar a incidência e acoplamento ao caso concreto. Em sentido inverso, deve o juiz enfrentar os argumentos defensivos que invocarem súmula, jurisprudência ou precedente fazendo – para refutar – o ***distinguishing*, isto é, a demonstração de que o caso em questão é distinto, diferente daquele tratado pelo precedente, súmula ou jurisprudência, invocado. É preciso enfrentar e fundamentar a distinção que comprove a não incidência da argumentação trazida pela defesa, sob pena de nulidade.**

Portanto, o art. 315 do CPP é da maior relevância, e busca estabelecer um *standard* elevado de qualidade da fundamentação das decisões e, ao mesmo tempo, prestigia as partes e o contraditório ao ampliar o dever de enfrentamento, por parte do juiz, das especificidades do caso concreto.

Importante destacar ainda a nova redação do art. 564, V:

Art. 564. A nulidade ocorrerá nos seguintes casos:
(...)
V – em decorrência de decisão carente de fundamentação. (Incluído pela Lei n. 13.964, de 2019)

Com isso o legislador reforça, claramente, o valor e a necessidade de uma fundamentação de qualidade, prevendo a nulidade do ato decisório carente de fundamentação (com aquela qualidade exigida pelo art. 315, § 2º, já analisada). É uma decorrência lógica da anulação da decisão, que já vinha sendo aplicada pelos tribunais (ainda que somente em casos extremos e com bastante timidez) e que agora ganha destaque com a nova redação dada pela Lei n. 13.964/2019.

6. Controle do tempo: o dever de revisar periodicamente a prisão preventiva (art. 316 do CPP)

Infelizmente, como explicamos ao tratar do Princípio da Provisoriedade, seguimos sem uma definição clara e objetiva, na lei, da duração máxima da prisão preventiva. Sem dúvida uma grave lacuna legislativa que persiste e sobrevive a todas as reformas, fruto da mentalidade autoritária existente, que prefere deixar a prisão preventiva sem controle de tempo e completamente nas mãos do juiz e da análise casuística. O argumento de que a prisão deve durar enquanto perdurar a "necessidade" é uma armadilha argumentativa que mascara a centralidade do poder nas mãos do julgador, que sem qualquer controle objetivo, mantém preso enquanto entender necessário, sem limite e controle de tempo na lei, agindo livremente dentro de um espaço indevido de discricionariedade judicial (decisionismo). Esse é um sistema absolutamente autoritário e que precisar ser abandonado. Não se pode mais deixar ao alvedrio do juiz (e sua valoração de "necessidade") e sem controle *a priori* um instrumento tão gravoso como a prisão cautelar. A clara definição de um prazo máximo de duração da prisão preventiva, além de ser uma garantia do indivíduo em relação a dilação indevida, também é instrumento de controle do poder do juiz, que não mais pode dispor do tempo do imputado a seu critério, devendo prestar contas acerca da (de)mora jurisdicional.

Mas infelizmente seguimos sem um marco legal claro e objetivo.

O máximo que conseguimos, na reforma de 2019, foi inserir o dever de revisão periódica do fundamento e requisitos da prisão preventiva. Nesse sentido, a nova redação do art. 316:

> *Art. 316. O juiz poderá, de ofício ou a pedido das partes, revogar a prisão preventiva se, no correr da investigação ou do processo, verificar a falta de motivo para que ela subsista, bem como novamente decretá-la, se sobrevierem razões que a justifiquem.*

Parágrafo único. Decretada a prisão preventiva, deverá o órgão emissor da decisão revisar a necessidade de sua manutenção a cada 90 (noventa) dias, mediante decisão fundamentada, de ofício, sob pena de tornar a prisão ilegal.

O *caput* do artigo diz respeito ao Princípio da Provisionalidade, anteriormente tratado, no sentido de que a prisão preventiva é situacional, tutelando uma situação fática de perigo. A inovação diz respeito ao parágrafo único, que finalmente contempla o dever de revisar periodicamente a prisão preventiva, a cada 90 dias.

Infelizmente, essa (crucial) inovação acabou sendo soterrada pela decisão proferida pelo STF no Caso André do Rap – HC 191.836/SP, em que se firmou o entendimento de que a inobservância do prazo de 90 dias "não implica automática revogação da prisão preventiva, devendo o juízo competente ser instado a reavaliar a legalidade e atualidade de seus fundamentos". É impressionante o contorcionismo jurídico feito, para além de qualquer interpretação razoável ou mínimo respeito aos limites semânticos da lei. O parágrafo único do art. 316 é claríssimo e unívoco: "deverá" revisar a medida a cada 90 dias "sob pena de tornar a prisão ilegal". A redação do artigo é de uma clareza solar e estamos diante de um verdadeiro (e constitucional) prazo com sanção. Agora, como o STF conseguiu interpretar um "deverá" como sendo "poderá"? E o pior: como transformou a expressão "sob pena de tornar a prisão ilegal" em "sob nenhuma pena"? Realmente um típico caso de "decisionismo", em que o STF de forma populista disse "qualquer-coisa-sobre-qualquer-coisa"...

No HC 191.836/SP, o STF[19] firmou o entendimento de que a inobservância do prazo de 90 dias "não implica automática revogação da prisão preventiva, devendo o juízo competente ser instado a reavaliar a legalidade e atualidade de seus fundamentos" (SL 1395 MC-

---

19 E, ainda, como consta na edição 184 da "Jurisprudência em Teses" do STJ, publicada em 21-1-2022, está firmado o seguinte entendimento: *"O prazo de 90 dias previsto no parágrafo único do art. 316 do CPP para revisão da prisão preventiva não é peremptório, de modo que eventual atraso na execução do ato não implica reconhecimento automático da ilegalidade da prisão, tampouco a imediata colocação do custodiado cautelar em liberdade".*

-Ref). Com isso, a inovação (prazo com sanção) virou letra morta.

Essa decisão consagrou o esvaziamento da sanção contida no artigo e se consolidou posteriormente (como destacado no voto do Min. Edson Fachin nas ADI's 6.581 e 6.582) na adoção – em síntese – do seguinte entendimento:

a) a inobservância do dever de revisar não gera automaticamente a revogação da prisão, devendo o juiz ser instado a fazê-lo;

b) o dever de revisar existe somente até a sentença de primeiro grau[20], não se aplicando aos tribunais durante a tramitação do recurso;

c) caberá ao juiz que decretou a prisão o dever de revisão, mas até o exaurimento da sua jurisdição no processo (ou seja, até a sentença).

Verifica-se, ainda, mais um entendimento com o qual não concordamos: que o dever de revisão se aplica apenas ao primeiro grau, não às instâncias recursais. Isso desconsidera que a base do dever de revisar a medida é a eficácia do direito de ser julgado em um prazo razoável, que existe até o trânsito em julgado (e não apenas até a sentença...).

Incrivelmente o STF está afirmando que o dever de revisão periódica só existe em primeiro grau, como se não houvesse excesso de prazo da prisão preventiva nos tribunais.... Isso desconsidera que a base do dever de revisar a medida é a eficácia do direito de ser julgado em um prazo razoável, que existe até o trânsito em julgado (e não apenas até a sentença de primeiro grau).

É lamentável que o sistema brasileiro não consiga efetivar o direito de ser julgado em um prazo razoável e não compreenda o alcance deste direito fundamental, previsto na Constituição e na Convenção Interamericana de Direitos Humanos. Não só é preciso definir o prazo máximo de duração do processo e das medidas cautelares (não só da prisão preventiva, mas também das medidas cautelares diversas), com

---

20 Entendimento firmado e constante na edição 184 da "Jurisprudência em Teses" do STJ, publicada em 21-1-2022: *"A revisão periódica e de ofício da legalidade da prisão preventiva disciplinada no parágrafo único do art. 316 do CPP, incluída pela Lei n. 13.964/2019, não se aplica aos tribunais, quando em atuação como órgão revisor".*

respectivas sanções, como também efetivar o dever de revisar periodicamente as medidas cautelares, não apenas a prisão preventiva, mas todas as medidas cautelares pessoais, incluindo aqui, obviamente, as medidas previstas no art. 319 do CPP. São medidas cruciais nessa complexa relação tempo-poder e que constituem uma grave lacuna no sistema penal brasileiro.

7. Análise crítica do *periculum libertatis*. Resistindo à banalização do mal. Controle judicial da (substancial) inconstitucionalidade da prisão para garantia da ordem pública e da ordem econômica. Defeito genético

Como apontamos inicialmente, o *periculum libertatis* no sistema brasileiro está previsto no art. 312 do CPP, traduzindo uma das seguintes situações tuteláveis:

- ordem pública;
- ordem econômica;
- instrução criminal;
- aplicação da lei penal.

Analisaremos agora os dois primeiros fundamentos (garantia da ordem pública e da ordem econômica) para demonstrar que – em que pese a reforma operada pela Lei n. 12.403/2011 – seguem sendo de constitucionalidade discutível.

Não sem razão, na redação original do PL n. 4.208/2001, o art. 312 tinha sido completamente modificado. Assim, no parecer do relator, Deputado Ibrahim Abi-Ackel, era destacado que "são enunciadas com clareza as hipóteses de aplicação, descumprimento, revogação e substituição das medidas cautelares, fugindo desse modo o projeto das causas indeterminadas, como, no caso da prisão preventiva, *a garantia da ordem pública* e a *garantia da ordem econômica*, substituídas por definições precisas das circunstâncias que a justificam".

Infelizmente, ao longo da tramitação, foi aprovada Emenda Substitutiva Global que resgatou o texto original de 1941.

Os demais fundamentos (conveniência da instrução e garantia da aplicação da lei penal) são medidas verdadeiramente cautelares, cuja banalização e distorção de conceitos exigem limitações, como veremos no próximo tópico.

A primeira questão a ser enfrentada é: qual é o objeto da prisão cautelar? A resposta conduz-nos ainda a sua finalidade e delimita, naturalmente, seu campo de incidência, pois a prisão cautelar é ilegítima quando afastada de seu objeto e finalidade, deixando de ser *cautelar*.

Nesse ponto, sim, podemos recorrer a CALAMANDREI[21], segundo o qual, nos procedimentos cautelares, mais do que o objetivo de aplicar o direito material, a finalidade imediata é assegurar a eficácia do procedimento definitivo (esse, sim, tornará efetivo o direito material).

Isso porque

la tutela cautelare è, nei confronti del diritto sostanziale, una tutela mediata: più che a far giustizia, serve a garantire l"efficace funzionamento della giustizia. Se tutti i provvedimenti giurisdizionali sono uno strumento del diritto sostanziale che attraverso essi si attua, nei provvedimenti cautelari si riscontra una strumentalità qualificata, ossi elevata, per così dire, al quadrato: essi sono infatti, immancabilmente, un mezzo predisposto per la miglior riuscita del provvedimento definitivo, che a sua volta è mezzo per l"attuazione del diritto; sono cioè, in relazione alla finalità ultima della funzione giurisdizionale, strumenti dello strumento[22].

Fica evidenciado, assim, que as medidas cautelares não se destinam a "fazer justiça", mas sim a garantir o normal funcionamento da justiça por meio do respectivo processo (penal) de conhecimento. Logo são instrumentos a serviço do instrumento processo; por isso,

---

21 CALAMANDREI, Piero. Op. cit., p. 21-22.
22 "A tutela cautelar é, quando comparada com o direito material, uma tutela mediata: mais que fazer justiça, serve para garantir o eficaz funcionamento da Justiça. Se todos os provimentos jurisdicionais são instrumentos do direito material que através deles se atua, nos provimentos cautelares encontra-se uma instrumentalidade qualificada, ou seja, elevada, por assim dizer, ao quadrado: esses são de fato, infalivelmente, um meio predisposto para melhor resultado do provimento definitivo, que, por sua vez, é um meio para a atuação do direito (material); são, portanto, em relação à finalidade última da atividade jurisdicional, instrumentos do instrumento" (tradução nossa).

sua característica básica é a instrumentalidade qualificada ou ao quadrado.

É importante fixar esse conceito de *instrumentalidade qualificada*, pois só é cautelar aquela medida que se destinar a esse fim (servir ao processo de conhecimento). E somente o que for verdadeiramente cautelar é constitucional.

Com DELMANTO JUNIOR[23],

> acreditamos, igualmente, que a característica da instrumentalidade é ínsita à prisão cautelar na medida em que, para não se confundir com pena, só se justifica em função do bom andamento do processo penal e do resguardo da eficácia de eventual decreto condenatório.

Nesse momento, evidencia-se que as prisões preventivas para garantia da ordem pública ou da ordem econômica não são cautelares, portanto, são substancialmente inconstitucionais.

Trata-se de grave degeneração transformar uma medida processual em atividade tipicamente de polícia, utilizando-a indevidamente como medida de *segurança pública*.

A prisão preventiva para garantia da ordem pública ou econômica nada tem que ver com os fins puramente cautelares e processuais que marcam e legitimam esses provimentos.

Grave problema encerra ainda a prisão para garantia da ordem pública, pois se trata de um conceito vago, impreciso, indeterminado e despido de qualquer referencial semântico. Sua origem remonta à Alemanha da década de 30, período em que o nazifascismo buscava exatamente isso: uma autorização geral e aberta para prender. Até hoje, ainda que de forma mais dissimulada, tem servido a diferentes senhores, adeptos dos discursos autoritários e utilitaristas, que tão "bem" sabem utilizar dessas cláusulas genéricas e indeterminadas do Direito para fazer valer seus atos prepotentes.

O Direito (especialmente o Penal), agindo em "nome do pai" e por mandato, explica MORAIS DA ROSA[24], opera na subjetividade

---

23 DELMANTO JUNIOR, Roberto. Op. cit., p. 83.
24 MORAIS DA ROSA, Alexandre. *Decisão penal:* a bricolage de significantes, p. 26.

humana, ditando a "lei" como capaz de manter o laço social e ainda faz a utilitária promessa de "felicidade". A "palavra", nesse contexto, ganha um contorno transcendente, o qual é preenchido na cadeia de significância – e durante a história – por diversos significantes, dentre eles o divino, a razão, a força, o direito (dos homens), todos vendidos como neutros e capazes de designar uma ordem reguladora de condutas baseadas em interditos, legitimando o uso da força para adequação do laço social. O problema é que, ainda com o autor, ao se remeter para um lugar idealizado de referência, indicado na origem por uma palavra, "configuram as máscaras inscritas no imaginário social que permitem o poder de seguir".

Nisso se inscreve a prisão para garantia da ordem pública, infelizmente mantida pela Lei n. 12.403/2011 e também pela Lei n. 13.964/2019, demonstrando o quanto é forte a mentalidade inquisitória vigente.

O art. 312 continha e contém uma "anemia semântica", explica MORAIS DA ROSA[25], pois basta um pouco de conhecimento de estrutura linguística para construir artificialmente esses requisitos, cuja "falsificação" é inverificável. O grande problema é que, uma vez decretada a prisão, os argumentos "falsificados" pela construção linguística são inverificáveis e, portanto, irrefutáveis. Se alguém é preso porque o juiz aponta a existência de risco de fuga, uma vez efetivada a medida, desaparece o (pseudo)risco, sendo impossível refutar, pois o argumento construído (ou falsificado) desaparece.

Para além disso, o preenchimento semântico (dos requisitos) é completamente retórico.

O "clamor público", tão usado para fundamentar a prisão preventiva, acaba confundindo-se com a opinião pública, ou melhor, com a opinião "publicada". Há que se atentar para uma interessante manobra feita rotineiramente: explora-se, midiaticamente, determinado fato (uma das muitas "operações" com nomes sedutores, o que não deixa de ser uma interessante manobra de *marketing* policial), muitas vezes com proposital vazamento de informações, gravações

---

25 Ibidem, p. 139.

telefônicas e outras provas colhidas, para colocar o fato na pauta pública de discussão (a conhecida teoria do agendamento).

Explorado midiaticamente, o pedido de prisão vem na continuação, sob o argumento da necessidade de tutela da ordem pública, pois existe um "clamor social" diante dos fatos...

Ou seja, constrói-se midiaticamente o pressuposto da posterior prisão cautelar. Na verdade, a situação fática apontada nunca existiu; trata-se de argumento forjado.

Como aponta SANGUINÉ[26], "quando se argumenta com razões de exemplaridade, de eficácia da prisão preventiva na luta contra a delinquência e para restabelecer o sentimento de confiança dos cidadãos no ordenamento jurídico, aplacar o clamor público criado pelo delito etc. que evidentemente nada tem a ver com os fins puramente cautelares e processuais que oficialmente se atribuem à instituição, na realidade, se introduzem elementos estranhos à natureza cautelar e processual que oficialmente se atribuem à instituição, questionáveis tanto desde o ponto de vista jurídico-constitucional como da perspectiva político-criminal. Isso revela que a prisão preventiva cumpre funções reais (preventivas gerais e especiais) de pena antecipada incompatíveis com sua natureza".

Assume contornos de verdadeira pena antecipada, violando o disposto no art. 313, § 2º, e a presunção de inocência. SANGUINÉ[27] explica que a prisão preventiva para garantia da ordem pública (ou, ainda, o clamor público) acaba sendo utilizada com uma função de "prevenção geral, na medida em que o legislador pretende contribuir à segurança da sociedade, porém deste modo se está desvirtuando por completo o verdadeiro sentido e natureza da prisão provisória ao atribuir-lhe funções de prevenção que de nenhuma maneira está chamada a cumprir".

As funções de prevenção geral e especial e retribuição são exclusivas de uma pena, que supõe um processo judicial válido e uma

---

26 SANGUINÉ, Odone. A inconstitucionalidade do clamor público como fundamento da prisão preventiva. *Revista de Estudos Criminais*, n. 10, p. 114.
27 Ibidem, p. 115.

sentença transitada em julgado. Jamais tais funções podem ser buscadas na via cautelar.

No mesmo sentido, DELMANTO JUNIOR[28] afirma que é indisfarçável que nesses casos "a prisão preventiva se distancia de seu caráter instrumental – de tutela do bom andamento do *processo* e da *eficácia* de seu resultado – ínsito a toda e qualquer *medida cautelar*, servindo de *inaceitável instrumento de justiça sumária*".

Em outros casos, a prisão para garantia da ordem pública atende a uma dupla natureza[29]: pena antecipada e medida de segurança, já que pretende isolar um sujeito supostamente perigoso.

É inconstitucional atribuir à prisão cautelar a função de controlar o alarma social, e, por mais respeitáveis que sejam os sentimentos de vingança, nem a prisão preventiva pode servir como pena antecipada e fins de prevenção, nem o Estado, enquanto reserva ética, pode assumir esse papel vingativo.

Também a ordem pública, ao ser confundida com o tal "clamor público", corre o risco da manipulação pelos meios de comunicação de massas, fazendo com que ela não passe de mera *opinião publicada*, com evidentes prejuízos para todos.

Obviamente que a prisão preventiva para garantia da ordem pública não é cautelar, pois não tutela o processo, sendo, portanto, flagrantemente inconstitucional, até porque, nessa matéria, é imprescindível a estrita observância ao princípio da legalidade e da taxatividade. Considerando a natureza dos direitos limitados (liberdade e presunção de inocência), é absolutamente inadmissível uma interpretação extensiva (*in malan partem*) que amplie o conceito de *cautelar* até o ponto de transformá-la em *medida de segurança pública*.

Também preocupante é a (inadequada) invocação do princípio da proporcionalidade, não raras vezes fazendo uma ginástica discursiva para aplicá-lo onde não tem legítimo cabimento. Nesse tema, é lúcida a análise do Min. Eros Grau, cuja citação devemos repetir, ainda

---

28 DELMANTO JUNIOR, Roberto. Op. cit., p. 183.
29 SANGUINÉ, Odone. Op. cit.

que longa, para reflexão. Diz o ilustre Ministro do Supremo Tribunal Federal no voto proferido no HC 95.009-4/SP, p. 44 e s.:

> Tenho criticado aqui – e o fiz ainda recentemente (ADPF 144) – a "banalização dos 'princípios' [entre aspas] da proporcionalidade e da razoabilidade, em especial do primeiro, concebido como um 'princípio' superior, aplicável a todo e qualquer caso concreto, o que conferiria ao Poder Judiciário a faculdade de 'corrigir' o legislador, invadindo a competência deste. O fato, no entanto, é que proporcionalidade e razoabilidade nem ao menos são princípios – porque não reproduzem as suas características –, porém postulados normativos, regras de interpretação/aplicação do direito". No caso de que ora cogitamos, **esse falso princípio estaria sendo vertido na máxima segundo a qual "não há direitos absolutos". E, tal como tem sido em nosso tempo pronunciada, dessa máxima se faz gazua apta a arrombar toda e qualquer garantia constitucional. Deveras, a cada direito que se alega o juiz responderá que esse direito existe, sim, mas não é absoluto, porquanto não se aplica ao caso. E assim se dá o esvaziamento do quanto construímos ao longo dos séculos para fazer, de súditos, cidadãos. Diante do inquisidor, não temos qualquer direito. Ou melhor, temos sim, vários, mas como nenhum deles é absoluto, nenhum é reconhecível na oportunidade em que deveria acudir-nos.**
> Primeiro essa gazua, em seguida despencando sobre todos, a pretexto da "necessária atividade persecutória do Estado", a "supremacia do interesse público sobre o individual". Essa premissa que se pretende prevaleça no Direito Administrativo – não obstante mesmo lá sujeita a debate, aqui impertinente – não tem lugar em matéria penal e processual penal. Esta Corte ensina (HC 80.263, relator Ministro ILMAR GALVÃO) que a interpretação sistemática da Constituição "leva à conclusão de que a Lei Maior impõe a prevalência do direito à liberdade em detrimento do direito de acusar". **Essa é a proporcionalidade que se impõe em sede processual penal: em caso de conflito de preceitos, prevalece o garantidor da liberdade sobre o que fundamenta sua supressão. A nos afastarmos disso, retornaremos à barbárie** (destaques nossos).

Portanto, muita atenção para a manipulação discursiva feita em nome do princípio da proporcionalidade, infelizmente, a cada dia mais invocado, pois ele não se presta – legitimamente – a esses fins punitivistas.

Quanto à prisão para garantia da ordem econômica, além de não ser uma medida cautelar em sentido próprio, pretende perseguir a especulação financeira, as transações fraudulentas, e coisas do gênero. Melhor seria se o legislador optasse por sanções à pessoa jurídica, e à intervenção do Direito Administrativo sancionador, com restrições comerciais e congêneres, mas jamais pela intervenção penal, muito menos de uma prisão preventiva.

Ademais, é manifesta a inadequação da prisão para garantia da ordem econômica, pois já havia, no art. 30 da Lei n. 7.492/86, a previsão de decretação de prisão preventiva em "razão da magnitude da lesão causada". Mas, para além disso, em nada serviria a prisão para remediar ou diminuir a lesão econômica. Muito mais útil seria o sequestro e a indisponibilidade dos bens[30], pois dessa forma melhor se poderia tutelar a ordem financeira e também amenizar as perdas econômicas. Da mesma forma, é inegável que, nesse tipo de crime, o "engessamento" patrimonial é o melhor instrumento para evitar a reiteração de condutas.

Com acerto, DELMANTO JUNIOR[31] aponta que "não resta dúvida de que nessas hipóteses a prisão provisória afasta-se, por completo, de sua natureza cautelar instrumental e/ou final, transformando-se em meio de prevenção especial e geral e, portanto, em punição antecipada, uma vez que uma medida cautelar jamais pode ter como finalidade a punição e a ressocialização do acusado para que não mais infrinja a lei penal, bem como o consequente desestímulo de outras pessoas ao cometimento de crimes semelhantes, fins exclusivos da sanção criminal".

Quando se tutelam situações de perigo cujo objeto não é a prova ou a efetividade do processo (risco de fuga), como sucede na tutela da ordem pública e econômica, a prisão cautelar se converte em medida de segurança. Como define CORDERO[32], "é **uma metamorfose pouco feliz, pois a proteção dos interesses coletivos exige remédios *ad hoc*; os híbridos custam mais do que produzem**".

Em suma, as prisões para garantia da ordem pública ou da ordem econômica possuem um defeito genético: **não são cautelares. Portanto, substancialmente inconstitucionais**. Mas segue

---

30 Também PACELLI DE OLIVEIRA, Eugênio. Op. cit., p. 519.
31 DELMANTO JUNIOR, Roberto. Op. cit., p. 192.
32 CORDERO, Franco. Op. cit., p. 405.

– especialmente a prisão para garantia da ordem pública – sendo (ab)usadas por juízes e tribunais por exclusiva conveniência ao exercício do poder.

8. Prisão para garantia da ordem pública. O falacioso argumento da "credibilidade (ou fragilidade?) das instituições". Risco de reiteração. Crítica: exercício de vidência. Contraponto: aceitação no direito comparado

Muitas vezes a prisão preventiva vem fundada na cláusula genérica "garantia da ordem pública", mas tendo como recheio uma argumentação sobre a necessidade da segregação para o "restabelecimento da credibilidade das instituições".

É uma falácia. Nem as instituições são tão frágeis a ponto de se verem ameaçadas por um delito, nem a prisão é um instrumento apto para esse fim, em caso de eventual necessidade de proteção. Para além disso, trata-se de uma função metaprocessual incompatível com a natureza cautelar da medida.

Noutra dimensão, **é preocupante – sob o ponto de vista das conquistas democráticas obtidas – que a crença nas instituições jurídicas dependa da prisão de pessoas.** Quando os poderes públicos precisam lançar mão da prisão para legitimar-se, a doença é grave, e anuncia um também grave retrocesso para o estado policialesco e autoritário, incompatível com o nível de civilidade alcançado.

No mais das vezes, esse discurso é sintoma de que estamos diante de um juiz "comprometido com a verdade", ou seja, alguém que, julgando-se do bem (e não se discutem as boas intenções), emprega uma cruzada contra os hereges, abandonando o que há de mais digno na magistratura, que é o papel de garantidor dos direitos fundamentais do imputado. Como muito bem destacou o Min. Eros Grau[33], "o combate à criminalidade é missão típica e privativa da Adminis-

---

33 Trecho extraído do voto proferido pelo Min. Eros Grau no HC 95.009-4/SP, p. 35.

tração (*não do Judiciário*), seja através da polícia, como se lê nos incisos do artigo 144 da Constituição, quanto do Ministério Público, a quem compete, privativamente, promover a ação penal pública (artigo 129, I)" (grifo nosso).

No que tange à prisão preventiva em nome da ordem pública sob o argumento de risco de reiteração de delitos, está-se atendendo não ao processo penal, mas sim a uma função de polícia do Estado, completamente alheia ao objeto e fundamento do processo penal.

Além de ser um diagnóstico absolutamente impossível de ser feito (salvo para os casos de vidência e bola de cristal), é flagrantemente inconstitucional, pois a única presunção que a Constituição permite é a de inocência e ela permanece intacta em relação a fatos futuros.

Recorda CARVALHO[34] que uma das principais distinções entre o sistema inquisitório e o acusatório (constitucional) se manifesta no que diz respeito à existência de *possibilidades de concreta refutação das hipóteses probatórias*.

A prisão para garantia da ordem pública sob o argumento de "perigo de reiteração" bem reflete o anseio mítico por um Direito Penal do futuro, que nos proteja do que pode (ou não) vir a ocorrer. Nem o Direito Penal, menos ainda o processo, está legitimado à pseudotutela do futuro (que é aberto, indeterminado, imprevisível). Além de inexistir um **periculosômetro** (tomando emprestada a expressão de ZAFFARONI), é um argumento inquisitório, pois irrefutável. Como provar que amanhã, se permanecer solto, não cometerei um crime? Uma prova impossível de ser feita, tão impossível quanto a afirmação de que amanhã eu o praticarei. Trata-se de recusar o papel de juízes videntes, pois ainda não equiparam os foros brasileiros com bolas de cristal...

Feita a análise crítica, não se desconhece que – em situações (efetivamente) excepcionais – a prisão cautelar sob o argumento do "risco de reiteração" é admitida no direito comparado. Até por honestidade acadêmica, não podemos subtrair tal informação do leitor.

---

34 CARVALHO, Salo de. *Pena e garantias:* uma leitura do garantismo de Luigi Ferrajoli no Brasil, p. 199.

Nessa linha, o art. 503.2 da *Ley de Enjuiciamiento Criminal* (LECrim – Espanha) admite a prisão quando houver "motivos bastantes para crer responsável criminalmente a pessoa" e o delito tenha pena máxima igual ou superior a 2 anos. Para avaliar o risco de reiteração, deverá ponderar as circunstâncias do fato, a gravidade dos delitos que possam ser cometidos ou, ainda, quando as investigações apontarem que o imputado vem atuando em concurso com outra ou outras pessoas, de forma organizada para a comissão de fatos delitivos, ou realiza suas atividades delitivas com habitualidade.

Analisando a situação, ARAGONESES MARTINEZ[35] explica que a reforma da *Ley de Enjuiciamiento Criminal*, ocorrida em 2003, suprimiu o "alarma social" e incorporou o "risco de reiteração delitiva" como causa da prisão cautelar. Interessante que essa mudança legislativa foi imposição da Sentença do Tribunal Constitucional (STC) 47/00 e, nessa decisão, o Tribunal especificou os ***fins constitucionalmente legítimos*** da prisão provisória e, entre eles, incluiu como causa a prisão para evitar a reiteração delitiva, mas sublinhou: **não se deve fundamentar em risco genérico que o imputado possa cometer outros crimes, pois isso faria com que a prisão provisional respondesse a um fim punitivo ou de antecipação da pena.** Isso seria inconstitucional.

Segue ainda ARAGONESES MARTINEZ explicando que a prisão para evitar a reiteração delitiva deve situar-se em um plano distinto, tanto que a LECrim se refere a esse risco em um apartado distinto, porque não tem finalidade cautelar, senão que constitui uma medida de segurança pré-delitiva (*medida de seguridad predelictual*).

O art. 274.c do *Codice di Procedura Penale* italiano admite a prisão cautelar quando, pela especificidade do fato e de suas circunstâncias, bem como pela personalidade da pessoa investigada, se possa deduzir (*desunta*) de comportamentos ou atos concretos ou dos antecedentes penais o concreto perigo de que o agente cometa grave

---

[35] ARAGONESES MARTINEZ, Sara et al. Op. cit., 8. ed., p. 407.

delito com uso de arma ou de outra forma de violência pessoal, ou crimes contra a ordem constitucional, ou delito de criminalidade organizada, ou da mesma espécie daquele que contra ele se procede. Neste último caso – reiteração de crimes da mesma espécie –, a prisão somente pode ocorrer quando a pena máxima prevista para esses crimes não seja inferior a 4 anos.

O CPP português, no seu art. 204 – depois de enumerar um amplo rol de medidas alternativas à prisão, como também ocorre nos países anteriormente citados –, autoriza a prisão preventiva quando houver "perigo, em razão da natureza e das circunstâncias do crime ou da personalidade do arguido, de perturbação da ordem e da tranquilidade públicas ou de continuação da atividade criminosa".

O Código de Processo Penal alemão (StPO), no seu § 112a, autoriza a detenção quando houver fundados motivos de que o agente tenha cometido, repetida ou continuadamente, delitos graves (existe uma enumeração desses delitos na lei) e quando existirem fatos que possam fundamentar a existência do perigo de que, antes do processo, ele possa cometer mais delitos relevantes da mesma espécie ou continue com a prática do mesmo delito.

Em que pesem essas considerações, pensamos que a excepcional e cruel necessidade deveria dar lugar não à prisão preventiva por risco de reiteração, mas a outras medidas restritivas aplicadas no âmbito da liberdade provisória, tais como monitoramento eletrônico, prisão domiciliar, ou proibição de permanência, de ausência ou de contatos (como previsto no art. 319 do CPP).

9. Desconstruindo o paradigma da (cruel) necessidade, forjado pelo pensamento liberal clássico. Alternativas à prisão por "conveniência da instrução criminal" e para o "risco para aplicação da lei penal"

Esclarecido que a prisão para garantia da ordem pública ou econômica não possui natureza cautelar e que, portanto, tem uma discutível constitucionalidade, cumpre agora analisar os fundamentos restantes: tutela da instrução criminal e da aplicação da lei penal.

Essas são verdadeiramente cautelares, na medida em que se destinam ao processo, a assegurar o regular e eficaz funcionamento do processo penal. A questão é saber se são realmente necessárias ou não.

O pensamento liberal clássico convive(u) com as prisões cautelares a partir de um argumento básico, verdadeira tábua de salvação: a cruel necessidade de tais medidas. Invocando o superado argumento de que os fins justificam os meios, contenta-se em considerar o meio como um fenômeno natural, que não precisa ser justificado, mas apenas explicado e, quando muito, delimitado.

Antes de seguir repetindo essas lições sem maior reflexão, devemos constantemente questionar: será que realmente é necessária a prisão cautelar? Com certeza, após uma análise séria e criteriosa, se não chegarmos a eliminar a base teórica até então vigente, ao menos diminuiremos em muito a incidência dessa verdadeira pena antecipada. Para tanto, vejamos alguns aspectos raramente enfrentados pelo senso comum teórico.

Inicialmente, devemos considerar que a tutela da prova não pode ser confundida com a de interrogar o imputado e obter sua confissão. Em primeiro lugar, porque numa visão acusatória (ou ao menos não inquisitiva...) do processo, o interrogatório é um direito de defesa e não serve para a acusação. Não serve para adquirir provas de culpabilidade. Ademais, a confissão não pode ser usada em seu prejuízo e, há muito, deixou de ser a prova plena; basta uma rápida leitura da exposição de motivos do CPP. É o momento de superar a culpa judaico-cristã que conduz ao "confessa e arrepende-te de teus pecados, para encontrar a salvação".

Para FERRAJOLI[36], a prisão cautelar pode ser perfeitamente substituída pela mera "detenção", ou seja, o traslado do sujeito passivo para ser colocado sob custódia do tribunal pelo tempo estritamente necessário para interrogá-lo e realizar as primeiras comprovações do fato, utilizando até o incidente de produção antecipada de provas (desconhecido no Brasil). Com isso, esse isolamento não duraria mais do que horas ou no máximo dias, mas jamais meses e anos e tampouco teria o impacto

---

36 FERRAJOLI, Luigi. Op. cit., p. 776 e s.

estigmatizante da prisão cautelar. O suspeito ficaria isolado por um breve período, até ser ouvido e realizadas as primeiras comprovações do fato, inclusive com produção antecipada em incidente.

Após ser ouvido e produzida essa prova, não há mais motivo para a segregação, até porque o suspeito não poderá – substancialmente – alterar mais nada. Mantê-lo preso representa apenas constrangimento e cerceamento de defesa, pois o detido tem suas possibilidades de defesa reduzidas ao extremo, até mesmo permitindo que a acusação e a vítima possam – esses sim – manipular a prova. Ou, por acaso, o acusador público ou privado está imune a esse tipo de tentação? No sistema acusatório, o contraditório é essencial, e o combate livre e aberto, em igualdade de armas, cai por terra com o acusado preso. Sem falar que a prisão cautelar conduz a uma verdadeira "presunção de culpabilidade" extremamente prejudicial para o processo.

Também a tutela da prova deve caminhar no sentido de maior cientificidade da própria investigação e coleta de indícios. Quanto mais eficientes forem a polícia científica e as técnicas de recolhimento de provas, menor é o tempo necessário para a apuração do fato e menores são os riscos de manipulação ou destruição por parte do suspeito.

No mesmo sentido, ARAGONESES MARTINEZ[37] aponta que a utilidade da prisão cautelar para tutela da prova *es menos convincente, ya que las fuentes de prueba podrían conservarse estableciendo medidas tendentes a su aseguramiento, o bien previendo la práctica anticipada de prueba*. Ou seja, não se justifica prender para colher a prova, senão que deve lançar-se mão de medidas de produção antecipada de provas e não da prisão preventiva. Assim, como destaca a autora, o Tribunal Constitucional espanhol, na STC 128/95, declarou que *en ningún caso puede perseguirse con la prisión provisional son fines de impulso de la instrucción sumarial, propiciando la obtención de pruebas, de declaraciones de los imputados, etc.*

A essa altura, alguém pode estar se perguntando: mas essa não é a realidade brasileira, cuja atividade policial, na imensa maioria dos casos, não consegue superar o nível da coleta de depoimentos? Ora, até

---

37 ARAGONESES MARTINEZ, Sara et al. Op. cit., 8. ed., p. 406.

mesmo a coleta de depoimentos pode ser agilizada de forma bastante barata, com a filmagem e gravação, a partir das quais o risco de manipulação passa a ser mínimo. O que não se pode continuar admitindo é que tenhamos de arcar com os custos da incompetência estatal e a mais absoluta falta de interesse em realmente resolver o problema.

Quanto mais se analisa a questão, maior é o convencimento de que, na realidade, não existe necessidade, mas mera conveniência para o Estado, e com isso não pactuamos.

Outro argumento comumente empregado é o do "medo" da vítima e das testemunhas. O argumento anterior segue sendo invocado. Incumbe ao Estado as funções de segurança pública da vítima, das testemunhas e de todos nós. O processo penal não é o instrumento adequado, sob pena de sepultarmos o Estado Democrático de Direito e todas as suas conquistas. Tampouco o Estado está realmente preocupado em proteger vítimas e testemunhas; basta verificar como funcionam os "programas de proteção" para constatar que o que se protege não é a *testemunha*, mas sim o *testemunho*. Nem sequer conseguem disfarçar que a visão utilitarista também se dirige a vítimas e testemunhas...

Também não é, como explicamos anteriormente, função da prisão cautelar a prevenção geral e especial. Essas são funções exclusivas da pena, aplicada após o processo.

Isso tudo sem falar na necessidade de que exista prova suficiente dessa situação. O *periculum libertatis* não se presume. Tampouco pode ser fruto de ilações fantasmagóricas ou transtornos persecutórios. Uma análise séria, que racionalize os medos, levará à conclusão de que na imensa maioria das prisões cautelares decretadas sob esse fundamento a prisão é ilegal, pois não existe a situação fática legitimante da intervenção penal.

Em suma, no que se refere à tutela da prova, existem outras formas e instrumentos que permitem sua coleta segura com um custo (social e para o imputado) infinitamente menor que o de uma prisão cautelar.

Ainda, no que se refere ao risco para testemunhas e vítimas, uma boa alternativa é o disposto nos incisos II, III e V do art. 319 do CPP, a saber, a proibição de acesso ou frequência a determinados lugares, a proibição de manter contato com pessoa determinada e o recolhimento domiciliar no período noturno e nos dias de folga.

Além disso, o monitoramento eletrônico (art. 319, IX) também resolveria o problema com um custo (social e econômico) infinitamente menor.

No que se refere à prisão cautelar para tutela da aplicação da lei penal, estamos diante de uma medida verdadeiramente cautelar. Novamente a questão é saber se realmente existe a *cruel necessidade* de legitimá-la.

Recordemos que é absolutamente inconcebível qualquer hipótese de presunção de fuga, até porque substancialmente inconstitucional diante da Presunção de Inocência. Toda decisão determinando a prisão do sujeito passivo deve estar calcada em um fundado temor, jamais fruto de ilações. Deve-se apresentar um fato claro, determinado, que justifique o receio de evasão do réu.

Infelizmente, muitos juízes olvidam-se disso, e, com base em frágeis elementos, tomam essa decisão tão séria e estigmatizante. O risco deve apresentar-se como um fato claro, determinado, que justifique o medo de evasão do acusado. É imprescindível um juízo sério, desapaixonado e, acima de tudo, racional.

O *periculum libertatis* não pode assumir um caráter quantitativo. Ainda que seja inaceitável qualquer presunção de fuga, muitos sustentam que o perigo de evasão aumenta à medida que aumenta a gravidade do fato imputado, pois a futura pena a ser imposta será mais grave[38].

Outros preferem simplesmente invocar os rótulos, como "crime hediondo", "tráfico de substâncias entorpecentes", "crime organizado" etc., para decretarem prisões preventivas sem o menor fundamento ou demonstração da necessidade.

Pensamos, ainda, que tais rótulos também não justificam ou legitimam uma presunção de fuga, nem sequer a gravidade do fato. Qualquer que seja a situação, é imperativo que existam elementos

---

38 SENDRA, Vicente Gimeno et al. Op. cit., p. 481.

concretos para justificar uma decisão de qualidade, um primor, de singular e extraordinária fundamentação[39].

Há outras formas menos onerosas de assegurar a presença do acusado, proporcionais e adequadas à situação. Em caso de violação desses deveres, demonstrando a intenção de fugir, teríamos uma prova válida e suficiente para falar em prisão decorrente do perigo de fuga. A presunção de inocência, como aponta CARNELUTTI[40], impõe ao juiz que presuma também a obediência do acusado ao chamamento do Estado e só em caso de quebra dessa presunção é que se pode falar em medida restritiva da liberdade.

Com acerto, FERRAJOLI[41] argumenta que a fuga é em geral causada mais pelo medo da prisão preventiva do que pela própria sentença, até porque, se esta for justa e proporcional, não há por que temê-la. A desproporcionalidade[42], sim, é fator predominante para a fuga, e isso é (mais) um problema do Direito Penal máximo. Há séculos, VOLTAIRE já chamava a atenção para a dureza do procedimento criminal como causa da fuga: "Se um homem está acusado de um crime, começamos por encerrá-lo em um calabouço horrível; não permitindo que tenha comunicação com ninguém, testemunhas depõem sem que ele assista.

---

39 Na doutrina espanhola, a partir das reiteradas decisões do Tribunal Constitucional, está consagrada a expressão *exquisita motivación*, sendo o adjetivo *exquisita* visto como de "calidad, de primor, de singular y extraordinaria fundamentación". Nesse sentido: ANGEL-VICENTE ILLESCAS, op. cit., p. 75.
40 CARNELUTTI, Francesco. Op. cit., p. 71.
41 FERRAJOLI, Luigi. Op. cit., p. 776 e s.
42 O medo de uma pena desproporcionada e injusta é o maior motivador da fuga. Por que passar a vida toda fugindo se, na pior das hipóteses, posso cumprir uma pena razoável e seguir vivendo minha vida? Nessa linha, devemos rediscutir o limite máximo das penas privativas de liberdade. Para FERRAJOLI, elas não devem superar os 10 anos. Sublinhe-se que seriam 10 anos de pena efetivamente cumprida, terminando com as artificiais acelerações da pena, como a progressão de regime. Com isso, reduzimos drasticamente o medo da pena e favorecemos o desaparecimento da prisão preventiva. A questão também deve ser analisada à luz do que explicamos sobre o "tempo", pois a pena de prisão é tempo de involução, geradora de uma quebra da sintonia com a dinâmica social. Não há dúvida de que 10 anos de pena hoje são completamente diferentes de 10 anos de pena há 10 anos atrás.

Enfim, toda uma carga como se já tivesse sido julgado culpado. Concluía Voltaire: Oh juízes, quereis que o inocente acusado não escape, pois facilita-lhe os meios para defender-se".

Atualmente, com as facilidades de uma sociedade informatizada e internacionalmente integrada, com os atuais sistemas de vigilância, o risco de fuga fica bastante reduzido.

Dessarte, é imprescindível que o juiz saiba utilizar as medidas cautelares diversas, previstas no art. 319 do CPP, especialmente aquelas constantes nos incisos I, IV, V e IX (comparecimento periódico em juízo, proibição de ausentar-se da comarca ou país, recolhimento domiciliar noturno e nos dias de folga e monitoração eletrônica).

Tais medidas cautelares diversas, aplicadas de forma isolada ou cumulativa, conforme a situação exija, podem muito bem atingir o mesmo escopo sem o imenso custo social e individual de uma prisão preventiva.

Na mesma linha, o uso das medidas assecuratórias, que engessam o patrimônio do imputado, muitas vezes com bloqueio de contas e aplicações, inviabiliza qualquer possibilidade de fuga, ainda mais quando essas medidas vão combinadas com aquelas enumeradas no parágrafo anterior. Nenhuma dúvida existe de que, sem uma boa disponibilidade financeira, as chances de uma fuga com êxito são mínimas.

A prisão preventiva e todas as demais cautelares inserem-se, perfeitamente, na *lógica do sofrimento*, bem tratada por SCHIETTI[43], segundo a qual a prisão cautelar é a possibilidade de impor imediatamente um mal, uma punição, exercer a violência contra quem praticou um delito, ou seja, é a reação violenta àquele que cometeu uma violência. É, nessa linha, importante que a pessoa sofra na própria carne pelo mal que fez.

Ainda que seja perfeitamente compreensível, como bem aponta o autor, é uma lógica perversa e completamente equivocada, que somente serve para gerar mais violência e degradação dos valores éticos mínimos para a coexistência social.

---

43 SCHIETTI MACHADO CRUZ, Rogério. *Prisão cautelar:* dramas, princípios e alternativas, p. 8 e s.

10. Decretação ou manutenção da prisão preventiva por ocasião da sentença penal condenatória recorrível ou da decisão de pronúncia

Durante décadas no Brasil se falou em **prisão decorrente da sentença penal condenatória recorrível e também da prisão em virtude da decisão de pronúncia**. Com a reforma de 2011 essas "**espécies**" **de prisão cautelar desapareceram**, cabendo aqui a advertência expressa, na medida em que não raras vezes lemos em acórdãos e votos de desembargadores/ministros alusão a essas prisões que não existem mais. O sistema cautelar contempla apenas:

1. a prisão em flagrante como medida precautelar, preparatória da prisão preventiva ou temporária;
2. a prisão temporária, prevista na Lei n. 7.960/89 e aplicável somente na fase pré-processual, nos termos previstos na lei referida;
3. a prisão preventiva, que pode ser decretada em qualquer fase do inquérito ou do processo, até mesmo em sede recursal, mantendo-se assim até a revogação, substituição ou o trânsito em julgado da sentença, quando, se condenatória, dará lugar à execução da pena.

Mas e a prisão decretada na sentença condenatória ou na decisão de pronúncia, em que espécie se encaixa? É uma prisão preventiva. Não é uma prisão autônoma ou novo título, é apenas uma prisão preventiva decretada naquele momento procedimental e que, necessariamente, deve obedecer ao regramento e base principiológica da prisão preventiva (inclusive no que tange à atualidade e concretude do *periculum libertatis* e a natureza excepcional da medida).

A Lei n. 11.719/2008, alterando o art. 387, parágrafo único, do CPP, assim dispôs:

Art. 387. O juiz, ao proferir sentença condenatória:
(...)
§ 1º O juiz decidirá, fundamentadamente, sobre a manutenção ou, se for o caso, imposição de prisão preventiva ou de outra medida cautelar, sem prejuízo do conhecimento da apelação que vier a ser interposta.

Assim, na sentença condenatória, o juiz deve, fundamentadamente, analisar a necessidade ou não de imposição/manutenção da prisão preventiva, seguindo a lógica do art. 312 (risco de fuga) e toda sua principiologia. É verdade que a sentença condenatória constitui – diante da análise de autoria e materialidade – um robusto *fumus commissi delicti*, mas não do *periculum libertatis*. **Eis o ponto nevrálgico**: é preciso que esteja demonstrada a existência atual e concreta do risco decorrente do estado de liberdade do agente, que não se presume.

O dispositivo legal faz alusão a "outra medida cautelar", remetendo agora para o art. 319 do CPP e suas medidas cautelares diversas. Significa que no momento da sentença penal condenatória, o juiz pode substituir uma medida cautelar diversa por outra mais adequada, cumulá-las e até mesmo, se a necessidade exigir, decretar a prisão preventiva. Por outro lado, ainda que a sentença seja condenatória, nada impede que o juiz substitua a prisão preventiva aplicada por uma medida cautelar diversa, mais adequada, principalmente quando houver uma acusação excessiva (por vários delitos) e que ao final não seja acolhida na íntegra (provimento parcial, com a condenação a apenas um crime, por exemplo), tendo o réu sido condenado a um delito de menor gravidade em que não mais se justifica a manutenção da prisão (até pela desproporcionalidade).

Também representa uma importante evolução a disposição final do § 1º, que definitivamente desconecta o conhecimento do recurso da discussão prisão/liberdade (e eventual fuga). Daí por que não há que falar em deserção (e, portanto, não conhecimento do recurso) quando o réu fugir. O recurso deve ser conhecido e apreciado. Assim, desconectados estão o direito de recorrer (do réu) e o poder de prender (do Estado), quando necessária a custódia cautelar, sendo inadmissível a decisão que não conhece da apelação sob o argumento de que o réu fugiu ou não se recolheu para apelar. Existe uma separação, em que pese a natural conexão entre os temas, fazendo com que, de um lado, esteja o direito ao duplo grau de jurisdição e, de outro, o direito de recorrer em liberdade. São direitos distintos, ainda que intimamente relacionados.

Compreendido que o direito de recorrer está desconectado da prisão cautelar, vejamos agora como fica a problemática em torno do direito de permanecer ou não em liberdade.

Como ressalva SCHIETTI[44], a evolução da jurisprudência do Superior Tribunal de Justiça e do Supremo Tribunal Federal consolidou o entendimento de que a prisão decorrente da pronúncia ou de sentença penal condenatória recorrível somente não ofende o princípio da presunção de inocência se for devidamente demonstrada, na fundamentação da sentença, a necessidade da prisão cautelar.

Ou seja, somente caberá a prisão nesse momento se for, verdadeiramente, cautelar.

Significa dizer que nesse momento (da sentença) vigora a lógica da prisão preventiva insculpida no art. 312 do CPP.

Nessa linha, com acerto, ANDRADE MOREIRA[45] conclui que

> a prisão será uma decorrência de uma sentença condenatória recorrível sempre que, *in casu*, fosse cabível a prisão preventiva contra o réu, independentemente de sua condição pessoal de primário e de ter bons antecedentes; ou seja, o que definirá se o acusado aguardará preso ou em liberdade o julgamento final do processo é a comprovação da presença de um daqueles requisitos acima referidos.

Essa compreensão é evidente, na medida em que não existe prisão obrigatória antes do trânsito em julgado da sentença penal condenatória. Por outro lado, o juiz pode determinar a prisão preventiva do réu condenado, mas deve fundamentar e demonstrar – na sentença – a existência de *periculum libertatis*, que, nesse momento, somente é concebido na sua última figura – risco para a aplicação da lei penal (pois não concebemos como cautelar a tutela da ordem pública/econômica e tampouco se pode falar em tutela da prova, pois já colhida).

Nenhuma discussão é necessária em torno do *fumus commissi delicti*, pois já delineado na própria sentença penal condenatória, na medida em que, sem essa fumaça, poderia ser o réu ao menos condenado. Quanto às demais figuras de *periculum libertatis* previstas no art. 312, recordemos que as duas primeiras são substancialmente incons-

---

44 SCHIETTI MACHADO CRUZ, Rogério. *Garantias processuais nos recursos criminais*, p. 152.
45 ANDRADE MOREIRA, Rômulo. O artigo 594 do Código de Processo Penal – uma interpretação conforme a Constituição. In: *Direito processual penal*, p. 48.

titucionais e que o risco para a instrução já desapareceu, visto que a instrução já se realizou. Daí por que o único perigo possível é o de fuga.

E ele, para justificar uma prisão preventiva, deve ser concreto, fundado em elementos probatórios suficientes. Nada de projeções ou ilações por parte do julgador.

Compreende-se, então, que os elementos "primário e de bons antecedentes" não têm nenhuma relevância para decidir entre recorrer em liberdade ou recorrer preso. Tais circunstâncias foram abolidas até mesmo na reforma processual de 2008.

O que importa é a lógica cautelar desenhada pela prisão preventiva em seu art. 312.

Portanto, o réu reincidente e/ou de maus antecedentes poderá recorrer em liberdade, e o primário e de bons antecedentes poderá ser preso por força da sentença recorrível.

O que legitima a prisão é sua natureza cautelar e a existência de *periculum libertatis* (aqui, risco de fuga).

Assim, se o réu respondeu a todo o processo em liberdade, por ausência de necessidade da prisão preventiva, quando condenado, a tendência lógica é que recorra em liberdade.

Mas poderá ser preso preventivamente nesse momento? Sim, desde que o juiz fundamente a necessidade da prisão preventiva e demonstre a existência de real e concreto risco de fuga (*periculum libertatis*).

Por outro lado, se o réu permaneceu preso ao longo de todo o processo (pois lhe foi decretada a prisão preventiva), quando condenado, a tendência lógica é que permaneça preso e assim exerça seu direito de recorrer, cabendo ao juiz fundamentar que perdura a necessidade da prisão e persiste o *periculum libertatis*. Não estamos dizendo que permanecer preso é algo obrigatório ou automático, senão que, se existiram motivos para ser decretada a prisão preventiva no curso do processo (ou até mesmo na fase de inquérito) e permanecer esse perigo/necessidade, a manutenção da prisão é decorrência natural. Ou, ainda, também é aceitável a substituição da prisão preventiva por outra medida cautelar, prevista no art. 319.

Mas o réu que estava preso poderá ser condenado e solto ou submetido a uma medida cautelar diversa? Sim, desde que desapareça ou seja minorada a situação de perigo. Por exemplo: se o réu foi preso preventivamente para tutela da prova, com a sentença (logo, já foi colhida a prova) desapareceu a situação de perigo que justificou a prisão preventiva, devendo o (agora) condenado ser solto ou submetido a uma medida cautelar diversa mais adequada.

Também pode ocorrer de a acusação imputar a prática de dois delitos, *v. g.*, tráfico de substâncias entorpecentes (art. 33 da Lei n. 11.343/2006) e associação ao tráfico (art. 35 dessa mesma lei), e requerer a decretação da prisão preventiva considerando a gravidade dos crimes e o risco de fuga. Na sentença, o réu é absolvido da primeira imputação (tráfico de drogas) e condenado pela segunda a uma pena de 3 anos, substituída por pena restritiva de direitos, nos termos do art. 44 do CP. É manifestamente desproporcional manter alguém preso preventivamente nessas condições, além de violar o limite previsto no art. 313, I, do CPP. Assim, ainda que condenado, deverá recorrer em liberdade, cabendo ao juiz, na sentença, determinar a expedição do respectivo alvará de soltura ou, no mínimo, substituir a prisão preventiva por uma medida cautelar diversa menos gravosa.

No que se refere à Súmula 9 do STJ[46], também deve ser lida nessa sistemática. Diz a súmula: "A exigência da prisão provisória, para apelar, não ofende a garantia constitucional da presunção de inocência".

Em suma, para decidir se o réu poderá recorrer em liberdade ou não, deve-se analisar a situação à luz do sistema cautelar e da real necessidade que a fundamenta (*periculum libertatis*) e legitima, decretando-se ou revogando-se a prisão preventiva, conforme o caso, bem como lançando mão das medidas cautelares diversas adequadas, que poderão ser revogadas, aplicadas como substitutivas da prisão preventiva, de forma isolada ou cumulativa. Não se pode esquecer, ainda, da necessidade de que esse *periculum liberatis* seja atual ou contemporâneo, bem como concreto e não presumido ou imaginado.

---

46 A súmula, além de reduzir excessivamente a complexidade, peca – mesmo para os preservacionistas – por uma grave falha: não prevê a necessidade de fundamentação que demonstre a necessidade da prisão à luz da sistemática cautelar do art. 312 do CPP.

Não é demais recordar que, se o réu for absolvido, deverá ser imediatamente colocado em liberdade, se preso preventivamente, ou ordenada a cessação das medidas cautelares diversas que estejam sendo aplicadas, nos termos do art. 386, parágrafo único, I e II, do CPP.

E no caso da decisão de pronúncia?

Também poderá ser decretada ou mantida a prisão preventiva.

O regramento da prisão nesse momento processual está disciplinada pelo art. 413 do CPP:

> Art. 413. O juiz, fundamentadamente, pronunciará o acusado, se convencido da materialidade do fato e da existência de indícios suficientes de autoria ou de participação.
> § 1º A fundamentação da pronúncia limitar-se-á à indicação da materialidade do fato e da existência de indícios suficientes de autoria ou de participação, devendo o juiz declarar o dispositivo legal em que julgar incurso o acusado e especificar as circunstâncias qualificadoras e as causas de aumento de pena.
> § 2º Se o crime for afiançável, o juiz arbitrará o valor da fiança para a concessão ou manutenção da liberdade provisória.
> § 3º O juiz decidirá, motivadamente, no caso de manutenção, revogação ou substituição da prisão ou medida restritiva de liberdade anteriormente decretada e, tratando-se de acusado solto, sobre a necessidade da decretação da prisão ou imposição de quaisquer das medidas previstas no Título IX do Livro I deste Código.

A simples leitura evidencia que o art. 413 insere-se na mesma perspectiva da discussão anterior. A prisão preventiva no momento da decisão de pronúncia não é obrigatória (como já foi no passado), estando subordinada ao fundamento e requisito que norteiam as prisões cautelares, nos termos do art. 312 do CPP. Assim, nenhuma relevância tem o fato de o agente ser primário ou reincidente, senão que deverá o juiz fundamentar a necessidade da prisão preventiva demonstrando a existência do *fumus commissi delicti* e do *periculum libertatis*.

Tudo o que dissemos no item anterior é inteiramente aplicável aqui, de modo que, havendo necessidade e preenchidos os requisitos legais, poderá o juiz determinar a prisão preventiva do réu pronunciado ou mantê-lo preso, se assim já se encontrar. Em qualquer caso, deverá fundamentar a decisão.

Da mesma forma, poderá manter, aplicar, substituir ou cumular as medidas cautelares diversas, previstas no art. 319 do CPP, conforme a necessidade do caso.

Não estando preenchidos os requisitos da prisão preventiva, deverá o réu permanecer em liberdade, com a aplicação de medida cautelar diversa ou não. Tudo dependerá da existência ou não do *fumus commissi delicti* e do *periculum libertatis*. No mesmo sentido situa-se a fiança, medida de contracautela aplicada em conjunto com a liberdade provisória e que será analisada na continuação.

Por último, uma questão prática que costuma atormentar a defesa neste tema é a seguinte: réu preso preventivamente no curso do processo, defesa impetra HC no tribunal. O tribunal demora tanto para julgar o mérito do HC que o juiz profere sentença condenatória, mantendo a prisão preventiva. Ao julgar o HC, o tribunal afirma que ele perdeu o objeto por conta do "novo título da prisão cautelar", ou seja, a existência de sentença condenatória com prisão preventiva mantida. Essa situação tem sido recorrente.

Está equivocada a decisão do tribunal, por vários motivos.

Inicialmente, está errada por considerar que a sentença penal condenatória é um "novo título" prisional, quando na verdade, como acabamos de explicar, essa é uma posição superada com a reforma de 2008. A prisão decretada na sentença é uma prisão preventiva, não uma nova modalidade de prisão cautelar.

Segundo e mais grave erro: não é uma nova prisão, mas sim a manutenção daquela mesma prisão preventiva decretada no curso do processo e objeto do HC. Não há esvaziamento do *habeas corpus*, na medida em que se trata da mesma prisão que é simplesmente mantida, confirmada. Inclusive, na imensa maioria dos casos, mantida com os mesmos argumentos, que são simplesmente reforçados com a sentença penal condenatória. Portanto, não há perda de objeto do HC.

Mas e se na sentença existir uma inovação argumentativa, ou seja, a preventiva anteriormente decretada for mantida e forem acrescidos novos fundamentos (uma nova situação de perigo, por exemplo)?

Neste caso poder-se-ia cogitar de esvaziamento do objeto e a necessidade de nova impetração de HC (para dar conta dessa nova prisão preventiva ou novo fundamento). Mas, dependendo do caso, seria viável um aditivo no HC antigo, complementando seus fundamentos para contemplar esse reforço argumentativo vindo na sentença, sendo invocável aqui o *Princípio da Complementaridade Recursal*[47] e o próprio art. 493 do CPC, por analogia. Por derradeiro, é preciso considerar a natureza do *habeas corpus*, que, enquanto remédio heroico destinado à tutela da liberdade individual, precisa de um tratamento diferenciado, priorizando-se a sua tramitação e conhecimento, com o enfrentamento da ilegalidade apontada. Não devem os tribunais criar obstáculos injustificados para sua tramitação, sob pena de assumirem um vergonhoso lugar de burocratas a serviço do populismo punitivista e não de guardiões dos direitos e garantias individuais.

Por derradeiro, não se pode desconsiderar, ainda, o quanto é perversa a lógica empregada, pois o tribunal demora demais para julgar uma ação constitucional (HC) que deveria ter uma tramitação célere já que alguém está preso, e depois utiliza esse argumento da (de)mora como justificativa para dizer que o *habeas corpus* perdeu o objeto com o advento da sentença. O tribunal erra por não julgar com a celeridade exigida e depois não julga porque demorou para julgar... Ora, isso é de uma torpeza jurisdicional absurda.

11. Prisão especial. Especificidades da forma de cumprimento da prisão preventiva. Inexistência de prisão administrativa e prisão civil

A chamada "prisão especial" não é uma modalidade de prisão cautelar, senão uma especial forma de cumprimento da prisão preventiva. Algumas pessoas, em razão do cargo ou função que ocupam, da qualificação profissional, ou mesmo pelo simples fato de terem exercido a função de jurado (ou, ainda, ser um cidadão inscrito no "Livro de

---

47 Sobre o tema, remetemos o leitor para nossa obra *Direito processual penal*, publicada pela Editora Saraiva Educação, onde tratamos desse tema no tópico destinado às regras específicas do sistema recursal. Ainda que o *habeas corpus* não seja um recurso, não existe qualquer impedimento para a aplicação dessa regra geral do sistema recursal.

Mérito"), gozam da prerrogativa de serem recolhidas a locais distintos da prisão comum.

Durante a longa tramitação do PL n. 4.208/2001, que culminou com a Lei n. 12.403/2011, oscilou-se da modificação à exclusão da prisão especial. Assim, às vésperas da votação na Câmara dos Deputados era tido como certa sua completa revogação, com o estabelecimento de um novo critério fixado no art. 295 do CPP:

> *Art. 295. É proibida a concessão de prisão especial, salvo a destinada à preservação da vida e da incolumidade física e psíquica do preso, assim reconhecida por decisão fundamentada da autoridade judicial ou no caso de prisão em flagrante ou cumprimento de mandado de prisão da autoridade policial encarregada do cumprimento da medida.*

Mas não houve consenso na matéria, até porque permaneceriam as prisões especiais previstas em outras leis, como no caso da magistratura e dos membros do Ministério Público.

Por isso, não houve alteração no tratamento da matéria e não se modificou o art. 295 do CPP.

Antes de analisar esse artigo, sublinhamos que a prisão especial é uma forma de cumprimento que somente se aplica ao réu submetido à prisão cautelar. Após o trânsito em julgado, não existe prisão especial e o (agora) condenado será submetido ao regime ordinário de cumprimento da pena, conforme fixado na sentença.

Excepcionalmente, dispõe o art. 84 da Lei de Execução Penal que o preso primário cumprirá pena em seção distinta daquela reservada para os reincidentes, e o preso que, ao tempo do fato, era funcionário da administração da justiça criminal ficará em dependência separada. Mas isso não é, propriamente, uma prisão especial, senão apenas uma separação de pessoas, que, por óbvios motivos de segurança da sua integridade, precisam manter-se separadas.

Assim, prisão especial somente tem incidência enquanto não houver o trânsito em julgado da sentença penal condenatória.

Nessa linha, dispõe o art. 295 do CPP:

> *Art. 295. Serão recolhidos a quartéis ou a prisão especial, à disposição da autoridade competente, quando sujeitos a prisão antes de condenação definitiva:*
> *I – os ministros de Estado;*

II – os governadores ou interventores de Estados ou Territórios, o prefeito do Distrito Federal, seus respectivos secretários, os prefeitos municipais, os vereadores e os chefes de Polícia;
III – os membros do Parlamento Nacional, do Conselho de Economia Nacional e das Assembleias Legislativas dos Estados;
IV – os cidadãos inscritos no "Livro de Mérito";
V – os oficiais das Forças Armadas e os militares dos Estados, do Distrito Federal e dos Territórios;
VI – os magistrados;
VII – os diplomados por qualquer das faculdades superiores da República; (VER ADPF 334 A SEGUIR COMENTADA)
VIII – os ministros de confissão religiosa;
IX – os ministros do Tribunal de Contas;
X – os cidadãos que já tiverem exercido efetivamente a função de jurado, salvo quando excluídos da lista por motivo de incapacidade para o exercício daquela função;
XI – os delegados de polícia e os guardas-civis dos Estados e Territórios, ativos e inativos.
§ 1º A prisão especial, prevista neste Código ou em outras leis, consiste exclusivamente no recolhimento em local distinto da prisão comum.
§ 2º Não havendo estabelecimento específico para o preso especial, este será recolhido em cela distinta do mesmo estabelecimento.
§ 3º A cela especial poderá consistir em alojamento coletivo, atendidos os requisitos de salubridade do ambiente, pela concorrência dos fatores de aeração, insolação e condicionamento térmico adequados à existência humana.
§ 4º O preso especial não será transportado juntamente com o preso comum.
§ 5º Os demais direitos e deveres do preso especial serão os mesmos do preso comum.

Entre os casos de prisão especial pode gerar alguma dúvida a alteração do art. 439, que agora possui a seguinte redação:

Art. 439. O exercício efetivo da função de jurado constituirá serviço público relevante e estabelecerá presunção de idoneidade moral.

A inovação do artigo fica por conta da supressão da parte final, onde se lia "e assegurará prisão especial, em caso de crime comum, até o julgamento definitivo". A pergunta é: desapareceu a prisão especial para o jurado?

Pensamos que não, pois a redação do art. 295 não foi alterada e lá consta expressamente a prisão especial para o jurado.

O que provavelmente ocorreu foi um vacilo do legislador, pois, até a véspera da votação do PL n. 4.208, havia um consenso sobre a extinção da prisão especial e, portanto, haveria uma modificação radical no art. 295. Nessa linha, também teria que ser alterado o art. 439 (para supressão da parte final). Ocorre que, na última hora, decidiu-se pela manutenção da prisão especial e o art. 295 ficou inalterado (e esqueceram do art. 439, que acabou sendo alterado).

Mas essa alteração não tem qualquer relevância, pois apenas disciplinava e reforçava a possibilidade de prisão especial para o jurado. Era uma duplicidade de regulamentação da matéria, que agora passa a ser disciplinada, apenas, pelo art. 295 do CPP.

Assim, pensamos que permanece a prisão especial em sua amplitude originária, até mesmo para o jurado (que tenha exercido efetivamente a função).

Os casos de prisão especial não se esgotam nesse rol, havendo outras fontes normativas que a contemplam. Entre elas, destacamos o disposto no art. 7º, V, da Lei n. 8.906/94, que assegura ao advogado o direito de ser recolhido à sala de Estado-Maior e comodidades dignas (a expressão *assim reconhecidas pela OAB* foi suspensa, liminarmente, pela ADIn 1.127-8). Não havendo possibilidade de atender a essa exigência, deve, ao advogado, ser assegurado o direito à prisão domiciliar (essa garantia não foi afastada pela ADIn 1.127-8).

Contudo, a questão não é tão simples.

A Lei n. 10.258/2001 afetou substancialmente a morfologia da prisão especial, na medida em que inseriu cinco novos parágrafos no art. 295, que acabaram por transformar a prisão especial em simples cela separada ou mesmo em "alojamento coletivo". Sem dúvida, essa alteração acabou por derrogar a Lei n. 5.256/67, que previa a substituição por prisão domiciliar caso não houvesse um estabelecimento adequado ao recolhimento dos presos especiais. No mínimo, esvaziou a aplicabilidade dessa lei.

Os tribunais brasileiros têm decidido, sistematicamente, na esteira da jurisprudência do STJ, que ao preso especial – não havendo estabelecimento específico (e quase nunca há...) – estaria garantido, apenas, o direito de ser recolhido em cela distinta da prisão comum. Assim, bastaria uma cela individual ou mesmo uma galeria ou ala, onde somente estivessem "presos especiais" – tudo dentro de uma prisão comum –, para que a garantia fosse satisfeita.

Quanto à prerrogativa do advogado, ainda que a oscilação jurisprudencial seja uma marca genética, o STF vem traçando um caminho diferenciado, que, como cita HASSAN CHOUKR[48], inicia no HC 88.702/SP, Rel. Min. Celso de Mello, julgado em 19-9-2006, em que o STF decidiu que "constitui direito público subjetivo do advogado, decorrente da prerrogativa profissional, o seu recolhimento em sala de Estado-Maior, com instalações e comodidades condignas, até o trânsito em julgado de decisão penal condenatória, e, em sua falta, na comarca, em prisão domiciliar. Com base nesse entendimento, a Turma, por considerar que não se aplica, aos advogados, a Lei n. 10.258/01 (que alterou o art. 295 do CPP), eis que subsistente, quanto a esses profissionais, a prerrogativa inscrita no inciso V do art. 7º da Lei n. 8.906/94, deferiu *habeas corpus*, impetrado em favor de advogados recolhidos em cadeia pública estadual que não atendia ao dispositivo estatutário, tornando definitiva medida cautelar anteriormente concedida, a fim de assegurar-lhes, em face da comprovada ausência, no local, de sala de Estado-Maior, o direito ao recolhimento e permanência em prisão domiciliar até o trânsito em julgado da sentença condenatória contra eles proferida" (grifo nosso).

Mas a decisão paradigmática nesse tema somente veio com a Reclamação 4.535/ES, cujo relator foi o Min. Sepúlveda Pertence, julgada pelo Tribunal Pleno em 7-5-2007. Dada a importância dessa decisão, é necessário transcrevê-la:

EMENTA:
I. Reclamação: alegação de afronta à autoridade da decisão plenária da ADIn 1127, 17-5-2006, red. p/acórdão Ministro Ricardo Lewandowski: procedência.
1. Reputa-se declaratória de inconstitucionalidade a decisão que – embora sem o explicitar – afasta a incidência da norma ordinária pertinente à lide para decidi-la sob critérios diversos alegadamente extraídos da Constituição.
2. A decisão reclamada, fundada na inconstitucionalidade do art. 7, V, do Estatuto dos Advogados, indeferiu a transferência do reclamante – Advogado, preso preventivamente em cela da Polícia Federal, para sala de Estado-Maior

---

[48] HASSAN CHOUKR, Fauzi. *Código de Processo Penal*, p. 479.

e, na falta desta, a concessão de prisão domiciliar. 3. No ponto, dissentiu do entendimento firmado pelo Supremo Tribunal Federal na ADIn 1127 (17-5-2006, red. p/ acórdão Ricardo Lewandowski), quando se julgou constitucional o art. 7º, V, do Estatuto dos Advogados, na parte em que determina o recolhimento dos advogados em sala de Estado-Maior e, na sua falta, em prisão domiciliar. 4. Reclamação julgada procedente para que o reclamante seja recolhido em prisão domiciliar – cujo local deverá ser especificado pelo Juízo reclamado –, salvo eventual transferência para sala de Estado-Maior.

II. "Sala de Estado-Maior" (Lei n. 8.906, art. 7º, V): caracterização. Precedente: HC 81.632 (2ª T., 20-8-2002, Velloso, RTJ 184/640).

1. Por Estado-Maior se entende o grupo de oficiais que assessoram o Comandante de uma organização militar (Exército, Marinha, Aeronáutica, Corpo de Bombeiros e Polícia Militar); assim sendo, "sala de Estado-Maior" é o compartimento de qualquer unidade militar que, ainda que potencialmente, possa por eles ser utilizado para exercer suas funções. 2. A distinção que se deve fazer é que, enquanto uma "cela" tem como finalidade típica o aprisionamento de alguém – e, por isso, de regra contém grades –, uma "sala" apenas ocasionalmente é destinada para esse fim. 3. De outro lado, deve o local oferecer "instalações e comodidades condignas", ou seja, condições adequadas de higiene e segurança.

Decisão

O Tribunal, por unanimidade, julgou procedente a reclamação, nos termos do voto do Relator. Ausentes, justificadamente, a Senhora Ministra Ellen Gracie (Presidente) e o Senhor Ministro Carlos Britto. Votou o Presidente. Falou pelo reclamante o Dr. Ronildo Lopes do Nascimento. Presidiu o julgamento o Senhor Ministro Gilmar Mendes (Vice-Presidente). Plenário, 7-5-2007.

Importante ainda, nessa matéria, é o acórdão proferido da Reclamação 5.212, no qual o STF reafirmou esse entendimento. Sublinhamos ainda a importância do instrumento utilizado para assegurar essa prerrogativa, nas duas decisões – **Reclamação, art. 102, I, l, da Constituição** –, que constitui uma via célere e eficiente para garantir a autoridade das decisões proferidas pelo STF, cuja decisão foi disposta nos seguintes termos:

Reclamação. Advogado. Prerrogativa profissional de recolhimento em sala de Estado-Maior. Afronta ao decidido no julgamento da Ação Direta de Inconstitucionalidade n. 1.127. No julgamento da Ação Direta de Inconstitucionalidade n. 1.127, este Supremo Tribunal reconheceu a constitucionalidade do art. 7º, inc. V, da Lei n. 8.906/94 (...), declarando, apenas, a inconstitucionalidade da expressão "assim reconhecidas pela OAB". É firme a jurisprudência deste Supremo Tribunal Federal no sentido de que há de ser deferida a prisão domiciliar aos advogados onde não exista na localidade sala com as características daquela prevista no art. 7º, inc. V, da Lei n. 8.906/94, enquanto não transitada em julgado a sentença penal condenatória. Precedentes (Rcl 5.212, Rel. Min. Cármen Lúcia, j. em 27-3-2008, *DJE* de 30-5-2008).

Assim, prevalece o entendimento do STF e aos advogados não se aplicam as restrições inseridas no art. 295 do CPP, de modo que ou ficam recolhidos à sala de Estado-Maior (cuja definição também é dada pelo acórdão do STF na Reclamação 4.535) ou, na sua falta, em regime de prisão domiciliar.

Também é importante destacar que o STF, por unanimidade, julgou procedente o pedido formulado na ADPF 334, para declarar a **não recepção do art. 295, inciso VII,** do Código de Processo Penal pela Constituição de 1988, nos termos do voto do Relator (Plenário, Sessão Virtual de 24-3-2023 a 31-3-2023). Portanto, **é inconstitucional a prisão especial fundada no inciso VII (portador de diploma de curso superior)**. O núcleo argumentativo foi no sentido de que não haveria justificativa razoável para o tratamento diferenciado com base na instrução do acusado. A ADPF foi ajuizada pelo Procurador Geral da República, postulando a declaração de inconstitucionalidade do art. 295, VII, do CPP, por constituir uma discriminação por nível de instrução, o que contribuiria para a perpetuação da seletividade do sistema de justiça criminal, reforçando "a desigualdade, a falta de solidariedade e a discriminação". O relator, Min. Alexandre de Moraes, acolheu o pedido, aduzindo que o tratamento diferenciado (já que seria uma forma diferenciada de recolhimento de um preso cautelar) somente se justifica diante de circunstâncias específicas, como forma de proteção contra atos violentos, como, por exemplo, a necessidade de separação em razão do delito, da idade, do gênero e da separação entre presos provisórios e definitivos de acordo com a natureza da infração penal imputada.

Em que pese a decisão do STF, cumpre refletir sobre seus fundamentos, para verificar sua incongruência e seletividade (decisionismo). A valerem as premissas da decisão, teria o STF que declarar inconstitucional não apenas o inciso VII, mas a totalidade do art. 295 do CPP, reservando o tratamento diferenciado (por questões de segurança) para casos pontuais. A separação por gênero, entre presos provisórios e definitivos e entre maiores de 18 anos e menores, é indiscutível. O que a decisão faz – diante do pedido do PGR, sublinhe--se – é manter um tratamento "elitizado" *a la carte*. Já que não se justifica a prisão especial para o portador de diploma de curso superior, o que sustenta a prisão especial para o cidadão inscrito no livro de mérito? Ou para o "ministro de confissão religiosa"? Isso sim é um tratamento desigual baseado em estratos sociais e pessoas com "mérito" (qual o critério? Coronelismo?). Neste último caso – ministro de confissão religiosa – é ainda mais evidente a inconstitucionalidade já que o Estado é laico. Pior ainda é quando se distribui o tratamento diferenciado para alguns "ministros" de certas religiões e se nega para os adeptos de outras. Discriminação evidente. Na mesma linha vão os cargos políticos, ministeriais, magistrados, policiais, ainda que em relação a eles, se possa argumentar com a necessidade de tratamento diferenciado por questões de segurança. Mas, ainda assim, deveria ser um critério aferido caso a caso, e não *a priori* (no sentido kantiano, de "antes da experiência"). Portanto, contraditória a decisão do STF, quando cotejada com os demais incisos do art. 295.

Encerrada discussão sobre a prisão especial, vejamos agora a chamada prisão administrativa.

Originariamente estava prevista no art. 319 do CPP, substancialmente modificado pela Lei n. 12.403/2011. Se, antes, afirmávamos que a prisão administrativa não havia sido recepcionada pela Constituição, agora, com mais razão. Nem existe mais no Código de Processo Penal.

Quanto à prisão civil, anteriormente prevista no art. 320, foi igualmente revogada pela Lei n. 12.403/2011 e não é mais regida pelo Código de Processo Penal.

Em suma: não existe mais prisão administrativa, e a prisão civil, decretada por juiz cível competente, somente tem lugar no caso de inadimplemento de obrigação alimentar, não sendo regida pelo CPP.

12. A (inconstitucional) execução antecipada da pena. Prisão automática em segundo grau ou após a decisão do tribunal do júri (art. 492, I, *e*)

O Brasil fez uma clara opção no art. 5º, LVII, da CF: ninguém será considerado culpado até o trânsito em julgado de sentença penal condenatória. **A primeira parte do dispositivo** (ninguém será "considerado culpado") nos remete claramente à presunção convencional (art. 8.2 da CADH) e constitucional (art. 5º, LVII da CF) de inocência, na sua dimensão de "dever de tratamento", ou seja, de que ninguém poderá ser tratado de forma análoga à de um condenado definitivo (culpado) sem que exista uma sentença penal condenatória transitada em julgado. A única exceção admitida é a prisão cautelar (preventiva/temporária). Não se admite prisão sem necessidade cautelar, sem acoplamento ao sistema cautelar e sua base principiológica.

A segunda parte do dispositivo nos remete ao marco temporal: trânsito em julgado. Não é preciso, a essa altura, definir o que é uma decisão transitada em julgado, mas não custa recordar que esse é um conceito consolidado, com história e sentido, e que jamais um juiz ou tribunal poderá dizer que "transitou em julgado", mas ainda pende de julgamento de recurso...

Portanto, é inconstitucional a execução antecipada de uma pena, seja em primeiro grau (caso do júri, art. 492, I, *e*, do CPP) ou em segundo grau (problemática gerada no HC 126.292/2016).

Lembremos que, no período 2016-2019 tivemos um vergonhoso retrocesso, com o (errôneo) julgamento proferido no HC 126.292/2016 em que o STF afirmou que não era inconstitucional a execução da pena de forma automática (e sem natureza cautelar, portanto) após a decisão de segundo grau. Isso perdurou até 2019, quando o próprio STF revisa seu entendimento e corrige o erro, julgando procedentes as Ações Declaratórias de Constitucionalidade (ADC) 43, 44 e 54, que tinham por objeto o art. 283 do CPP. Ao afirmar a constitucionalidade do art. 283, o STF fechou (em tese) a porta para a execução antecipada da pena, pois, segundo a redação do artigo:

> *Ninguém poderá ser preso senão em flagrante delito ou por ordem escrita e fundamentada da autoridade judiciária competente, em decorrência de prisão cautelar ou em virtude de condenação criminal transitada em julgado.*

Em que pese a decisão do STF, gostaríamos de destacar que[49]:

1. Não é correto afirmar que o sistema brasileiro adotou a presunção de não culpabilidade e não a presunção de inocência. Essa é uma concepção ultrapassada que desconsidera o disposto no art. 8.2 da CADH e faz uma leitura bastante reducionista do art. 5º, LVII, da CF. Ademais, a CF adota – expressamente – o trânsito em julgado como marco para a perda da presunção de inocência (cláusula pétrea).

2. É errado afirmar que alguém é considerado "culpado" após a decisão de segundo grau porque dela somente cabem recursos especial e extraordinário, que não permitem reexame de provas. Primeiramente há que se compreender que no Brasil adotamos a "culpabilidade normativa", ou seja, o conceito normativo de culpabilidade exige que somente se possa falar em (e tratar como) culpado após o transcurso inteiro do processo penal e sua finalização com a imutabilidade da condenação. E, mais, somente se pode afirmar que está "comprovada legalmente a culpa", como exige o art. 8.2 da Convenção Americana de Direitos Humanos, com o trânsito em julgado da decisão condenatória.

3. E o caráter "extraordinário" dos recursos? Em nada afeta, porque o caráter "extraordinário" desses recursos não altera ou influi no conceito de trânsito em julgado expressamente estabelecido como marco final do processo (culpabilidade normativa) e inicial para o "tratamento de culpado". A essa altura não é preciso aqui explicar o que seja trânsito em

---

49 Para uma análise mais aprofundada, remetemos o leitor para as seguintes publicações eletrônicas: <http://www.conjur.com.br/2016-mar-04/limite-penal-fim-presuncao-inocencia-stf-nosso-juridico>; <http://www.academia.edu/25564572/Parecer_Presun%C3%A7%C3%A3o_de_Inoc%C3%AAncia_Do_conceito_de_tr%C3%A2nsito_em_julgado_da_senten%C3%A7a_penal_condenat%C3%B3ria>.

julgado, coisa julgada formal e material, mas é comezinho e indiscutível que não se produz na pendência de (qualquer) recurso.

4. O STF é o guardião da Constituição, não seu dono e tampouco o criador do Direito Processual Penal ou de suas categorias jurídicas. É preciso compreender que os conceitos no processo penal têm fonte e história e não cabe que sejam manejados irrefletidamente (Geraldo Prado) ou distorcidos de forma autoritária e a "golpes de decisão". Há que se ter consciência disso, principalmente em tempos de decisionismo (sigo com STRECK) e ampliação dos espaços impróprios da discricionariedade judicial. O STF não pode "criar" um novo conceito de trânsito em julgado, numa postura solipsista e aspirando ser o marco zero de interpretação. Esse é um exemplo claro e inequívoco do que é dizer-qualquer-coisa-sobre-qualquer-coisa, de forma autoritária e antidemocrática.

5. E a ausência de efeito suspensivo desses recursos? Primeiramente não guarda qualquer relação de prejudicialidade com o conceito de trânsito em julgado (marco exigido pela Constituição para o fim da presunção de inocência). Em segundo lugar, é mais um civilismo fruto da equivocada adoção da teoria geral do processo, que desconsidera as categorias jurídicas próprias do processo penal e também a eficácia constitucional de proteção que inexiste no processo civil.

6. Inadequada invocação do direito comparado, desconsiderando as especificidades de cada sistema recursal e constitucional. Os países invocados no acórdão não admitem que se chegue, pela via recursal, além do segundo grau de jurisdição. O que se tem depois são ações de impugnação, com caráter rescisório, desconstitutivas da coisa julgada que já se operou. É uma estrutura completamente diferente. Além disso, há uma diferença crucial e não citada: nossa Constituição prevê – ao contrário das invocadas – a presunção de inocência ATÉ o trânsito em julgado. Essa é uma especificidade que impede o paralelismo, uma distinção insuperável.

7. É falacioso o argumento de que o número de decisões modificadas em grau de recurso especial e extraordinário é insignificante. Os dados trazidos pelas defensorias públicas de SP, RJ e da União (quando do julgamento do HC 126.292 e das ADC's) mostram um índice altíssimo (em torno de 46%) de reversão de efeitos. Para compreender essa taxa de reversão, é preciso ter critério metodológico sustentável, pois não se pode usar como argumento de busca apenas as palavras "recurso especial" e "absolvição"... É preciso considerar os agravos em REsp e RExt, os agravos regimentais, embargos declaratórios com efeitos infringentes e, principalmente, o imenso número de *habeas corpus* substitutivos. Além da absolvição, devem-se considerar outras decisões da maior relevância, como: redução da pena, mudança de regime, substituição da pena, anulação do processo, reconhecimento de ilicitude probatória, mudança da tipificação/desclassificação, enfim, vários outros resultados positivos e relevantes que se obtêm em sede de REsp e RExt e que mostram a imensa injustiça de submeter alguém a execução antecipada de uma pena que depois é significativamente afetada.

8. É, no mínimo, um grande paradoxo que o STF reconheça o "estado de coisas inconstitucional" (ADPF 347 MC/DF, rel. Min. Marco Aurélio, j. em 9-9-2015, Info 798) do sistema carcerário brasileiro e admita – desconsiderando o gravíssimo impacto carcerário – a execução antecipada da pena.

9. O que é preciso ser enfrentado é a demora jurisdicional. Esse é o ponto nevrálgico da questão e que não é resolvido pela execução antecipada. Os recursos especial e extraordinário continuarão demorando anos e anos para serem julgados, com a agravante de que alguém pode estar injustamente preso. Efetivamente existe um excesso de demanda da jurisdição do STJ, especialmente o que representa um sintoma do mau funcionamento das jurisdições de primeiro e segundo graus e uma atrofia da estrutura desse tribunal superior, que não dá conta de atender a um país de dimensões continentais como o nosso. Essa é a causa da demora nas decisões, que não será

resolvida com a limitação da presunção de inocência imposta pelo STF. Os recursos especiais continuarão a demorar para serem julgados, pois a causa efetiva não foi atacada. A diferença é que agora teremos demora com prisão... E se, ao final, o REsp for provido e reduzida a pena, alterado o regime de cumprimento, anulada a decisão etc., o tempo indevidamente apropriado pelo Estado com essa prisão precoce e desnecessária não será restituído jamais. Quem vai devolver o tempo de prisão indevidamente imposto?

10. Por fim, ainda que sucintamente, o discurso de "combate à impunidade" é um argumento falacioso. Em apertadíssima síntese, o papel do STF não é de corresponder às expectativas sociais criadas (se fosse assim, teria de admitir a tortura para obter a confissão, a pena de morte, a pena perpétua e outras atrocidades do estilo, de forte apelo popular, mas constitucionalmente impensáveis), mas sim de corresponder às expectativas jurídico-constitucionais, ou seja, atuar como guardião da CF e da eficácia dos direitos fundamentais, ainda que tenha que decidir de forma contra majoritária. Um dos primeiros deveres do STF é o de dizer "não" ao vilipêndio de garantias constitucionais, ainda que essa decisão seja completamente contrária à maioria.

Mas, no Brasil, as oscilações de humor do STF aliadas ao apelativo e sedutor populismo penal, não raras vezes geram paradoxos inimagináveis.

E a aqui vem a segunda parte da nossa análise.

Quando pensávamos estar consolidado o (óbvio) entendimento de que a execução antecipada da pena é inconstitucional, veio uma surpresa: a Lei n. 13.964/2019. Mais uma reforma pontual no nosso arcaico CPP, que trouxe grandes avanços, como o juiz das garantias, previsão expressa da adoção do sistema acusatório etc., mas também um grave retrocesso. No meio das progressistas propostas, veio um absurdo: a execução antecipada da pena, após o julgamento pelo tribunal do júri (em primeiro grau, portanto), quando a pena aplicada for igual ou superior a 15 anos (art. 492, I, *e*, do CPP). Sem dúvida um artigo que tinha um caráter compensatório, ou seja, politicamente negociado com o setor conservador-punitivista, que buscava algo em troca para que pudesse passar o instituto do juiz das garantias. E foi uma moeda de troca aceita por um motivo óbvio: era flagrantemente inconstitucional! O STF tinha acabado de declarar inconstitucional a execução antecipada em segundo grau, com muito mais razão iria declarar inconstitucional uma execução automática de uma sentença de primeiro grau!

Mas, como dito antes, as oscilações de humor e a falta de coerência aliadas à mentalidade decisionista geraram um absurdo. O STF no julgamento do RE 1.253.340 (Tema 1.068) decidiu que:

> *a soberania dos veredictos do Tribunal do Júri autoriza a imediata execução da condenação imposta pelo corpo de jurados, independentemente do total da pena aplicada.*

A tese proposta pelo Min. Barroso (relator) e acolhida por maioria foi no sentido de que "a soberania dos veredictos do Tribunal do Júri autoriza a imediata execução de condenação imposta pelo corpo de jurados, independentemente do total da pena aplicada". A continuação divergiu o Min. Gilmar Mendes, propondo uma tese em sentido diametralmente oposto:

> *A Constituição Federal, levando em conta a presunção de inocência (art. 5º, LV) e a Convenção Americana de Direitos Humanos, em razão do direito de recurso do condenado (art. 8.2.h), vedam a execução imediata das condenações proferidas por Tribunal do Júri, mas a prisão preventiva do condenado pode ser decretada motivadamente, nos termos do art. 312 do CPP, pelo Juiz Presidente a partir dos fatos e fundamentos assentados pelos Jurados.*

Declarou ainda o Min. Gilmar Mendes a inconstitucionalidade do art. 492, I, *e*, do CPP.

Infelizmente, vingou a tese proposta pelo Min. Barroso.

O núcleo da fundamentação decisória[50] foi:

---

50 Disponível em: <https://noticias-stf-wp-prd.s3.sa-east-1.amazonaws.com/wp-content/uploads/wpallimport/uploads/2024/09/13100809/RE-1235340-Execucao-no--Juri-Informacoes-a-sociedade-rev.-LC-FSP-20h12_vAO-sem-marcas-2-1.pdf>.

1. *O art. 5º, LVII, da Constituição prevê que ninguém será considerado culpado de um crime até que a decisão condenatória se torne definitiva, ou seja, quando não couber mais recurso (princípio da presunção de inocência).*
2. *A Constituição define que cabe ao Tribunal do Júri o julgamento dos crimes intencionais contra a vida. Além disso, também prevê a soberania das suas decisões (art. 5º, XXXVIII, d). Isso significa que, mesmo que haja recurso ao Tribunal de segunda instância, a decisão dos jurados não pode ser revista pelos juízes, a menos que, durante o julgamento, tenham ocorrido erros graves de procedimento. Por isso, a prisão imediata após a condenação pelo Tribunal do Júri não viola o princípio da presunção de inocência.*
3. *O art. 492 do Código de Processo Penal prevê que as pessoas condenadas pelo Tribunal do Júri só devem ser presas imediatamente se a pena aplicada for igual ou superior a 15 anos. Essa norma é incompatível com a Constituição. Isso porque, como as decisões do Tribunal do Júri são soberanas, elas devem ser aplicadas de imediato qualquer que seja a pena definida. Isso não impede que, em situações excepcionais (por exemplo: se a condenação contrariar claramente as provas existentes), o Tribunal de segunda instância autorize o acusado a aguardar o julgamento do recurso em liberdade.*

Foram favoráveis à execução antecipada da pena no tribunal do júri, acompanhando o relator (Min. Barroso), os Ministros Dias Toffoli, Edson Fachin, Alexandre de Moraes, Cármen Lúcia, André Mendonça, Nunes Marques e Luiz Fux. Votaram contra: Ministros Gilmar Mendes, Ricardo Lewandowski e Rosa Weber.

Além de legitimar a execução antecipada da pena, o STF foi além: qualquer que seja a pena, está autorizada a prisão imediata para início do cumprimento da pena aplicada em plenário.

Inobstante a decisão do STF, seguimos divergindo frontalmente, até porque não será a primeira vez que a corte retrocede nessa matéria e depois revisa seu próprio entendimento, basta recordar o que aconteceu com a execução antecipada da pena em segundo grau.

Assim, seguiremos afirmando que essa decisão é – tecnicamente – insustentável e que a execução antecipada é inconstitucional (como é a execução antecipada em segunda grau), com a agravante de que se trata de execução antecipada em primeiro grau! Aplicam-se todas as críticas já feitas aqui, acrescentando que:

- da decisão do júri cabe apelação em que podem ser amplamente discutidas questões formais e de mérito, inclusive com o tribunal avaliando se a decisão dos jurados encontrou ou não abrigo na prova, sendo um erro gigantesco autorizar a execução antecipada após essa primeira decisão;

- tanto a instituição do júri como a soberania dos jurados estão inseridas no rol de direitos e garantias individuais, não podendo servir de argumento para o sacrifício da liberdade do próprio réu;
- ao não se revestir de caráter cautelar, sem, portanto, analisar o *periculum libertatis* e a necessidade efetiva da prisão, se converte em uma prisão irracional, desproporcional e perigosíssima, dada a real possibilidade de reversão já em segundo grau (sem mencionar ainda a possibilidade de reversão em sede de recurso especial e extraordinário);
- a soberania dos jurados não é um argumento válido para justificar a execução antecipada, pois é um atributo que não serve como legitimador de prisão, mas sim como garantia de independência dos jurados;
- é incompatível com o disposto no art. 313, § 2º, que expressamente prevê que "não será admitida a decretação da prisão preventiva com a finalidade de antecipação de cumprimento de pena.

Na mesma linha, trazendo ainda outros argumentos, PAULO QUEIROZ[51] afirma que, "além de incoerente e ilógica, é claramente inconstitucional, visto que: 1) ofende o princípio da presunção de inocência, segundo o qual ninguém será considerado culpado até o trânsito em julgado de sentença penal condenatória (CF, art. 5º, LVII), razão pela qual toda medida cautelar há de exigir cautelaridade, especialmente a prisão preventiva; 2) viola o princípio da isonomia, já que condenações por crimes análogos e mais graves (*v.g.*,

---

[51] O excelente texto de Paulo Queiroz, do qual extraímos apenas um trecho, é bem mais amplo, trazendo ainda uma análise importante da prisão preventiva. Recomendamos a leitura no *site*: <https://www.pauloqueiroz.net/a-nova-prisao--preventiva- lei-n-13-964-2019/>.

condenação a 30 anos de reclusão por latrocínio) não admitem tal exceção, razão pela qual a prisão preventiva exige sempre cautelaridade; 3) estabelece critérios facilmente manipuláveis e incompatíveis com o princípio da legalidade penal, notadamente a pena aplicada pelo juiz-presidente; 4) o só fato de o réu sofrer uma condenação mais ou menos grave não o faz mais ou menos culpado, já que a culpabilidade tem a ver com a prova produzida nos autos e com os critérios de valoração da prova, não com o quanto de pena aplicado; 5) a gravidade do crime é sempre uma condição necessária, mas nunca uma condição suficiente para a decretação e manutenção de prisão preventiva. Como é óbvio, a exceção está em manifesta contradição com o novo art. 313, § 2º, que diz:

> Não será admitida a decretação da prisão preventiva com a finalidade de antecipação de cumprimento de pena.

É preciso compreender que não se pode punir a qualquer preço e que o respeito às regras do devido processo penal coexiste com a legítima necessidade de punir. Punir é necessário, punir é civilizatório, não somos abolicionistas (em que pese o respeito e apreço que temos por serem eles os melhores críticos do sistema penal e que muito contribuem para o desvelamento das suas misérias), mas não pode ser vale tudo (vale a regra e não vale tudo). A presunção de inocência é fruto de evolução civilizatória e sua eficácia denota o nível de evolução de um provo. FERRAJOLI leciona que é um "princípio fundamental de civilidade", fruto de uma opção protetora do indivíduo[52].

Mas e agora? Condenado no tribunal do júri é sempre preso? Pensamos que não, pois diferentes situações podem acontecer no plenário e há espaço – no art. 492 – para atribuição de efeito suspensivo, sendo que nada disso foi afastado pelo STF.

Vejamos algumas situações.

Recordemos que o tribunal do júri exerce uma *vis atractiva*, art. 78, I, do CPP, cabendo a ele julgar o crime doloso contra a vida

---

52 FERRAJOLI, Luigi. *Derecho y razón*, p. 549.

(tentado ou consumado) e todos os conexos. Imaginemos a hipótese do réu ser acusado por homicídio doloso e tráfico de drogas (ou ocultação de cadáver, porte ilegal de arma de fogo, ou qualquer outro crime conexo). Levado a júri, é absolvido do crime de homicídio e condenado pelo conexo? Aplica-se a execução antecipada da pena? Entendemos que não. Afastados eventuais mecanismos de consenso cabíveis em relação ao crime residual (transação penal, suspensão condicional ou mesmo ANPP), também não é caso de prisão.

É preciso atentar para a *ratio decidendi* (do julgamento do STF) que vem no sentido de uma tutela especial dos crimes dolosos contra a vida, quando o agente é condenado pelo tribunal do júri. Não faz nenhum sentido o réu cumprir antecipadamente uma pena por crime diverso, onde jamais haveria execução antecipada se tivesse tramitado em outro procedimento (ou seja, sem a reunião pela conexão). Nessa linha, é inconstitucional e insustentável determinar o imediato recolhimento de alguém condenado por tráfico de drogas, porte ilegal de arma de fogo, ocultação de cadáver, enfim, por qualquer outro crime que não é doloso contra a vida e que, se não houvesse a conexão, jamais seria julgado no tribunal do júri e, portanto, jamais haveria execução antecipada da pena (não estamos falando de prisão preventiva, sempre cabível, se presente sua cautelaridade, por elementar).

Na mesma linha pensamos ser inconstitucional e não abarcada pela decisão do STF, a execução antecipada da pena se houver uma desclassificação, ou seja, se os jurados – por exemplo – negarem o dolo e se operar a desclassificação para crime culposo. Uma vez condenado por homicídio culposo, poderá recorrer em liberdade (lembrando que sequer cabe prisão preventiva em caso de crime culposo), não se aplicando o entendimento do STF.

Portanto, no nosso entendimento, são duas situações em que o imputado, ainda que condenado no plenário do júri, não pode ser submetido à execução antecipada da pena.

Mas é preciso advertir: em 17-12-2024, por unanimidade:

> a Primeira Turma do Supremo Tribunal Federal (STF) manteve decisão da Justiça do Pará que determinou o imediato cumprimento da pena de um homem condenado a oito anos de prisão pelo crime de estupro. Segundo o

colegiado, a soberania das condenações do Tribunal do Júri é mantida, mesmo que a condenação não seja por crime contra a vida. No caso examinado pelo colegiado, o homem foi denunciado por tentativa de homicídio e estupro em Dom Eliseu (PA). Submetido a julgamento, o júri o absolveu da tentativa de homicídio, mas o condenou por estupro, o que levou o juiz presidente do júri a determinar o cumprimento imediato da pena. Na Reclamação (Rcl) 74.118, a Defensoria Pública do Pará sustentava que, como foi absolvido da acusação de crime contra a vida, o réu deveria ter direito a recorrer em liberdade, como ocorreria se o julgamento pelo crime de estupro tivesse sido feito pelo juiz da vara criminal, e não pelo júri. Segundo a Defensoria, a decisão teria desrespeitado o entendimento do STF de que a pena só deve começar a ser cumprida depois de encerrada a possibilidade de recursos (trânsito em julgado). Para a Ministra Cármen Lúcia (relatora), a decisão da Justiça do Pará não viola a presunção de inocência, pois segue o entendimento pacificado do STF de que a soberania dos veredictos do Tribunal do Júri autoriza a execução imediata da condenação imposta pelo corpo de jurados, independentemente do total da pena (Tema 1.068 da repercussão geral). Ela salientou que, a partir do momento em que foi fixada a competência do júri para julgar o caso, em razão da tentativa de feminicídio, não importa o crime pelo qual se deu a condenação. "Nenhum tribunal tem o poder de substituir decisões do tribunal do júri", afirmou. O Ministro Luiz Fux acompanhou a relatora por questões processuais, reservando-se para julgar o tema da execução imediata do crime conexo (que foi praticado durante a execução do crime contra a vida) em outra oportunidade[53].

Mais um retrocesso sinalizado pela Primeira Turma[54], portanto, vejamos se irá se consolidar ou constituir uma decisão isolada.

---

53 Disponível em: <https://noticias.stf.jus.br/postsnoticias/stf-mantem-cumprimento-imediato-de-pena-de-condenado-pelo-tribunal-do-juri-por-estupro>.

54 Anteriormente, o Min. FUX proferiu (mais) uma decisão que gerou perplexidade na comunidade jurídica, no famoso caso "Boate Kiss". Os réus estavam em liberdade durante praticamente todo o processo (tinham sido presos preventivamente no início, mas depois foi concedida a liberdade e assim foram a julgamento pelo plenário), compareceram no julgamento e foram condenados. O juiz aplicou o art. 492, I, *e*, e determinou a imediata prisão. No entanto, a prisão não se efetivou, porque o TJRS havia concedido, momentos antes, uma decisão liminar em *habeas corpus* preventivo, para assegurar a liberdade dos acusados. Inacreditavelmente, a continuação, o Min. Fux suspendeu, *per saltum*, de forma inédita e errada, a liminar concedida em HC preventivo. Para isso, invocou a Lei n. 8.437/92 e o art. 297 do RISTF, que não tratam de matéria penal. A Lei n. 8.437/92

Mas e se condenado por crime doloso contra a vida, sempre deverá ser preso e iniciar a execução antecipada?

Não. Existe a possibilidade de o juiz presidente do tribunal do júri deixar de determinar a execução antecipada da pena nas hipóteses do art. 492, § 3º, ou de buscar a atribuição de efeito suspensivo para a apelação, nos casos dos §§ 5º e 6º:

Art. 492. (...)
§ 3º O presidente poderá, excepcionalmente, deixar de autorizar a execução provisória das penas de que trata a alínea e do inciso I do caput *deste artigo, se houver questão substancial cuja resolução pelo tribunal ao qual competir o julgamento possa plausivelmente levar à revisão da condenação.*
§ 5º Excepcionalmente, poderá o tribunal atribuir efeito suspensivo à apelação de que trata o § 4º deste artigo, quando verificado cumulativamente que o recurso:
I – não tem propósito meramente protelatório; e
II – levanta questão substancial e que pode resultar em absolvição, anulação da sentença, novo julgamento ou redução da pena para patamar inferior a 15 (quinze) anos de reclusão.
§ 6º O pedido de concessão de efeito suspensivo poderá ser feito incidentemente na apelação ou por meio de petição em separado dirigida diretamente ao relator, instruída com cópias da sentença condenatória, das razões da apelação e de prova da tempestividade, das contrarrazões e das demais peças necessárias à compreensão da controvérsia.

Portanto, no caso do § 3º, o próprio juiz presidente do júri poderá deixar de determinar a imediata prisão do réu, desde que vislumbre a possibilidade – diante de determinada questão do

---

foi toda estruturada para evitar a grave lesão ao erário público de liminares concedidas em mandado de segurança, de natureza administrativa, cível etc., mas nunca para aplicação na esfera penal. Infelizmente, incidindo no erro da teoria geral do processo (e não esqueçamos que o Min. Fux é um excelente processualista CIVIL), ele simplesmente desconsiderou a presunção constitucional e convencional de inocência e determinou a prisão automática (sem nenhuma natureza cautelar para justificar). Como se não bastasse, ainda fez uma leitura completamente errada do que seja a "soberania" do júri para tentar salvar o absolutamente inconstitucional art. 492, I, *e*. Infelizmente, hoje, essa decisão monocrática legitimou a corrente autoritária e retrógrada que sustenta essa inconstitucional prisão automática após a decisão de primeiro grau do júri.

julgamento – de uma revisão do julgamento por parte do tribunal de justiça ou regional federal (conforme o caso). Trata-se, no fundo, de uma situação em que o juiz que presidiu o julgamento tem consciência de que aquele júri poderá ser anulado (hipótese do art. 593, III, *a*, do CPP) ou que os jurados proferiram uma decisão manifestamente contrária à prova dos autos (art. 593, III, *d*, do CPP). De antemão ele vislumbra a probabilidade de êxito do futuro recurso defensivo (inclusive se sugere que seja interposto em plenário mesmo, indicando a alínea *a* ou *d* – ou ambas) que demonstra o risco de uma execução antecipada daquela pena.

Nessa situação, de forma fundamentada, poderá o juiz presidente do júri deixar de determinar a execução antecipada da pena e manter o réu em liberdade.

A segunda hipótese de atribuição de efeito suspensivo ao recurso defensivo e, portanto, de suspensão da execução antecipada já iniciada, é por meio de um pedido ao relator da apelação. Esse pedido poderá ser feito no corpo das razões da apelação (preliminar) ou em petição separada, autônoma. Deverá o relator avaliar, de forma cumulativa:

- que o recurso não seja meramente protelatório;
- traga como fundamento questões que possam resultar em "*absolvição*, anulação da sentença, novo julgamento ou redução da pena para patamar inferior a 15 (quinze) anos de reclusão".

Portanto, caberá ao apelante demonstrar a plausibilidade, a viabilidade dos fundamentos do recurso de apelação, nos termos do art. 593, III, se:

a) ocorrer nulidade posterior à pronúncia;
b) for a sentença do juiz-presidente contrária à lei expressa ou à decisão dos jurados;
c) houver erro ou injustiça no tocante à aplicação da pena ou da medida de segurança;

d) for a decisão dos jurados manifestamente contrária à prova dos autos.

No caso da alínea *a*, a consequência do provimento da apelação é a remessa a novo júri; nos casos das alíneas *b* e *c*, a consequência é que o próprio tribunal pode corrigir a sentença, sem a necessidade de novo júri; por fim, quando a decisão dos jurados for manifestamente contrária à prova dos autos, o tribunal, dando provimento ao recurso, encaminhará o réu a novo júri. Portanto, quando o relator vislumbrar a possibilidade (juízo de verossimilhança, não de certeza) de acolhimento da apelação para enviar réu a novo júri (letras "a" e "d") ou que a correção da sentença acarretará uma absolvição ou desclassificação para um crime que não é doloso contra a vida (porque entendemos que segundo a *ratio decidendi* da decisão do STF, a execução antecipada só pode ocorrer em caso de condenação por crime doloso contra a vida), permitirá que o réu aguarde o julgamento em liberdade.

Com relação à última situação apontada no inciso II do parágrafo 5º do art. 492 – redução da pena para patamar inferior a 15 anos de reclusão –, pensamos que foi afastada pelo julgamento do STF, que não mais exige que a pena seja superior a 15 anos para que ocorra a execução antecipada.

O grande inconveniente desse caminho (do pedido de atribuição de efeito suspensivo) é que o réu ficará preso no período que vai do término da sessão do júri até a apreciação do pedido pelo tribunal, em grau de apelação, o que poderá gerar uma prisão desnecessária e infundada por semanas. Portanto, não se afasta, em casos pontuais, o uso do *habeas corpus* em conjunto com a apelação para obtenção da liberdade (pela via de atribuição de efeito suspensivo ao apelo defensivo).

Enfim, ainda que o legislador preveja hipóteses de concessão de efeito suspensivo que evite a execução antecipada da pena, infelizmente isso é um mero paliativo, que enfrentará resistência diante do furor punitivista e a postura burocrática de muitos julgadores, resultando na desnecessária e inconstitucional execução antecipada da pena aplicada em 1º grau de jurisdição. Sempre recordando que, se o réu representar algum perigo, a justificar a necessidade cautelar, poderá ser decretada a prisão preventiva. Então, estamos tratando de uma prisão sem qualquer fundamento cautelar, de *periculum libertatis*, que a justifique. E tudo isso com o aval do STF, infelizmente.

Nunca é demais recordar que o papel do STF não é de corresponder às expectativas sociais criadas (se fosse assim, teria de admitir a tortura para obter a confissão, a pena de morte, a pena perpétua e outras atrocidades do estilo, de forte apelo popular, mas constitucionalmente impensáveis), mas sim de corresponder às expectativas jurídico-constitucionais, ou seja, atuar como guardião da CF e da eficácia dos direitos fundamentais, ainda que tenha que decidir de forma contramajoritária. Um dos primeiros deveres do STF é o de dizer "não" ao vilipêndio de garantias constitucionais, ainda que essa decisão seja completamente contrária à maioria.

O argumento da (de)mora jurisdicional é falacioso. Efetivamente existe um excesso de demanda da jurisdição do STJ (o que representa um sintoma do mau funcionamento das jurisdições de primeiro e segundo graus) e uma atrofia da estrutura desse tribunal superior, que não dá conta de atender um país de dimensões continentais como o nosso. Essa é a causa da demora nas decisões, que não será resolvida com a limitação da presunção de inocência imposta pelo STF. Os recursos especiais continuarão a demorar para serem julgados, pois a causa efetiva não foi atacada. A diferença é que agora teremos demora com prisão... E se, ao final, o REsp for provido e reduzida a pena, alterado o regime de cumprimento, anulada a decisão etc., o tempo indevidamente apropriado pelo Estado com essa prisão precoce e desnecessária não será restituído jamais.

E no caso do júri? Ainda mais grave! Em grau de apelação o tribunal de justiça tem um amplo espaço decisório, tanto para anular o júri, reduzir a pena, como ainda entender que os jurados decidiram contra a prova dos autos (mandando o réu a novo júri). Sem falar que ainda existe a possibilidade de anulação do julgado pela via do recurso especial.

Quem vai devolver o tempo de prisão indevidamente imposto?

Muito sucintamente, essas são as críticas que fazemos em relação à execução antecipada da pena, em qualquer grau de jurisdição.

Capítulo IV

DAS MEDIDAS CAUTELARES DIVERSAS (OU MEDIDAS ALTERNATIVAS À PRISÃO PREVENTIVA)

1. Requisito, fundamento e limites de incidência das medidas cautelares diversas

Sem dúvida a maior inovação da reforma de 2011, ao lado da revitalização da fiança, é a criação de uma polimorfologia cautelar, ou seja, o estabelecimento de *medidas cautelares diversas da prisão*, nos termos do art. 319, rompendo com o binômio prisão-liberdade até então vigente.

Importante sublinhar que não se deveria utilizar tais medidas quando não estiverem presentes os fundamentos da prisão preventiva. Por serem medidas cautelares e, portanto, exigem a presença do *fumus commissi delicti* e do *periculum libertatis*, não podendo, sem eles, serem impostos. Assim, se durante uma prisão preventiva desaparecer completamente o requisito e/ou fundamento, deve o agente ser libertado sem a imposição de qualquer medida alternativa. Em tese, se alguém foi preso, por exemplo, para tutela da prova, uma vez que essa foi colhida, deverá o juiz conceder a liberdade plena, pois desapareceu o fundamento da prisão preventiva.

A rigor, a medida alternativa somente deverá ser utilizada quando cabível a prisão preventiva, mas, em razão da proporcionalidade, houver uma outra restrição menos onerosa que sirva para tutelar aquela situação.

Mas também terão cabimento nos crimes cuja pena máxima é igual ou inferior a 4 anos (situações em que o art. 313, I, veda a prisão preventiva), desde que existam *fumus commissi delicti* e *periculum libertatis*.

Portanto, sustentamos que as MCD não podem ser aplicadas em situações que inexista *fumus* ou *periculum*, pois elas são "substitutivas" da prisão preventiva. Primeiro devem existir os pressupostos autorizadores da preventiva, para então, em nome da excepcionalidade *(ultima ratio)* e proporcionalidade, ser a prisão substituída pelas MCD's. O único requisito que não será exigido é o do art. 313, I, de modo que a pena do delito pode ser igual ou inferior a 4 anos.

E aqui reside nosso grande medo: a utilização massiva e indevida da medida de controle, como efetivamente acabou ocorrendo. Muitos juízes, ao receber um auto de prisão em flagrante, utilizam as medidas cautelares diversas de forma autônoma e quase automática, sem considerar que elas são cautelares e substitutivas da prisão preventiva, o que constitui uma distorção da finalidade e natureza do instituto.

==Em nossa opinião, ainda que o art. 313 discipline os limites de aplicação da prisão preventiva, também deverá ser utilizado como balizador nas medidas cautelares diversas, não só por uma questão de coerência e harmonia do sistema cautelar (imposto pela necessária interpretação sistêmica), mas também pelo seu inegável caráter substitutivo (art. 282, § 6º, do CPP).==

Mas, é importante sublinhar, infelizmente a jurisprudência brasileira acabou por dar às medidas cautelares diversas uma autonomia que elas não possuem. Ou seja: juízes e tribunais aplicam medidas cautelares diversas em situações em que não caberia a prisão preventiva, fulminando sua natureza "substitutiva" e dando-lhe uma indevida autonomia.

Como explicamos em outro momento, em coautoria com STRECK[1], não teria sentido falar em medidas "cautelares diversas da prisão" se não estivessem presentes os requisitos... da prisão. As medidas diversas substituem a prisão. Portanto, sem requisitos de prisão, a substituição desaparece. O art. 319 não é autônomo. Ele não deveria ter vida fora da cautelaridade. O art. 319 não tem essa dimensão de autonomia — que vira plenipotenciariedade e autossustentação.

Lendo o dispositivo, sempre achamos claro que, para aplicar uma medida substitutiva, teria que haver, antes, algo a substituir, qual seja,

---

[1] A seguir transcrevemos trechos do trabalho publicado com Lenio STRECK e disponível no *site* <https://www.conjur.com.br/2020-set-15/streck-aury-medida-diversa--exige-requisitos-prisao>.

a prisão. Que possui requisitos. As medidas alternativas somente podem ser utilizadas quando cabível a prisão preventiva, mas, em razão da proporcionalidade, houver outra restrição menos onerosa que sirva para tutelar aquela situação fática. Nossa leitura (STRECK e eu) é uma decorrência lógica do dispositivo. As cautelares alternativas devem ser decretadas em substituição à prisão preventiva, norteada pelas particularidades do caso concreto, mas sem desconectar da sua "cautelaridade". Portanto, entendemos que deve existir cautelaridade para essa imposição. Sem ela, não há necessidade de qualquer espécie de cautelar pessoal ao indivíduo (ou seja, pode responder ao processo em liberdade e sem qualquer restrição). Por que restringir a liberdade de alguém se não há requisitos (necessidade cautelar) para tal?

Vejamos um exemplo: parece-nos irrazoável manter um indivíduo preso preventivamente por estelionato por longo período, ainda que existam fundamentos para preventiva (*fumus commissi delicti* e *periculum libertatis*). A pena cominada ao delito não é alta e o crime em si não envolve violência ou grave ameaça. Nesse ponto, acreditamos, podem se inserir as cautelares alternativas. Porque havia requisito e fundamento para a prisão *stricto sensu*, ainda que a pena seja inferior ao limite previsto no art. 313, I. Acrescentamos ainda que, se ela existir de forma autônoma, será mais uma forma de se punir antecipadamente o réu no processo penal, através dessas medidas restritivas, sem que exista uma real necessidade (cautelar) para justificar e legitimar o exercício de poder.

Como aponta STRECK, sendo mais simples: um sistema jurídico que estabelece requisitos para a prisão preventiva e, ao mesmo tempo, estabelece medidas substitutivas à prisão parece indicar, claramente, que sem os requisitos não haveria prisão. Sem prisão, em que lugar se coloca a medida substitutiva? Substituir o quê? Trata-se de uma questão hermenêutica deveras interessante. Houve por parte do sistema de justiça uma posição textualista, como se o art. 319 fosse uma fatia incomunicável com as demais partes do Código. Como sabido, o direito não se interpreta em fatias. Há nítida contradição entre o dispositivo que exige requisitos para a prisão e o dispositivo que estabelece alternativas à prisão. A prisão é condição de possibilidade de sua substituição.

O projeto que conduziu a reforma de 2011 foi produto de uma comissão de juristas presidida por Ada Grinover. Da exposição da Comissão se constata que a ideia inicial de incluir o art. 319 seria: (i) substituir a prisão preventiva, quando possível, observando-se, para tanto, o que indica o art. 282, I e II, CPP. Importante: Ainda que o texto do CPP fale em "escolha", a decisão de substituição deve seguir critérios de legalidade e proporcionalidade. O § 6º do mesmo dispositivo impede a decretação de prisão preventiva sem antes justificar a não incidência do art. 319.

É dizer, se impuser a cautelar diversa, deve fundamentar os motivos que demonstram existir cautelaridade, fundamentalmente pela linha do que dispõe o art. 282. No mesmo sentido, a decisão que denega o art. 319 e aplica *per saltum* a preventiva deve ser fundamentada, sob pena de nulidade (art. 282, § 6º, CPP).

Se o descumprimento da medida cautelar substitutiva conduz à prisão preventiva, então a cautelar deve observar os requisitos, sim. Portanto, por zelo epistêmico, dizemos de novo: somente substitui se houver requisitos que legitimem a prisão preventiva. Parece-nos que esse também tenha sido o entendimento da comissão presidida pela Profa. Ada. Não nos parece que o descumprimento das cautelares possa sustentar, por si só, uma prisão preventiva, sem que existam requisito e fundamento para essa prisão.

Um teste que pode ser feito é: há requisitos para a prisão? Se sim, em tese pode-se prender. Daí o juiz deve se indagar: essa medida (encarceramento) é adequada? É necessária (a medida de encarceramento)? É possível substituir a prisão (encarceramento) por uma menos gravosa? Se a resposta for positiva, então, sim, entra o art. 319.

Esse é o raciocínio que deveria nortear a aplicação das medidas cautelares diversas do art. 319, mas que infelizmente foi enviesado pela jurisprudência como forma de aumentar o espaço de controle estatal para além do marco legal.

Portanto, em sentido diverso do que sustentamos, a jurisprudência tem entendido que:

Mas predomina o seguinte entendimento:

1. nos crimes dolosos cuja pena máxima é superior a 4 anos e existam *fumus commissi delicti* e *periculum libertatis*, poderão

ser utilizadas as medidas cautelares diversas ou, se inadequadas e insuficientes, a prisão preventiva;
2. nos crimes dolosos cuja pena máxima é igual ou inferior a 4 anos e existam *fumus commissi delicti* e *periculum libertatis*, somente poderá haver decretação de medida cautelar diversa;
3. nos crimes dolosos cuja pena máxima é igual ou inferior a 4 anos, em que existam *fumus commissi delicti* e *periculum libertatis*, e exista uma das situações dos incisos II ou III do art. 313, poderá ser decretada medida cautelar diversa ou, excepcionalmente, a prisão preventiva.

As medidas cautelares diversas da prisão devem priorizar o caráter substitutivo, ou seja, como **alternativas à prisão cautelar**, reservando a prisão preventiva como último instrumento a ser utilizado.

Logo, ainda que as medidas cautelares possam ser aplicadas aos crimes cuja pena máxima seja inferior a 4 anos, elas representam significativa restrição da liberdade e não podem ser banalizadas. Em nome disso e da necessária proporcionalidade, a nosso juízo, é **incabível** qualquer das medidas cautelares diversas se, por exemplo, o crime for culposo.

Quanto ao limite de pena, ainda que se afaste a incidência do art. 313 (para aplicá-la a crimes cuja pena máxima é igual ou inferior a 4 anos), não se tem como fugir dos princípios da excepcionalidade e proporcionalidade que pautam a aplicação de toda e qualquer medida cautelar.

E quando pode ser empregada a medida cautelar diversa?

- A qualquer tempo, no curso da investigação ou do processo, quando se fizer necessária a medida de controle, evitando a prisão preventiva.
- A qualquer tempo, no curso da investigação ou do processo, como medida substitutiva à prisão preventiva já decretada e que se revele desproporcional ou desnecessária à luz da situação fática de perigo.
- Aplicada juntamente com a liberdade provisória, no momento da homologação da prisão em flagrante pelo juiz, como medida alternativa à prisão preventiva e menos onerosa.

Mas cuidado: eventuais medidas alternativas não podem ser banalizadas e servir para aumentar a intervenção penal de forma injustificada. Tampouco podemos desprezar a gravidade das restrições que elas impõem.

Medidas como as de proibição de frequentar lugares, de permanecer e similares implicam verdadeira pena de "banimento", na medida em que impõem ao imputado severas restrições ao seu direito de circulação e até mesmo de relacionamento social. Portanto, não são medidas de pouca gravidade.

O maior problema é que tais medidas tão logo entraram em vigor passaram a ser deturpadas pela práxis judicial, não servindo, efetivamente, como redutoras de danos, mas sim de expansão de controle.

O problema reside exatamente na banalização do controle, de modo que condutas de pouca reprovabilidade penal e que até a reforma de 2011 não ensejariam qualquer tipo de controle cautelar (até pela desnecessidade) passaram a ser objeto de intensa incidência de restrições. O que se buscava com a reforma era reduzir o campo de incidência da prisão cautelar e não criar um maior espaço de controle estatal sobre a liberdade individual. Mas infelizmente foi isso o que ocorreu.

O último aspecto a ser observado é que as medidas cautelares diversas também estão submetidas aos princípios gerais das medidas cautelares, dentro do que lhes for aplicável, a saber:

- jurisdicionalidade e motivação;
- contraditório;
- provisionalidade;
- provisoriedade;
- excepcionalidade;
- proporcionalidade.

Para evitar repetições, remetemos o leitor ao que dissemos anteriormente sobre esses princípios, reforçando a importância de aplicá-los com a máxima eficácia possível, à luz da medida adotada no caso.

Novamente criticamos a falta de prazo máximo de duração das cautelares diversas, a exemplo da prisão preventiva, o que gerará graves abusos. Caberá ao juiz observar o caráter situacional e, quando não se fizer mais necessária (e/ou proporcional) a medida, substituí-la por outra menos onerosa ou mesmo revogá-la por inteiro.

2. Espécies de medidas cautelares diversas

Vejamos, agora, cada uma das medidas cautelares diversas e alternativas à prisão:

Art. 319. São medidas cautelares diversas da prisão:
I – comparecimento periódico em juízo, no prazo e nas condições fixadas pelo juiz, para informar e justificar atividades;

COMENTÁRIO:

O dever de comparecimento periódico em juízo é uma medida consagrada nos sistemas português (art. 198) e italiano (art. 282), com a diferença de que, em ambos, é possibilitada a apresentação na polícia judiciária e "il giudice fissa i giorni e le ore di presentazione tenendo conto dell'attività lavorativa e del luogo di abitazione dell'imputato".

Teria andado melhor o legislador se tivesse permitido ao juiz fixar dias e horas, conforme a jornada de trabalho do imputado, para não prejudicá-la, admitindo a apresentação na polícia mais próxima de seu domicílio.

O modelo brasileiro optou pelo total controle judiciário da medida, desconsiderando a facilidade de aproveitar a estrutura policial (afinal, a polícia está em "todos" os lugares) e também a maior eficácia do controle.

Quanto à periodicidade, parece-nos que a cautelar buscou inspiração na suspensão condicional do processo, estabelecida no art. 89 da Lei n. 9.099/95, com a diferença de ter deixado completamente em aberto a sua determinação. Portanto, poderá o juiz estabelecer o comparecimento mensal, semanal ou até mesmo, em situações extremas em que a necessidade de controle assim exija, que o imputado compareça diariamente no fórum. Evidentemente que o comparecimento diário é uma medida por demais onerosa para o imputado e que deve ser utilizada em casos realmente extremos, muito próximos daqueles que justificariam uma prisão preventiva. Do contrário, como regra geral, temos assistido a fixação de comparecimento mensal e, em casos mais graves, semanal.

Esse comparecimento periódico também deve atentar para o horário da jornada de trabalho do imputado, de modo a não prejudicá-lo. Toda medida cautelar deve pautar-se pela menor danosidade possível, até mesmo no que tange à estigmatização social dele.

É uma medida que permite, a um só tempo, o controle da vida cotidiana e também certificar-se do paradeiro do imputado[2], servindo como instrumento para tutela da eficácia da aplicação da lei penal.

Chamamos a atenção para a distinção entre essa medida e o dever de comparecer a todos os atos do processo imposto na liberdade provisória do art. 310, § 1º, e, principalmente, para a nova redação do *caput* e incisos do art. 310.

Um é o dever de comparecer aos atos do processo e o outro, em juízo. O primeiro é para assegurar a presença do réu nos atos da instrução, numa antiga visão que negava ao réu o "direito de não ir". Também buscava, secundariamente, controlar o risco de fuga, mas de forma muito frágil. Agora, o que se busca é o controle da vida cotidiana do imputado, sem qualquer relação com a instrução processual. O foco é outro.

Também é diferente o dever de comparecer a todos os atos do processo, previsto no art. 310, § 1º, e a medida do art. 319, pois essa última tem natureza cautelar, substitutiva da prisão preventiva e submetida a principiologia cautelar. É uma medida de controle da liberdade e não de comparecimento à instrução.

Por fim, o dever de comparecer a todos os atos do processo se aplica somente quando o agente é preso em flagrante delito e o juiz verifica que ele – aparentemente – agiu ao abrigo de uma causa de exclusão da ilicitude, momento em que deverá conceder liberdade provisória com esse único vínculo.

II – proibição de acesso ou frequência a determinados lugares quando, por circunstâncias relacionadas ao fato, deva o indiciado ou acusado permanecer distante desses locais para evitar o risco de novas infrações;

---

2 SCHIETTI MACHADO CRUZ, Rogério. *Prisão cautelar:* dramas, princípios e alternativas, p. 151.

Comentário:

A proibição de acesso ou frequência a determinados lugares, também de uso recorrente no direito estrangeiro, deve ser usada com muita prudência, pois não pode constituir uma "pena de banimento".

Diz-se, ainda, que tem ela um objetivo visivelmente *profilático* ou *preventivo*, como define SCHIETTI[3], pois busca evitar que a frequência do réu a determinados lugares possa criar condições favoráveis para que o agente pratique novos delitos de mesma natureza (ou não).

É uma medida que encontrará ampla incidência em relação a imputados que, por exemplo, integrem torcidas organizadas e pratiquem atos violentos. Ou, ainda, que habitualmente envolvam-se em delitos em bares e boates ou mesmo em situações de violência doméstica.

Outro uso que pode ser dado é a proibição de acesso a estádios de futebol por membros de torcidas organizadas envolvidos em delitos. Mas é preciso destacar que não está autorizado o dever de comparecer e permanecer em determinado lugar durante a realização dos jogos, como alguns juízes decidem. É preciso atentar para a legalidade, taxatividade das medidas e ausência de poder geral de cautela, de modo que não há espaço para a criação de medidas não previstas na lei. O que o juiz pode é proibir o indivíduo de frequentar determinados lugares, mas não estabelecer que, durante certo período, ele se dirija a delegacias ou fóruns e lá fique recolhido durante a realização de jogos. A primeira está prevista na lei, a segunda é uma criação à margem da lei.

Esse inciso tem sido ainda interpretado de forma alargada – o que é sempre um perigo à luz da legalidade penal – para incluir no conceito de "lugares", as redes sociais. A proibição de postagem em *facebook*, *instagram* ou *twitter*, por exemplo, decorre de um alargamento da proibição de "frequentar determinados lugares", especialmente quando essas postagens em redes sociais servem para, de alguma forma, praticar crimes ou incitar à prática de crimes. Portanto, a proibição de

---

3   Ibidem, p. 152.

acesso (frequentar em sentido amplo) às redes sociais para evitar a prática de crimes é o conteúdo dessa medida cautelar diversa.

III – proibição de manter contato com pessoa determinada quando, por circunstâncias relacionadas ao fato, deva o indiciado ou acusado dela permanecer distante;

COMENTÁRIO:

A situação aqui é mais bem circunscrita que a do inciso anterior, na medida em que a proibição tem um objeto de tutela mais claro: uma pessoa determinada, em regra, a vítima, testemunha e até mesmo um coautor do crime, mas sempre alguém devidamente individualizado.

Nesse ponto, é perfeitamente possível que a medida cumpra uma função cautelar de tutela da prova.

Assim, a efetividade dessa cautelar será mais concreta, na medida em que a própria pessoa protegida se encarregará de denunciar eventual descumprimento da ordem.

Espera-se, contudo, que os juízes tenham muita serenidade na avaliação de eventuais denúncias de descumprimento da medida, evitando decisões precipitadas que poderiam conduzir à prisão preventiva em flagrante violação da proporcionalidade e necessidade. Ademais, antes de revogá-la, deve-se preferir a cumulação com mais alguma das restrições do art. 319.

Novamente aqui, uma interpretação alargada, poderia ser usada para sustentar a proibição de contato com pessoas através das redes sociais, como *facebook*, *instagram* ou *twitter*, por exemplo, especialmente quando essas postagens em redes sociais servem para, de alguma forma, burlar a proibição de contato e o dever de permanecer distante.

Por fim, por exemplo, se o imputado violar a proibição de contato e ameaçar a vítima, a prisão poderá ser decretada sob esse fundamento (art. 282, § 4º, e 312, § 1º) e não pela prática do crime de ameaça (cujo limite de pena não autoriza).

Uma vez mais se cobra, neste ponto, um implemento da cultura de audiência, de oralidade e contraditório. Diante do pedido de decretação de prisão preventiva por suposto descumprimento de qualquer medida cautelar diversa, deve o juiz marcar audiência para dar conta do contraditório exigido pelo art. 282, §§ 3º e 4º, ouvindo o imputado e sua versão, para somente após decidir.

Outra linha argumentativa a sustentar a obrigatoriedade de audiência prévia à decisão de substituição, cumulação ou – em último caso – decretação da prisão preventiva por descumprimento das obrigações impostas é a exigência de audiência de custódia. Entendemos que a audiência de custódia não se aplica apenas em caso de prisão em flagrante, mas para toda e qualquer prisão, a qualquer momento em que se cogite de sua decretação, diante da amplitude do disposto no art. 7.5 da Convenção Americana de Direitos Humanos.

> *IV – proibição de ausentar-se da comarca ou do país ou quando a permanência seja conveniente ou necessária para a investigação ou instrução;*

COMENTÁRIO:

É medida de cautelaridade evidente, servindo assumidamente para tutela da prova e, por via reflexa, da própria eficácia da lei penal (risco de fuga).

A redação original era melhor, pois incluía "para evitar fuga", e não incluía a discricionariedade do "conveniente".

Na tramitação legislativa o texto foi piorado, pois se restringiu à tutela da prova, o que poderá ser objeto de profunda discussão em casos concretos, na medida em que, colhida a prova, desaparece a situação fática legitimadora. A proibição de ausentar-se da comarca ou país era muito mais adequada para tutela da eficácia da lei penal, minorando o risco de fuga e podendo ser cumulada, por exemplo, com o dever de comparecimento periódico do inciso I.

O erro de limitar-se, assumidamente, ao interesse probatório vai reduzir o campo de aplicação dessa cautelar diversa.

Também não andou bem o legislador em incluir a "conveniência" da investigação ou instrução, na medida em que abre um amplo espaço para exercício impróprio da discricionariedade judicial. Melhor seria manter a redação original, que exigia a "necessidade" e não mera conveniência.

Incorre ainda no erro de se inserir na perspectiva de obrigar o réu a estar disponível para servir de "objeto de prova". Vai na contramão do direito de não produzir prova contra si mesmo (*privilege against self-incrimination*) e da tendência em reconhecer-se o "direito de não ir", inerente ao réu em processos penais democráticos, que não mais o veem como "objeto de prova", mas sim como sujeito processual.

Não vislumbramos fundamento legal em obrigar o réu a permanecer na comarca ou país em nome da "conveniência ou necessidade para investigação ou instrução", na medida em que pode usar o direito de silêncio em relação a qualquer ato probatório (até mesmo o reconhecimento pessoal).

Portanto, a medida seria mais bem utilizada para minorar o risco de fuga e não para tutela da prova, cuja legitimidade é profundamente discutível, mas infelizmente não foi esse o texto final aprovado.

E, como não vemos espaço hermenêutico para, por passe de mágica, mudar de "tutela da lei penal" para "tutela da prova", a medida deve ser usada nos limites legais e não subvertida. E nos limites legais, é inadequada aos fins que se pretende...

Por fim, poderá ser conciliada com o disposto no art. 320:

> Art. 320. A proibição de ausentar-se do País será comunicada pelo juiz às autoridades encarregadas de fiscalizar as saídas do território nacional, intimando-se o indiciado ou acusado para entregar o passaporte, no prazo de vinte e quatro horas.

Caberá ao juiz comunicar às autoridades encarregadas de fiscalizar as saídas do território nacional, intimando-se o imputado para entregar o passaporte no prazo de 24 horas. O descumprimento desta determinação será considerado como descumprimento da própria medida cautelar, cabendo até a decretação da prisão preventiva.

> V – recolhimento domiciliar no período noturno e nos dias de folga quando o acusado tenha residência e trabalho fixos;

COMENTÁRIO:

É uma medida cautelar que pode servir a diferentes fins, desde minorar o risco de fuga (ainda que com pouca eficácia), tutela da prova (já que o imputado ficará nos limites trabalho-domicílio) e até mesmo escopos metacautelares (e, por isso, censuráveis), como prevenção especial e geral.

Ainda que fundada no senso de responsabilidade e autodisciplina do imputado, a medida poderá vir cumulada com o monitoramento eletrônico, por exemplo, para assegurar-lhe a máxima eficácia. Da mesma forma, poderá ela ser chamada, como medida secundária, para reforçar os incisos I e II, por exemplo.

Em caso de cumulação de medidas cautelares diversas, deverá o juiz atentar para a proporcionalidade, evitando a excessiva gravosidade para o réu das restrições, mantendo-se nos limites da necessidade e proporcionalidade.

A medida é também diversa daquela prevista nos arts. 317 e 318. A prisão domiciliar decorre de motivos pessoais do agente, de natureza humanitária, diversa, portanto, da medida cautelar de recolhimento domiciliar previsto no art. 319, V.

A primeira, explica SCHIETTI[4], aproxima-se mais de uma espécie de prisão preventiva atenuada, impondo ao imputado o dever de manter-se dentro de sua residência (salvo autorização judicial); enquanto a segunda, é uma modalidade menos gravosa de manter alguém em regime de liberdade parcial, permitindo-lhe que trabalhe durante o dia, recolhendo-se ao domicílio apenas à noite ou nos períodos de folga.

Importante sublinhar, por fim, que a 3ª Seção do STJ (Superior Tribunal de Justiça), em recurso especial representativo de controvérsia (Tema 1.155), pacificou a interpretação do art. 42 do Código Penal para admitir, na pena privativa de liberdade, a detração do período de cumprimento da medida cautelar do art. 319, V, do Código de Processo Penal, com ou sem monitoração eletrônica (REsp 1.977.135/SC, relator: Min. Joel Ilan Paciornik, S3, j. 23-11-2022).

VI – suspensão do exercício de função pública ou de atividade de natureza econômica ou financeira quando houver justo receio de sua utilização para a prática de infrações penais;

---

4 Ibidem, p. 161.

Comentário:

É medida extremamente gravosa e que deverá ser utilizada com suma prudência, sendo até mesmo de discutível constitucionalidade. Não se tutela o processo ou seu objeto, aproximando-se tal medida a uma (ilegal) antecipação da função de prevenção especial da pena.

Pretende tutelar o risco de reiteração, não recepcionado expressamente na redação final do art. 312, mas constante no projeto originário (daí, talvez, a incongruência).

Terá como campo de aplicação os crimes econômicos e aqueles praticados por servidores públicos no exercício da função, ou seja, *propter officium*, sempre com vistas a impedir crimes futuros (perigosa futurologia...). Não se descarta a utilização nos crimes ambientais, como interdito de caráter preventivo.

Sempre deverá ser fundamentada a decisão que impõe tal medida, apontando especificamente no que consiste o receio de reiteração e não se admitindo decisões genéricas ou formulárias.

Recordemos que o sistema cautelar brasileiro não consagra um prazo máximo de duração das medidas, conduzindo a resultados gravíssimos para o imputado, que se vê submetido, por prazo indeterminado, a severas restrições de direitos fundamentais. O inciso em tela bem evidencia o imenso problema dessa indeterminação temporal, pois a suspensão do exercício de função pública e, mais grave ainda, da atividade de natureza econômica ou financeira, poderá representar uma antecipação de pena e, principalmente, a morte econômica de pessoas e empresas por um lento processo de asfixia.

Por tudo isso, pensamos que a medida é das mais gravosas e deve ser utilizada com extrema parcimônia.

> *VII – internação provisória do acusado nas hipóteses de crimes praticados com violência ou grave ameaça, quando os peritos concluírem ser inimputável ou semi-imputável (art. 26 do Código Penal) e houver risco de reiteração;*

Comentário:

Mais uma inovação sem similar no modelo atual, busca estabelecer uma espécie de *medida de segurança cautelar* para os casos de crime praticado com violência ou grave ameaça à pessoa por agente inimputável ou semi-imputável. Para tanto, exige-se:

- crime cometido com violência ou grave ameaça à pessoa;
- inimputabilidade ou semi-imputabilidade demonstrada por perícia;
- risco de reiteração criminosa.

Os requisitos são cumulativos e não alternativos. Os problemas dessa medida são de diferentes ordens, a começar pela ausência de limitação de sua duração (mesmo erro existente na prisão preventiva), o que poderá gerar abusos.

O segundo inconveniente decorre dessa "perícia" para demonstrar a inimputabilidade ou semi-imputabilidade, pelos riscos inerentes às avaliações psicológicas e, o mais grave, pelo caráter retroativo com que é feita. Ou seja, os peritos dirão, hoje, se ao tempo da ação ou omissão o agente era inteiramente incapaz de entender o caráter ilícito do fato ou de determinar-se de acordo com esse entendimento. Não é aferir isso no estado psíquico atual, mas no passado, quando da prática do crime, o que constitui um imenso espaço impróprio para subjetividade do avaliador e, portanto, um grave risco.

Ademais, considerando a urgência inerente às cautelares, nem sempre haverá condições de se fazer um exame de insanidade como necessário e, com isso, acabaremos criando a situação do "inimputável provisório", para não dizer, do "louco temporário"... correndo o risco de depois, no exame definitivo, o diagnóstico ser diferente.

Pode-se pensar, por analogia, na perspectiva da Lei de Drogas (Lei n. 11.343/2006), em que se faz o laudo de constatação provisório para aferir se uma substância é "aparentemente" entorpecente, com a finalidade de homologar a prisão em flagrante e até mesmo para o recebimento da denúncia, exigindo-se, no curso do processo, o laudo de constatação definitiva para permitir a condenação. Cria-se, no art. 319, VII, diante da urgência da medida cautelar, a possibilidade de um laudo de constatação provisória da inimputabilidade, apto a ensejar a internação provisória. Isso não está na lei, mas a situação de urgência poderá conduzir a esse cenário.

O problema, nesse caso, reside no fato de que a avaliação posterior não é objetiva (como no laudo toxicológico), mas sim completamente subjetiva e irrefutável, na medida em que se pretende avaliar a interioridade psíquica do agente, impossível de ser constatada ou demonstrada empiricamente. Revela-se a temida fundição do discurso jurídico com o da psiquiatria, gerando uma ditadura do modelo clínico com efeitos penais.

A situação é ainda mais preocupante se considerarmos as condições em que se encontram os manicômios judiciários, nos quais, não raras vezes, o acusado entra imputável e sai completamente louco...

Outrossim, não se pode desprezar a "estigmatização" e o "rótulo" de inimputável que o acusado recebe já nesse laudo provisório, culminando por determinar e engessar seu futuro, visto que, uma vez rotulado de "doente mental", dificilmente conseguirá livrar-se desse estigma. Ainda mais se considerarmos que se está sempre no campo indeterminável e incontrolável das avaliações sobre a interioridade do agente, de modo que, ao ser novamente avaliado, já entrará com essa pecha de "doente" e será muito difícil reverter esse quadro aos olhos de um psiquiatra (já condicionado pelo laudo anterior, ainda que inconscientemente).

Em suma, é uma medida muito perigosa.

Em terceiro lugar, o dispositivo recorre à perigosa futurologia do "risco de reiteração", completamente subjetiva e impossível de ser aferida. Em última análise, a nosso juízo, pode representar um grave retrocesso essa internação provisória do inimputável ou semi-imputável, pois significa a aplicação de *medida de segurança cautelar*, fundada na "periculosidade" do agente. É interessante essa categoria de "louco temporário"... que deverá ter sua periculosidade aferida por algum "periculosômetro" (ZAFFARONI) ...É um retrocesso ao discurso criminológico de propensão ao delito, periculosidade, enfim, um reducionismo sociobiológico.

Devemos considerar que o semi-imputável também será submetido à internação cautelar em manicômio judiciário ou similar, quando, ao final, se condenado, não será internado. Recordemos que ao semi-imputável é permitida a redução da pena, de um a dois terços, sem internação. E mais, poderá beneficiar-se de um regime prisional menos gravoso em decorrência da redução da pena. Por tudo isso, deve atentar o magistrado para a necessária proporcionalidade entre a cautelar e a provável decisão definitiva, para evitar excessos.

Noutra dimensão, a "internação provisória" não pode ser desconectada do sistema cautelar, de modo que, mesmo sendo inimputável o agente, é **imprescindível a demonstração do *fumus commissi delicti* e do *periculum libertatis*** (aqui assumido como risco de reiteração) nos mesmos termos anteriormente expostos. Dessarte, não se pode desconsiderar o disposto no art. 314, de modo que o inimputável pode ter agido em legítima defesa ou estado de necessidade da mesma forma que alguém imputável, e, por isso, não pode ser submetido a internação provisória (como não poderia ser submetido à prisão preventiva se imputável fosse).

Igualmente aplicáveis nessa medida todos os princípios anteriormente expostos, especialmente os de excepcionalidade, provisionalidade, provisoriedade e proporcionalidade, sem falar no contraditório prévio sempre que possível.

A internação provisória é situacional, de modo que, desaparecendo o suporte fático legitimador do perigo, deve o imputado ser colocado em liberdade. Na mesma linha, não pode ter uma duração indeterminada (em que pese a lacuna legal na definição dos prazos máximos de duração das medidas cautelares).

Por fim, chamamos atenção para outra lacuna no tratamento legal: **não há distinção entre a inimputabilidade existente na época do fato e a superveniente, que se opera no curso do processo.**

Em linhas gerais, o agente, que ao tempo da ação ou omissão era inimputável ou semi-imputável, submete-se ao processo criminal, que ao final é julgado e submetido, se apurada sua responsabilidade penal, à medida de segurança (ou, se semi-imputável. É a chamada absolvição imprópria – art. 386, parágrafo único, III, do CPP).

Na inimputabilidade superveniente, a doença mental somente se manifesta no curso do processo, ou seja, ao tempo da ação ou omissão o agente era imputável. A inimputabilidade é posterior ao fato criminoso. Nesse caso, determina o art. 152 do CPP que o processo criminal seja suspenso até que o acusado se restabeleça. O processo somente retomará seu curso se o acusado se restabelecer.

Aqui reside um grande problema, pois muitas doenças mentais não são passíveis de "cura", mas apenas "controláveis" em maior ou menor grau, com tratamento e uso de medicamentos. Logo, a rigor, o processo ficará indefinidamente suspenso.

Nesses casos, errou o legislador ao não conciliar a medida cautelar com os dois desdobramentos possíveis do processo principal, e nos parece, por elementar, que não poderá existir uma internação provisória-definitiva...

Pensamos então que, uma vez suspenso o processo porque a doença mental é superveniente, deverá cessar a internação provisória. Como muito, em casos extremos, poderá o juiz adotar outra medida cautelar alternativa (monitoramento, dever de comparecimento, recolhimento domiciliar etc.) por mais um período de tempo, mas que também não poderá ser indeterminada.

> *VIII – fiança, nas infrações que a admitem, para assegurar o comparecimento aos atos do processo, evitar a obstrução do seu andamento ou em caso de resistência injustificada a ordem judicial;*

COMENTÁRIO:

O instituto da fiança será objeto de análise em tópico específico na continuação, para onde remetemos o leitor para evitar repetições.

IX – monitoração eletrônica.

COMENTÁRIO:

O monitoramento eletrônico é um dispositivo antigo, desenvolvido na década de 60 pelo psicólogo americano Robert Schwitzgebel, já com a finalidade de controle de pessoas envolvidas com crimes, e consistia em um bloco de bateria e um transmissor, capaz de emitir sinal para um receptor. Em 1977, o juiz de Albuquerque, Novo México, Jack Love, inspirado por um episódio da série homem-aranha, convenceu um perito em eletrônica a desenvolver um dispositivo similar de monitoramento, tendo-o utilizado pela primeira vez em 1983, quando condenou o primeiro réu a usá-lo. No final da década de 80 o monitoramento já estava sendo utilizado por outros presos e popularizou-se na década de 90 (em que havia mais de 95.000 presos monitorados)[5].

---

5 MARIATH, Carlos Roberto. *Monitoramento eletrônico:* liberdade vigiada, p. 4. Texto capturado em 14-4-2011 no *site:* <http://portal.mj.gov.br/main.asp?View={57DC54E2-2F79-4121-9A55-F51C56355C47}>.

A popularização do sistema de posicionamento global (GPS) barateou muito a tecnologia empregada, tornando-se amplamente acessível e de baixo custo. Atualmente é uma forma de controle empregada em vários países, tanto como instrumento de tutela cautelar, em qualquer fase da persecução criminal, como também na execução penal, auxiliando no controle do apenado nas diferentes fases do sistema progressivo de cumprimento da pena.

Nesse novo dispositivo legal, consagra-se o monitoramento como medida cautelar, em que a possibilidade de vigilância ininterrupta serve como tutela para o risco de fuga e a prática de novas infrações. Ao permitir o permanente controle sob a circulação do acusado, também serve de útil instrumento para dar eficácia às demais medidas cautelares diversas, tais como a proibição de acesso ou frequência a determinados lugares, a proibição de ausentar-se da comarca ou país e o recolhimento domiciliar. Cumpre, assim, diferentes dimensões de tutela cautelar.

A cada dia a tecnologia aperfeiçoa o sistema de monitoramento por GPS, diminuindo o tamanho dos aparelhos e o incômodo por eles gerado ao estarem fixados no corpo do réu. Em que pese isso, é uma medida de controle extremo, que gera um grande controle sobre a intimidade do agente e que deve ser usada com seletividade por parte dos juízes.

A diminuição do tamanho dos aparelhos melhorou a portabilidade, mas, ainda assim, por ser levado preso ao corpo (seja como pulseira, tornozeleira etc.), além do desconforto, dá uma visibilidade do estigma do processo penal e do controle social exercido.

O monitoramento eletrônico é uma medida cautelar alternativa, subordinada também ao *fumus commissi delicti* e, principalmente, à necessidade de controle que vem representada pelo *periculum libertatis*. Seu uso, por ser dos mais gravosos, deve ser reservado para situações em que efetivamente se faça necessário tal nível de controle e, em geral, vem associado ao emprego de outra medida cautelar diversa (como a proibição de ausentar-se da comarca, art. 319, IV).

Em geral é utilizado para tutela do risco de fuga, mas também poderá contribuir para a efetivação de outras medidas cautelares de tutela da prova, tais como a proibição de manter contato com pessoa determinada (exemplo típico da ameaça a testemunhas, vítima etc.), ou mesmo de tutela da ordem pública, quando concebida no viés de *risco de reiteração*.

Em suma, é um instrumento útil de controle, mas que deve ser reservado para casos graves, como último passo antes da decretação da prisão preventiva, sob pena de sua banalização gerar um expansionismo ilegítimo de controle penal, com sérios riscos à liberdade individual e à própria dignidade da pessoa humana.

Como adverte OLIVEIRA FARIA,

> a tornozeleira, ao invés de cumprir sua promessa de controle humanizado e ressocializador, pode funcionar como um símbolo material de controle punitivo e estigmatização social, em dissonância com os princípios de dignidade e ressocialização previstos em marcos legais como a LEP brasileira. (...) Além disso, a utilização indiscriminada da tornozeleira eletrônica pode aprofundar a exclusão social dos monitorados. O estigma associado ao uso do dispositivo pode dificultar a reintegração no mercado de trabalho e nas relações sociais, comprometendo a percepção de dignidade individual. A Defensoria Pública do Paraná destaca que, embora a monitoração eletrônica seja uma alternativa mais humanizada ao encarceramento, o estigma social sofrido pelos monitorados pode dificultar sua reintegração social[6].

§ 4º A fiança será aplicada de acordo com as disposições do Capítulo VI deste Título, podendo ser cumulada com outras medidas cautelares.

COMENTÁRIO:

Essa questão também será abordada no momento do estudo da fiança, em tópico específico, na continuação.

3. Da prisão (cautelar) domiciliar

Essa é uma prisão domiciliar – substitutiva da prisão preventiva – por motivos pessoais do agente, de natureza humanitária, diversa,

---

6 OLIVEIRA FARIA, Fernando Cesar. "A monitoração eletrônica e o princípio da proporcionalidade." Disponível em: <https://www.conjur.com.br/2024-dez-20/a-monitoracao-eletronica-e-o-principio-da-proporcionalidade/>.

portanto, da medida cautelar de recolhimento domiciliar previsto no art. 319, V.

A medida constante do art. 319, V, tem outra natureza, pois lá o agente tem liberdade para, durante o dia, exercer suas atividades profissionais, devendo recolher-se ao domicílio apenas no período noturno e nos dias de folga.

Vejamos a disciplina legal dessa medida substitutiva da prisão preventiva:

> Art. 317. A prisão domiciliar consiste no recolhimento do indiciado ou acusado em sua residência, só podendo dela ausentar-se com autorização judicial.
> Art. 318. Poderá o juiz substituir a prisão preventiva pela domiciliar quando o agente for:
> I – maior de 80 (oitenta) anos;
> II – extremamente debilitado por motivo de doença grave;
> III – imprescindível aos cuidados especiais de pessoa menor de 6 (seis) anos de idade ou com deficiência;
> IV – gestante;
> V – mulher com filho de até 12 (doze) anos de idade incompletos;
> VI – homem, caso seja o único responsável pelos cuidados do filho de até 12 (doze) anos de idade incompletos.
> Parágrafo único. Para a substituição, o juiz exigirá prova idônea dos requisitos estabelecidos neste artigo.
> Art. 318-A. A prisão preventiva imposta à mulher gestante ou que for mãe ou responsável por crianças ou pessoas com deficiência será substituída por prisão domiciliar, desde que:
> I – não tenha cometido crime com violência ou grave ameaça a pessoa;
> II – não tenha cometido o crime contra seu filho ou dependente.
> Art. 318-B. A substituição de que tratam os arts. 318 e 318-A poderá ser efetuada sem prejuízo da aplicação concomitante das medidas alternativas previstas no art. 319 deste Código.

Assim como as demais medidas cautelares, essa prisão domiciliar é substitutiva da prisão preventiva, estando, portanto, submetida aos mesmos requisitos e princípios.

Nesse sentido, é interessante o seguinte trecho do acórdão proferido pelo STJ no HC 564.485/MG, relator Sebastião Reis Jr, Sexta Turma, julgado em 25-8-2020:

> *6. Como se sabe, a prisão domiciliar, no âmbito da persecução penal, consiste em medida substitutiva à prisão preventiva e não em medida alternativa à prisão. Dessa forma, para que seja possível a prisão cautelar, o julgador deve analisar os pressupostos autorizadores da prisão preventiva dispostos nos arts. 311 e 312 do Código de Processo Penal e, caso presentes, poderá determinar seu cumprimento em domicílio, desde que configurada uma das hipóteses previstas no art. 318 do Código de Processo Penal.*
> *7. In casu, o Tribunal mineiro considerou que os requisitos da preventiva não estavam preenchidos, porém, mesmo assim, determinou a prisão cautelar, o que não encontra guarida legal, já que, como se disse, a prisão domiciliar é medida substitutiva à prisão.*

Uma vez mais reforçamos nosso argumento de que as medidas cautelares diversas e também a prisão domiciliar não podem ser tratadas de forma autônoma da prisão preventiva e, ainda, desconectadas da natureza e principiologia cautelar.

A demonstração da existência da situação fática autorizadora da prisão domiciliar poderá ser feita pela via documental (certidão de nascimento) ou por perícia médica conforme o caso.

A Lei n. 13.257/2016 ampliou o rol de cabimento da substituição para incluir as situações de gestante, mulher com filho de até 12 anos incompletos e homem, quando for o único responsável pelos cuidados do filho de até 12 anos incompletos. A tutela aqui está voltada para os cuidados que a criança exige e, no caso da gestante, da qualidade de vida dela e do feto. Não mais exige o dispositivo legal que a gestação seja de alto risco ou que esteja com mais de 7 meses. Basta a comprovação da gravidez para a substituição ser concedida. Trata-se de proteção de caráter humanitário e, em todos os casos, plenamente justificada, bastando a comprovação idônea da situação descrita no dispositivo legal.

De acordo com a Lei n. 13.769/2018, foi estabelecida a substituição da prisão preventiva por prisão domiciliar (sem prejuízo da aplicação de outras medidas cautelares diversas previstas no art. 319) da gestante ou que for mãe ou responsável por criança ou pessoas com deficiência, através da inserção dos arts. 318-A e 318-B, com a seguinte redação:

> *Art. 318-A. A prisão preventiva imposta à mulher gestante ou que for mãe ou responsável por crianças ou pessoas com deficiência será substituída por prisão domiciliar, desde que:*

I – não tenha cometido crime com violência ou grave ameaça a pessoa;
II – não tenha cometido o crime contra seu filho ou dependente.
Art. 318-B. A substituição de que tratam os arts. 318 e 318-A poderá ser efetuada sem prejuízo da aplicação concomitante das medidas alternativas previstas no art. 319.

Dessa forma, o legislador disciplinou no art 318-A a substituição da prisão preventiva por prisão domiciliar da gestante ou responsável por criança ou pessoa com deficiência, que já estava prevista no art. 318, mas de forma genérica. Houve, assim, uma limitação do alcance da substituição, pois o art. 318-A impõe duas restrições que não existiam antes: que não seja crime cometido com violência ou grave ameaça a pessoa; e que o crime não tenha sido cometido contra seu filho ou dependente. Além disso, abre expressamente a possibilidade no art. 318-B de que sejam cumuladas, com a prisão domiciliar, uma ou mais das medidas cautelares diversas, estabelecidas no art. 319 do CPP.

Atente-se, ainda, que o art. 318-A deve ser lido junto com o art. 318, respeitando os limites lá estabelecidos. Assim, são diferentes pessoas que podem obter o benefício da prisão domiciliar substitutiva da preventiva:

- mulher gestante (sem restrição de tempo de gestação);
- mãe de criança (filho de até 12 anos de idade incompletos, art. 318, V);
- mãe de pessoa com deficiência (não há limite de idade);
- responsável por criança (deve ser lido junto com o art. 318, III, ou seja, quando imprescindível aos cuidados especiais de pessoa menor de 6 anos de idade. Contudo, não vemos qualquer óbice a que esse inciso seja interpretado em analogia com o art. 318, V, de modo que o responsável por criança de até 12 anos de idade também obtenha a prisão domiciliar da mesma forma que a mãe da criança teria direito, pois desempenha papel similar);
- responsável por pessoa com deficiência (sem limite de idade, mas o art. 318, III, exige que seja "imprescindível" aos cuidados especiais de pessoa com deficiência).

Em todos os casos, não se pode esquecer que essa substituição por prisão domiciliar só cabe se o crime for cometido sem violência ou grave ameaça a pessoa e não tenha sido cometido contra a criança ou a pessoa com deficiência.

Aproveitando o ensejo, cumpre recordar que a Lei n. 13.434/2016 também deu – finalmente – uma merecida tutela para a parturiente, ao incluir o parágrafo único no art. 292:

> Art. 292. (...)
> Parágrafo único. É vedado o uso de algemas em mulheres grávidas durante os atos médico-hospitalares preparatórios para a realização do parto e durante o trabalho de parto, bem como em mulheres durante o período de puerpério imediato.

Mais uma acertada e necessária tutela, de caráter humanitário, para a mulher grávida, antes, durante e também após o parto.

Por fim, não se trata, por evidente, de uma nova modalidade de prisão cautelar, mas de medida substitutiva da prisão preventiva, devendo observar os mesmos requisitos e princípios (pois substitutiva e não autônoma).

Capítulo V

DA PRISÃO TEMPORÁRIA

A prisão temporária está prevista na Lei n. 7.960/89 e nasce logo após a promulgação da Constituição de 1988, atendendo à imensa pressão da polícia judiciária brasileira, que teria ficado "enfraquecida" no novo contexto constitucional diante da perda de alguns importantes poderes, entre eles o de prender para "averiguações" ou "identificação" dos suspeitos. Há que considerar que a cultura policial vigente naquele momento, em que prisões policiais e até a busca e apreensão eram feitas sem a intervenção jurisdicional, não concebia uma investigação policial sem que o suspeito estivesse completamente à disposição da polícia. A pobreza dos meios de investigação (da época) fazia com que o suspeito fosse o principal "objeto de prova". Daí por que o que representava um grande avanço democrático foi interpretado pelos policiais como uma castração de suas funções.

A pressão foi tão grande que o Presidente José Sarney cedeu e, em 21-12-1989, foi institucionalizada a prisão para averiguações, agora com o nome de "prisão temporária" (como se existisse prisão perpétua...).

Outro detalhe importante é que a prisão temporária possui um defeito genético: foi criada pela Medida Provisória n. 111, de 24-11-1989 (convertida na Lei n. 7.960/89). O Poder Executivo, violando o disposto no art. 22, I, da Constituição, legislou sobre matéria processual penal e penal (pois criou um novo tipo penal na Lei n. 4.898/65), por meio de medida provisória, o que é manifestamente inconstitucional. A posterior conversão da medida em lei não sana o vício de origem[1].

Mas, como os juízes e tribunais brasileiros fizeram vista grossa para essa grave inconstitucionalidade, a lei seguiu vigendo e finalmente foi

---

1 RANGEL, Paulo. Op. cit., p. 640.

declarada constitucional pelo STF em 11-2-2022, nas ADI 4.109 e 3.360. Neste momento o STF definiu – muito tardiamente – algumas balizas para aplicação da prisão temporária, que representam uma evolução em termos de jurisprudência, mas nada novo para a doutrina. Voltaremos a essa decisão quando tratarmos da correta conjugação dos incisos do art. 1º da Lei n. 7.960/89.

Em que pese a declaração de constitucionalidade, não se pode perder de vista que se trata de uma prisão cautelar para satisfazer o interesse da polícia, pois, sob o manto da "imprescindibilidade para as investigações do inquérito", não se pode permitir que a polícia disponha, como bem entender, do imputado. Assim, ao contrário da prisão preventiva, em que o sujeito passivo fica em estabelecimento prisional e, se a polícia quiser conduzi-lo para ser interrogado ou participar de algum ato de investigação, deverá necessariamente solicitar autorização para o juiz, a prisão temporária lhe dá plena autonomia, até mesmo para que o detido fique preso na própria delegacia de polícia. Significa dizer que ele está 24 horas por dia à disposição de todo e qualquer tipo de pressão ou maus-tratos, especialmente das ardilosas promessas do estilo "confessa ou faz uma delação premiada que isso acaba".

De forma mais direta, CIRILO DE VARGAS[2] afirma categoricamente:

> Na prática, durante dez dias (e se for crime hediondo, por até 60 dias!!), o juiz está permitindo que um suspeito fique sujeito a toda sorte de maus-tratos. Maus-tratos, sim, porque, se não houvesse para a Polícia a necessidade deles, por que requerer a prisão? Preso, por ordem judicial, o cidadão está sujeito a suplícios que não deixam vestígios, sendo de valia nenhuma o exame médico para constatar violências. E, prossegue, se todo o dia, sem exceção, a mulher do preso requerer ao juiz o exame médico do marido?...

É óbvio que ele denegaria!

A tortura está aí, no dia a dia das delegacias e casas de detenção espalhadas pelo Brasil, mas sem dúvida mudou de cara: é muito

---

2 CIRILO DE VARGAS, José. Op. cit., p. 267.

mais psicológica do que física, mas não por isso menos cruel e eficiente. A prisão temporária cria todas as condições necessárias para se transformar em uma prisão para tortura psicológica, pois o preso fica à disposição do inquisidor. A prisão temporária é um importantíssimo instrumento na cultura inquisitória que ainda norteia a atividade policial, em que a confissão e a "colaboração" são incessantemente buscadas. Não se pode esquecer que a "verdade" se esconde na alma do herege, sendo ele o principal "objeto" da investigação.

Daí por que todo cuidado é pouco quando se pretender utilizar esse tipo de prisão, cabendo aos juízes suma prudência e bastante comedimento ao lançar mão desse instituto, até porque a cultura inquisitória (de obter uma confissão a qualquer custo) ainda domina a mentalidade policial brasileira, fazendo com que métodos medievais ainda sejam usados e muita injustiça seja cometida.

A prisão temporária não foi, diretamente, modificada pela Lei n. 12.403/2011 ou pela Lei n. 13.964/2019, mas sublinhamos a importância do art. 282, que se aplica a qualquer medida cautelar, até mesmo para a prisão temporária, embora prevista em lei apartada.

Portanto, a prisão temporária também passa a ser regida pelo art. 282, especialmente nos seguintes pontos:

> Art. 282. As medidas cautelares previstas neste Título deverão ser aplicadas observando-se a:
> I – necessidade para aplicação da lei penal, para a investigação ou a instrução criminal e, nos casos expressamente previstos, para evitar a prática de infrações penais;
> II – adequação da medida à gravidade do crime, circunstâncias do fato e condições pessoais do indiciado ou acusado.
> (...)

Significa o estabelecimento de novos parâmetros sobre os quais deve especial atenção o juiz ao decretar a prisão temporária: necessidade e adequação.

Além de observar se a medida realmente é necessária para a investigação e a coleta dos elementos probatórios buscados, deve verificar se a prisão temporária é adequada à finalidade apontada pela autoridade policial. Em última análise, estamos tratando da proporcionalidade da prisão, sem esquecer das medidas cautelares diversas, previstas no art. 319 e que são menos onerosas para o imputado.

Como consta no voto vencedor, do Min. Edson FACHIN, no julgamento das **ADI 3.360 e 4.109 em 4-2-2022**, o STF fixou o entendimento de que a decretação de prisão temporária autoriza-se quando, cumulativamente:

1) for imprescindível para as investigações do inquérito policial (art. 1º, I, Lei n. 7.960/89) (*periculum libertatis*), constatada a partir de elementos concretos, e não meras conjecturas, vedada a sua utilização como prisão para averiguações, em violação ao direito a não autoincriminação, ou quando fundada no mero fato de o representado não possuir residência fixa (inciso II);
2) houver fundadas razões de autoria ou participação do indiciado nos crimes previstos no art. 1º, III, da Lei n. 7.960/89 (*fumus comissi delicti*), vedada a analogia ou a interpretação extensiva do rol previsto no dispositivo;
3) for justificada em fatos novos ou contemporâneos que fundamentem a medida (art. 312, § 2º, CPP);
4) a medida for adequada à gravidade concreta do crime, às circunstâncias do fato e às condições pessoais do indiciado (art. 282, II, CPP);
5) não for suficiente a imposição de medidas cautelares diversas, previstas nos arts. 319 e 320 do CPP (art. 282, § 6º, CPP).

Tal decisão não apenas coloca um ponto final no que se refere à forma correta de interpretar a conjugação dos incisos do art. 1º da Lei (obrigatoriamente devem estar presentes os incisos I e III, sendo o inciso II contingencial), como também afirma – categoricamente – que os princípios gerais da prisão cautelar também se aplicam à prisão temporária.

1. Duração da prisão temporária. Prazo com sanção

É a única prisão cautelar cujo prazo máximo de duração está previsto em lei. Mais importante, trata-se de prazo com sanção, ou seja, findo o limite de tempo fixado na lei, o imputado deve ser imediatamente posto em liberdade (art. 2º, § 7º, da Lei n. 7.960/89), sob pena de configurar-se o delito de abuso de autoridade (Lei n. 13.869/2019). Vejamos agora os principais aspectos da prisão temporária.

Será decretada pelo juiz (garantia da jurisdicionalidade), mediante requerimento do Ministério Público ou representação da autoridade policial. Não poderá ser decretada de ofício pelo juiz.

Deverá sempre ser fundamentada a decisão, como determinam os arts. 93, IX, da Constituição e 2º, § 2º, da Lei n. 7.960/89, demonstrando a necessidade da prisão temporária e a presença do requisito e fundamentos que a legitimam.

Os prazos de sua duração são:

- até 5 dias, prorrogáveis por igual período em caso de extrema e comprovada necessidade;
- sendo crime hediondo, o prazo poderá ser de 30 dias, prorrogáveis por igual período, fazendo com que a prisão temporária possa durar até 60 dias. Essa possibilidade está prevista no art. 2º, § 4º, da Lei n. 8.072/90.

Nada impede que o imputado seja posto em liberdade antes desses prazos, pela própria autoridade policial (sem intervenção judicial), desde que não exista mais a necessidade da custódia, tendo em vista o interesse da investigação. Mas os prazos devem ser observados, sendo completamente ilegal, por exemplo, a decisão judicial que decreta a prisão temporária por 7 dias (pois excede o prazo e já antecipa uma prorrogação – de ofício! – que nem sequer foi pedida e muito menos demonstrada). O prazo é de até 5 dias. Depois disso, excepcionalmente, havendo pedido expresso e fundamentado da autoridade policial, poderá haver a prorrogação por mais 5 dias.

Noutro sentido, concordamos com RANGEL[3], de que nenhum problema existe se o juiz fixar uma prisão temporária pelo prazo de 3

---

3 RANGEL, Paulo. Op. cit., p. 648. Ressalve-se, porém, que o autor somente admite a fixação de um prazo menor quando houver a concordância do Ministério Público, o que nos parece desnecessário. Cabe ao juiz, acolhendo parcialmente o pedido do Ministério Público, fixar a duração da prisão temporária, respeitando o limite máximo da lei, e controlar os excessos.

dias ou, sendo crime hediondo, por 15 dias (ainda que a lei permita até 30 dias). O prazo fixado em lei é o "máximo" permitido, sempre mirando a necessidade da investigação. Cumprida essa finalidade em período menor, deve o imputado ser imediatamente solto.

Então, o juiz pode, perfeitamente, fixar um limite menor, avaliando a "necessidade" apontada pela autoridade policial. Muitas vezes, havendo vários suspeitos, com residências em diferentes cidades, é pedida a prisão temporária junto com a busca e apreensão, sendo a primeira uma forma de garantir a eficácia da segunda. Não há motivo algum para que a prisão temporária, tomando o caso do crime hediondo, por exemplo, dure mais do que 5 dias. Logo, para evitar abusos, deverá o juiz fixar esse prazo, cabendo à autoridade policial pedir e demonstrar eventual necessidade de prorrogação.

Deve-se assegurar a possibilidade de pedido de prorrogação, em caso de extrema e comprovada necessidade, até o limite global previsto na Lei n. 7.960/89 (5+5=10 ou, ainda, se hediondo, 30+30=60), de modo que, se o pedido for de prisão temporária por 30 dias (crime hediondo) e o juiz fixar em 15 dias, a autoridade policial poderá postular a prorrogação até o limite global de 60 dias.

Assim, em se tratando de crime hediondo, o melhor seria que os juízes fixassem um prazo de no máximo 15 dias (ou até menos). A prorrogação deveria vir por meio de pedido fundamentado, permitindo ao juiz fazer um novo controle da necessidade da prisão e coibindo eventuais excessos. Se estiver convencido da imprescindibilidade da prorrogação, que o faça por mais 15 dias. Convenhamos que 30 dias de prisão temporária é tempo mais do que suficiente para a medida cumprir o seu fim.

Com a Lei n. 12.403/2011 e a inserção de um rol de medidas diversas da prisão, pensamos que não se justifica uma prisão temporária por mais de 5 dias, na medida em que, após esse prazo, poderá o juiz – mediante invocação ou de ofício – substituir essa prisão cautelar por uma medida alternativa, que igualmente permita o controle sobre o risco de fuga ou para a prova, sem necessidade da prisão.

Em qualquer caso, deve-se considerar ainda que a prisão temporária poderá dar lugar, após o escoamento do seu prazo, a uma prisão preventiva (que, como visto, não possui prazo de duração).

Contudo, em nenhuma hipótese poderá ser decretada a prisão temporária quando já estiver concluído o inquérito policial ou mesmo persistir, se tiver sido decretada anteriormente, após a conclusão da investigação.

2. Especificidade do caráter cautelar. Análise do *fumus commissi delicti* e do *periculum libertatis*. Crítica à "imprescindibilidade para as investigações policiais"

A prisão temporária possui uma cautelaridade voltada para a investigação preliminar e não para o processo. Não cabe prisão temporária (ou sua permanência) quando já tiver sido concluído o inquérito policial. Então, se já houver processo ou apenas tiver sido oferecida a denúncia, não pode permanecer a prisão temporária.

Trata-se de uma prisão finalisticamente dirigida à investigação e que não sobrevive no curso do processo penal por desaparecimento de seu fundamento. Encerrada a investigação preliminar, não se pode mais cogitar de prisão temporária.

Por isso, CÂMARA[4] classifica a prisão temporária como **medida subcautelar ou precautelar** (da mesma forma que a prisão em flagrante, anteriormente explicada), pois ela depende – para ter eficácia posterior – de conversão em prisão preventiva. Ela tendencialmente antecipa uma medida cautelar posterior, tendo uma finalidade cautelar "temporânea". Considera que a prisão temporária não é dotada de autonomia, somente ganhando sobrevida em caso de posterior transformação em prisão preventiva ou outra medida cautelar típica.

Compreendido isso, para que seja decretada, são necessários *fumus commissi delicti* e *periculum libertatis*, nos seguintes termos:

O *fumus commissi delicti* está previsto no art. 1º, III, da Lei n. 7.960/89, exigindo que existam "fundadas razões, de acordo com qualquer prova admitida na legislação penal, de autoria ou participação

---

4   CÂMARA, Luiz Antonio. Op. cit., p. 198 e 207.

do indiciado nos seguintes crimes". Na continuação, essa lei enumera 14 crimes, que vão do homicídio doloso aos crimes contra o sistema financeiro. É um rol bastante amplo e abrangente e, importante frisar, taxativo. É pacífico que a prisão temporária por crime que não esteja previsto naquele rol do inciso III é completamente ilegal, devendo imediatamente ser relaxada. Assim, é ilegal a prisão temporária por homicídio culposo, estelionato, apropriação indébita, sonegação fiscal, falsidade documental etc.

Deve-se sublinhar que a prisão temporária dirige-se ao agente suspeito de autoria ou participação em um daqueles delitos, sendo absurda sua utilização para prisão de testemunha, vítima, ascendente, descendente, cônjuge etc. do suposto autor. Por mais bizarro que isso possa parecer, neste país o rol de monstruosidades jurídicas é infindável, havendo notícias de prisão temporária de testemunha que não comparece na delegacia de polícia e até da mãe de traficante foragido, para forçar sua apresentação...

Não há que olvidar que para a decretação da prisão já devem existir indícios razoáveis de autoria, não se admitindo que se prenda para então buscar elementos de autoria e materialidade.

O *periculum libertatis* acaba sendo distorcido na prisão temporária, para atender à imprescindibilidade para as investigações do inquérito. Daí por que não é a liberdade do imputado o gerador do perigo que se quer tutelar, senão que a investigação necessita da prisão ou, ainda, a liberdade é incompatível com o que necessita a investigação para esclarecer o fato.

Importante trazer à colação as sempre lúcidas palavras do Min. Eros Grau[5], ainda que a citação seja longa, quando explica que:

> *(...) O controle difuso da constitucionalidade da prisão temporária deverá ser desenvolvido perquirindo-se necessidade e indispensabilidade da medida. Daí que a primeira indagação a ser feita no curso desse controle há de ser a seguinte:* **em que e no que o corpo do suspeito é necessário à investigação? Exclua-se desde logo a afirmação de que se prende para ouvir o detido.** *Pois a Constituição garante a qualquer um o direito de permanecer calado*

---

5 Trecho extraído do voto proferido pelo Min. Eros Grau no HC 95.009-4/SP, p. 41 e s.

(art. 5º, n. LXIII) – e o temos afirmado aqui exaustivamente –, o que faz com que a resposta à inquirição investigatória consubstancie uma faculdade. Ora, não se prende alguém para que exerça uma faculdade! Sendo a privação da liberdade a mais grave das constrições que a alguém se pode impor, é imperioso que o paciente dessa coação tenha a sua disposição alternativa de evitá-la. Se a investigação reclama a oitiva do suspeito, que a tanto se o intime e lhe sejam feitas perguntas, respondendo-as o suspeito se quiser, sem necessidade de prisão.

*31. Tampouco se pode acolher a prisão para **impedir que provas sejam destruídas** sem que o suspeito tenha dado qualquer motivo para que se afirme essa possibilidade. Na dicção do Ministro CELSO DE MELLO, para tanto é indispensável "base empírica idônea".*

*32. Não falta quem diga que a prisão temporária é, às vezes, a **"única punição"** que o suspeito sofre. Mas prisão cautelar não é pena, de sorte que a circunstância de ter sido ela o único constrangimento por ele suportado consubstanciará prova cabal de que, não tendo sido condenado, o acusado não merecia ser punido.*

*33. Pior ainda é o argumento da **"agilização" da investigação**. Pois antes de ser ágil é preciso que ela seja legal e necessária, inexistindo qualquer outra via para o seu curso* (destaques nossos).

Esse é, sem dúvida, o ponto mais problemático da prisão temporária. Não se pode admitir que uma prisão seja imprescindível para investigar um fato. A polícia deve ter informações e condições técnicas para realizar a investigação preliminar sem depender da prisão do suspeito.

É importante não esquecer que o suspeito também está protegido pela presunção de inocência e, principalmente, pelo *nemo tenetur se detegere*, ou seja, não está ele obrigado a praticar nenhum ato de prova que lhe possa prejudicar. Daí por que eventual recusa em submeter-se a reconhecimentos, acareações, reconstituições etc. deve ser respeitada, pois constitucionalmente garantida, jamais servindo de fundamento para a decretação da prisão temporária. Infelizmente, ainda existem juízes que decretam a prisão temporária porque o imputado "não está colaborando com as investigações"... Isso é um absurdo.

Assim, é ilegal a prisão temporária que, com fundamento na "imprescindibilidade para as investigações do inquérito policial", pretende disponibilizar o *corpo do suspeito* para que dele disponha a autoridade policial (obrigando-o a participar de reconhecimentos, reconstituições etc.)[6].

Há que abandonar o ranço inquisitório, em que o juiz (inquisidor) dispunha do corpo do herege, para dele extrair a verdade real... O suspeito (e o acusado) tem o direito de silêncio e de não participar de qualquer ato probatório, logo, está logicamente autorizado a não comparecer (e, obviamente, a "não colaborar com as investigações"...).

Infelizmente, esse é um nível de evolução democrática e processual ainda não alcançado por muitos juízes e tribunais, que ainda operam na lógica inquisitória, autorizando esse tipo de prisão temporária completamente ilegal. Há que se ter bem presente que a banalização das prisões cautelares (da preventiva à prisão temporária) decorre de exclusiva responsabilidade dos juízes, pois, em última análise, nada disso pode ocorrer sem a sua expressa determinação e conivência.

Feita essa ressalva, vamos a outro questionamento recorrente: como deve ser a aplicação dos incisos do art. 1º da Lei n. 7.960/89?

Será que pode ser decretada a prisão temporária com base, apenas, no inciso I? E só com base no inciso II? E só no III?

Não.

Por culpa da péssima sistemática dessa lei, a melhor interpretação é a seguinte:

Os incisos devem ser interpretados em conjunto, de modo que só pode haver prisão de alguém suspeito de ser autor ou partícipe de algum daqueles crimes (cujo rol é taxativo), e quando imprescindível para a investigação.

Logo, sempre deve estar presente o inciso III.

Da mesma forma, a necessidade da prisão está estampada no inciso I, de modo que a tal "imprescindibilidade para as investigações" não pode faltar.

---

6 No mesmo sentido, DELMANTO JUNIOR, *Inatividade no processo penal brasileiro*, p. 166.

Contudo, tanto o inciso I como o inciso III, de forma isolada, não justificam a prisão temporária, somente quando combinados. O inciso II (indiciado sem residência fixa ou que não fornece elementos necessários para sua identificação) é completamente contingencial, ou seja, sozinho não autoriza a prisão temporária, e sua combinação apenas com o inciso I ou apenas com o inciso III não justifica a prisão temporária. Mais do que isso, o inciso II acaba sendo absorvido pela "imprescindibilidade" do inciso I, tornando-se logicamente redundante.

Em resumo: **a prisão temporária somente poderá ser decretada quando estiverem presentes as situações previstas nos incisos III e I.** A situação descrita no inciso II apenas reforça o fundamento da prisão, logo, pode haver prisão temporária pela conjugação dos três incisos.

Todas as demais combinações não autorizam a prisão temporária.

Muito tardiamente, apenas em 2021, o STF, no julgamento das ADI 3.360 e 4.109, fixou o seguinte entendimento (na linha do que explicamos e sustentamos) de que a decretação de prisão temporária autoriza-se quando, cumulativamente:

1) for imprescindível para as investigações do inquérito policial (art. 1º, I, Lei n. 7.960/89) (*periculum libertatis*), constatada a partir de elementos concretos, e não meras conjecturas, vedada a sua utilização como prisão para averiguações, em violação ao direito a não autoincriminação, ou quando fundada no mero fato de o representado não possuir residência fixa (inciso II);
2) houver fundadas razões de autoria ou participação do indiciado nos crimes previstos no art. 1º, III, da Lei n. 7.960/89 (*fumus comissi delicti*), vedada a analogia ou a interpretação extensiva do rol previsto no dispositivo;
3) for justificada em fatos novos ou contemporâneos que fundamentem a medida (art. 312, § 2º, CPP);
4) a medida for adequada à gravidade concreta do crime, às circunstâncias do fato e às condições pessoais do indiciado (art. 282, II, CPP);

5) não for suficiente a imposição de medidas cautelares diversas, previstas nos arts. 319 e 320 do CPP (art. 282, § 6º, CPP).

Tal decisão não apenas coloca um ponto final no que se refere à forma correta de interpretar a conjugação dos incisos do art. 1º da Lei (obrigatoriamente devem estar presentes os incisos I e III, sendo o inciso II contingencial), como também afirma – categoricamente – que os princípios gerais da prisão cautelar também se aplicam à prisão temporária.

Como sempre dissemos, os princípios gerais das prisões cautelares (como atualidade e contemporaneidade do *periculum*, excepcionalidade, proporcionalidade e adequação etc.) obviamente devem ser aplicados à prisão temporária, ou por acaso ela não é uma espécie do gênero "prisões cautelares"? Então, nada de novo aqui, apenas o aval – bastante tardio – do STF. O mesmo se diga em relação à forma de conjugar os incisos do art. 1º.

Mas houve uma divergência interessante neste julgamento. A maioria concordou, acertadamente, que os princípios gerais das prisões cautelares (princípio da atualidade/contemporaneidade do *periculum libertatis*, adequação à gravidade concreta do crime, inclusive pela via da proporcionalidade, estrita necessidade etc.) se aplicam à prisão temporária, mas não se exigem os limites do art. 313 do CPP. Explico: o Min. Gilmar Mendes (vencido neste ponto) ainda exigia a observância dos limites estabelecidos no art. 313 do CPP. Essa exigência não vingou e concordamos que ela realmente não era adequada, pois o art. 313 é requisito exclusivo da prisão preventiva, que não deve ser exigido na prisão temporária porque a Lei n. 7.960/89 estabelece seu próprio rol taxativo de crimes. Logo, por opção do legislador, a quantidade de pena e quais delitos são passíveis de prisão temporária já estão expressa e taxativamente previsos no art. 1º, III, da Lei n. 7.960/89.

Enfim, uma decisão interessante, que pode servir para limitar a banalização da prisão temporária, que espero seja observada pelos juízes e tribunais, mas que não é nenhuma inovação à luz do que a melhor doutrina já vinha falando há muito tempo. Sem dúvida é uma boa decisão, ainda que tardia e até bastante óbvia (mas lembrando que, no processo penal, o "óbvio" precisa ser dito, diante da triste mentalidade punitivista existente).

Por último, cumpre rechaçar a manipulação que tem sido feita – através do uso abusivo da prisão temporária – para burlar a inconstitucionalidade da condução coercitiva. Com a decisão proferida na ADPF 444, foi considerada inconstitucional a condução coercitiva de suspeitos e acusados, por evidente violação do direito de silêncio e de não autoincriminação. O problema surge quando se utiliza, de forma indevida, a prisão temporária para burlar essa decisão, buscando, através dela, uma prisão para forçar a tomada de depoimentos e a produção de provas contra o interesse do imputado, violando seu direito de silêncio. É preciso que os juízes estejam atentos a essa manobra, evitando o uso abusivo da prisão temporária, fora dos estritos limites da Lei n. 7.960 e com o claro caráter coercitivo, coativo, prendendo para forçar a oitiva e a confissão, pois isso é claramente ilegal e inconstitucional.

Capítulo VI

LIBERDADE PROVISÓRIA E O NOVO REGIME JURÍDICO DA FIANÇA

Não se pode iniciar a análise desse tema sem refletir sobre o fato de o Código de Processo Penal falar em liberdade "provisória", denotando a matriz autoritária que o informa. Recordando GOLDSCHMIDT, quando afirma que o processo penal de uma nação não é senão um termômetro dos elementos autoritários ou democráticos de sua Constituição, é elementar que tal tratamento corresponde a um sistema constitucional que felizmente não vigora mais. Trata-se de uma época em que a prisão ao longo do processo era uma regra, havendo até a prisão "preventiva" obrigatória quando o crime tivesse pena de reclusão, no máximo, igual ou superior a 10 anos. Nada interessava ou se questionava; a prisão "cautelar" era obrigatória.

Daí por que a liberdade era provisória, precária.

A situação começou a mudar com o advento da Lei n. 6.416/77, que, inserindo o parágrafo único no art. 310 do CPP, ampliou substancialmente o espaço de liberdade no processo penal, criando a possibilidade de o preso em flagrante permanecer solto, pela ausência dos fundamentos da prisão preventiva.

Nova revolução opera-se (ou deveria operar-se) com o advento da Constituição de 1988, cabendo ao processo penal ajustar seu termostato, para conformar-se à nova Carta.

Então, hoje, deve-se partir da premissa de que "provisória" deve ser a prisão cautelar. A liberdade é a regra, não necessitando ser legitimada e tampouco deve-se admitir, tão passivamente, o emprego do adjetivo "provisória" quando do que se trata é de um valor dessa dimensão.

Feita essa ressalva, vejamos a liberdade provisória e o novo regime jurídico da fiança, uma das principais modificações feitas na reforma processual de 2011.

Com a nova redação do art. 319, foi estabelecido um sistema polimorfo, com amplo regime de liberdade provisória, com diferentes níveis de vinculação ao processo, estabelecendo um escalonamento gradativo, em que no topo esteja a liberdade plena e, gradativamente, vai-se descendo, criando restrições à liberdade do réu no curso do processo pela imposição de medidas cautelares diversas, como o dever de comparecer periodicamente, de pagar fiança, a proibição de frequentar determinados lugares, a obrigação de permanecer em outros nos horários estabelecidos, a proibição de ausentar-se da comarca sem prévia autorização judicial, o monitoramento eletrônico, o recolhimento domiciliar noturno. Quando nada disso se mostrar suficiente e adequado, chega-se à *ultima ratio* do sistema: a prisão preventiva.

Dessa forma, a liberdade provisória é uma medida alternativa, de caráter substitutivo em relação à prisão preventiva, que fica efetivamente reservada para os casos graves, em que sua necessidade estaria legitimada.

1. Definindo categorias: relaxamento, revogação da prisão preventiva e concessão da liberdade provisória

Para compreensão dos conceitos, façamos desde logo as distinções devidas[1]:

1) Relaxamento da prisão em flagrante ou preventiva: é sinônimo de ilegalidade da prisão, aplicando-se tanto à prisão em flagrante como também à preventiva. Toda prisão cautelar ou precautelar (flagrante) que não atenda aos requisitos legais anteriormente analisados é ilegal e deve ser imediatamente relaxada (art. 5º, LXV, da CF), com a consequente liberdade plena do agente. Assim, deve-se relaxar a prisão nos casos de flagrante forjado, provocado e preparado; prisão preventiva decretada por juiz incompetente ou de ofício; prisão automática ou obrigatória para apelar ou em virtude da decisão de

---

1 No mesmo sentido, BADARÓ, op. cit., p. 164.

pronúncia; prisão preventiva sem fundamentação; permanência de alguém preso a título de "prisão em flagrante" (pois se trata de medida precautelar, como explicado anteriormente) etc. Também é caso de relaxamento quando a ilegalidade é posterior, como exemplifica BADARÓ[2], citando o excesso de prazo da prisão preventiva.

2) Revogação da prisão preventiva ou da medida cautelar diversa: a revogação ocorre quando não mais subsistem os motivos que legitimaram a segregação ou a restrição imposta por meio de medida cautelar diversa (art. 319). Está intimamente vinculada com a provisionalidade das medidas cautelares, ou seja, com a marca genética de serem elas "situacionais", na medida em que tutelam uma situação fática de perigo. Desaparecido o *periculum libertatis* que autorizou a prisão preventiva ou medida cautelar diversa, cessa o suporte fático que a legitima, devendo o juiz revogar a prisão ou medida cautelar e conceder a liberdade plena do agente. Assim, a revogação somente se opera em relação à prisão preventiva ou medida cautelar diversa, não incidindo na medida precautelar da prisão em flagrante (em relação a ele, somente se fala em relaxamento ou concessão de liberdade provisória, conforme o caso). Contudo, homologado o flagrante e decretada a prisão preventiva, é cabível o pedido de revogação da prisão cautelar pelo desaparecimento do suporte fático apontado para sua decretação.

3) Concessão de liberdade provisória com ou sem fiança: disposta como uma medida cautelar (na verdade, uma contracautela), alternativa à prisão preventiva, nos termos do art. 310, III, do CPP. No sistema brasileiro, situa-se após a prisão em flagrante e antes da prisão preventiva, como medida impeditiva da prisão cautelar. Não é uma medida originária, senão substitutiva da prisão (em flagrante) já efetivada. É dela que nos iremos ocupar agora.

É a liberdade provisória uma forma de evitar que o agente preso em flagrante tenha sua detenção convertida em prisão preventiva. Daí por que, quando um juiz nega o pedido de liberdade provisória da defesa, homologa a prisão em flagrante e decreta a prisão preventiva,

---

2 Ibidem.

atendendo ao requerimento do Ministério Público. O *habeas corpus* impetrado será para obter a concessão de liberdade provisória (que deveria ter sido concedida antes, mas não foi) e não para revogação da prisão preventiva; ou, ainda, para obter a substituição da prisão preventiva por uma medida cautelar diversa.

Quando a discussão se situa em torno do art. 310, II, do CPP (e a conversão da prisão em flagrante em prisão preventiva) e o argumento é o de que nunca houve o risco previsto no art. 312 do CPP, o *habeas corpus* busca a liberdade provisória ilegalmente negada. Então, é caso de concessão de liberdade provisória.

E quando há prisão em flagrante, servindo de medida preparatória para a decretação da prisão preventiva, e, posteriormente, esse fundamento (*periculum libertatis*) desaparece, é caso de revogação ou de concessão de liberdade provisória?

É caso de revogação. O desaparecimento do suporte fático, da situação acautelatória que suporta a prisão preventiva (*periculum libertatis*), conduz à revogação da medida cautelar. Logo, desaparecido o risco de fuga, o clamor social ou o perigo para a coleta da prova (a instrução está encerrada, por exemplo), terá cabimento o pedido de revogação da prisão cautelar.

Da mesma forma, quando não existe prisão em flagrante e, com base na investigação preliminar e no pedido do Ministério Público, o juiz decreta a prisão preventiva, o *habeas corpus* interposto será para revogação da prisão e restabelecimento da liberdade plena.

Essa é uma distinção relevante e que, não raras vezes, costuma ser encoberta pelo confusionismo de conceitos. Há que se ter um mínimo de atenção às categorias processuais, principalmente diante do imbróglio normativo do CPP brasileiro.

Compreendido isso, evidencia-se que a liberdade provisória se estrutura diretamente sobre as bases da prisão em flagrante[3].

E, como explicamos anteriormente, a prisão em flagrante é precautelar, preparatória de uma cautelar de verdade, como a prisão

---

3 PACELLI DE OLIVEIRA, Eugênio. Op. cit., p. 79.

preventiva, de forma que a liberdade provisória se insere em linha direta de colisão com ela, impedindo-a.

Mas, e se a liberdade provisória se vincula diretamente à prisão em flagrante, como explicar o art. 334 do CPP, quando afirma que "a fiança poderá ser prestada enquanto não transitar em julgado a sentença condenatória"?

Porque a fiança pode ser aplicada a qualquer tempo, como medida cautelar diversa, assim estabelecida no art. 319, VIII, do CPP.

Na sistemática do art. 319, a fiança adquire o *status* de medida autônoma da liberdade provisória e por isso pode ser aplicada em qualquer fase do processo.

2. Regime jurídico da liberdade provisória

Desde a reforma de 2011 temos um sistema cautelar polimorfo, com diferentes instrumentos e possibilidades jurídicas do tratamento do regime de liberdade provisória.

Sem olvidar que a liberdade provisória se situa após a prisão em flagrante, como alternativa à prisão preventiva, pode ela ter o seguinte regime jurídico:

- liberdade provisória com fiança;
- liberdade provisória com fiança e outra(s) medida(s) cautelar(es) diversa(s) prevista(s) no art. 319 do CPP;
- liberdade provisória sem fiança, mas com a submissão à medida(s) cautelar(es) diversa(s) prevista(s) no art. 319 do CPP;
- liberdade provisória sem fiança, mas com obrigação de comparecer a todos os atos do processo, quando o agente praticar o fato ao abrigo de uma causa de exclusão da ilicitude (art. 310, § 1º).

Importante recordar ainda que:

- nos crimes dolosos cuja pena máxima é superior a 4 anos e exista *fumus commissi delicti* e *periculum libertatis*, poderão

ser utilizadas as medidas cautelares diversas ou, se inadequadas e insuficientes, a prisão preventiva;
- nos crimes dolosos cuja pena máxima é igual ou inferior a 4 anos e exista *fumus commissi delicti* e *periculum libertatis*, somente poderá haver decretação de medida cautelar diversa;
- nos crimes dolosos cuja pena máxima é igual ou inferior a 4 anos, em que exista *fumus commissi delicti* e *periculum libertatis*, e exista uma das situações dos incisos II ou III do art. 313, poderá ser decretada medida cautelar diversa ou, excepcionalmente, a prisão preventiva.

Compreendido isso, continuemos.

A redação do art. 310 é muito importante nesse tema:

Art. 310. Após receber o auto de prisão em flagrante, no prazo máximo de até 24 (vinte e quatro) horas após a realização da prisão, o juiz deverá promover audiência de custódia com a presença do acusado, seu advogado constituído ou membro da Defensoria Pública e o membro do Ministério Público, e, nessa audiência, o juiz deverá, fundamentadamente:
I – relaxar a prisão ilegal; ou
II – converter a prisão em flagrante em preventiva, quando presentes os requisitos constantes do art. 312 deste Código, e se revelarem inadequadas ou insuficientes as medidas cautelares diversas da prisão; ou
III – conceder liberdade provisória, com ou sem fiança.
§ 1º Se o juiz verificar, pelo auto de prisão em flagrante, que o agente praticou o fato em qualquer das condições constantes dos incisos I, II ou III do caput do art. 23 do Decreto-lei n. 2.848, de 7 de dezembro de 1940 (Código Penal), poderá, fundamentadamente, conceder ao acusado liberdade provisória, mediante termo de comparecimento obrigatório a todos os atos processuais, sob pena de revogação.
§ 2º Se o juiz verificar que o agente é reincidente ou que integra organização criminosa armada ou milícia, ou que porta arma de fogo de uso restrito, deverá denegar a liberdade provisória, com ou sem medidas cautelares.
§ 3º A autoridade que deu causa, sem motivação idônea, à não realização da audiência de custódia no prazo estabelecido no caput deste artigo responderá administrativa, civil e penalmente pela omissão.
§ 4º Transcorridas 24 (vinte e quatro) horas após o decurso do prazo estabelecido no caput deste artigo, a não realização de audiência de custódia sem motivação idônea ensejará também a ilegalidade da prisão, a ser

relaxada pela autoridade competente, sem prejuízo da possibilidade de imediata decretação de prisão preventiva. (Artigo suspenso pela liminar do Min. Fux.)

Comecemos pelo fim.

O § 1º tutela uma situação muito peculiar, em que o agente pratica o fato ao abrigo – ainda que aparente – de uma causa de exclusão da ilicitude, caso em que não cabe a prisão preventiva (art. 314). Será então concedida liberdade provisória (sem a exigência de fiança, note-se a diferença da redação do parágrafo em relação ao *caput*) mediante termo de comparecimento a todos os atos do processo. Essa é, nesse caso específico, a única obrigação que pode ser imposta ao imputado.

Analisemos agora o disposto no *caput* do art. 310.

Estando formalmente perfeita a prisão em flagrante, será homologada (do contrário, é caso de relaxamento), passando o juiz, na continuação, a verificar a necessidade da prisão preventiva ou a possibilidade de concessão de liberdade provisória, com ou sem fiança, cumulada ou não com alguma das medidas cautelares diversas do art. 319 do CPP.

Nessa linha, determina o art. 321:

> Art. 321. Ausentes os requisitos que autorizam a decretação da prisão preventiva, o juiz deverá conceder liberdade provisória, impondo, se for o caso, as medidas cautelares previstas no art. 319 deste Código e observados os critérios constantes do art. 282 deste Código.

Nessa perspectiva, poderá o juiz conceder:

a) liberdade provisória com fiança, cujo valor será fixado nos termos do art. 325 do CPP;

b) liberdade provisória com fiança e outra(s) medida(s) cautelar(es) diversa(s) prevista(s) no art. 319 do CPP, visto que a situação exige a maior restrição e controle da liberdade do réu;

c) liberdade provisória sem fiança, porque o réu não tem meios para pagá-la (art. 350), impondo-lhe as condições dos arts. 327 e 328 e, ainda, se necessário, de medida cautelar diversa (isolada ou cumulada com outra medida), prevista no art. 319 do CPP.

Portanto, diante do rol de medidas cautelares diversas previstas no art. 319, amplas são as possibilidades de tutela, sem que seja necessário recorrer à prisão preventiva, até porque não se pode olvidar do disposto no art. 282, § 6º:

> § 6º A prisão preventiva somente será determinada quando não for cabível a sua substituição por outra medida cautelar, observado o art. 319 deste Código, e o não cabimento da substituição por outra medida cautelar deverá ser justificado de forma fundamentada nos elementos presentes do caso concreto, de forma individualizada.

Fica reforçada a excepcionalidade da prisão preventiva e a nova redação do art. 282 (dada pela Lei n. 13.964/2019) vem ainda exigir que a decisão que nega a substituição da prisão preventiva pelas medidas cautelares diversas seja fundamentada e justificada, com base nos elementos presentes do caso concreto, de forma individualizada. A essa exigência, soma-se o novo *standard* de qualidade das decisões estabelecido no art. 315, § 2º, que não pode ser esquecido.

Em caso de descumprimento de quaisquer das condições impostas, poderá o juiz – diante de pedido expresso e fundamentado do Ministério Público – impor alguma medida cautelar diversa mais gravosa ou, em caso de real necessidade, decretar a prisão preventiva, mas não sem antes marcar uma audiência para dar conta da relevância dessa decisão e da exigência de contraditório (art. 282, § 3º). Esse é o princípio da provisionalidade das medidas cautelares, anteriormente explicado e para onde remetemos o leitor para evitar repetições.

3. Da fiança

A fiança é uma contracautela, uma garantia patrimonial, uma caução real prestada pelo imputado e que se destina, inicialmente, ao pagamento das despesas processuais, multa e indenização, em caso de condenação, mas também é utilizada como fator inibidor da fuga. Ou seja, é a fiança, considerando o elevado valor que pode atingir, um elemento inibidor, desestimulante, da fuga do imputado, garantindo, assim, a eficácia da aplicação da lei penal em caso de condenação.

Guarda, por isso, uma relação de proporcionalidade em relação à gravidade do crime e também em relação às possibilidades econômicas do imputado.

Nesse sentido, determina o art. 336:

> Art. 336. O dinheiro ou objetos dados como fiança servirão ao pagamento das custas, da indenização do dano, da prestação pecuniária e da multa, se o réu for condenado.
> Parágrafo único. Este dispositivo terá aplicação ainda no caso da prescrição depois da sentença condenatória (art. 110 do Código Penal).

Chama a atenção o disposto no parágrafo único do dispositivo, no sentido de que, se o réu for condenado, mas tiver declarada extinta a punibilidade pela prescrição, a fiança prestada continuará respondendo pelas custas processuais e indenização pelo dano. Não vislumbramos como exigir "prestação pecuniária" e "multa", pois igualmente prescritas.

O Estado perde o poder de punir, mas isso não isenta o réu das custas do processo e tampouco o exime da responsabilidade civil decorrente do delito. Portanto, no que tange ao dano, considerando que as esferas de responsabilidade civil e penal são distintas e que a declaração de extinção da punibilidade não afeta a pretensão indenizatória, está correta a previsão, mas responderá apenas pelo dano fixado na sentença penal (art. 387, IV).

O instituto da fiança foi profundamente modificado pela Lei n. 12.403/2011, tendo agora um campo de atuação muito maior.

A fiança passa a ter duas dimensões de atuação:

- aplicada no momento da concessão da liberdade provisória – art. 310 – portanto, como condição imposta nesse momento e vinculada à liberdade provisória;
- como medida cautelar diversa (art. 319).

Nos termos do art. 310, III, anteriormente analisado, o juiz, recebendo o auto de prisão em flagrante, poderá – após sua homologação – decretar a prisão preventiva ou conceder liberdade provisória, com ou sem fiança. Nesse momento, tem uma característica mais clara de contracautela, para evitar a decretação da prisão preventiva e vinculada à concessão da liberdade provisória. Importante destacar que o art. 310 é expresso: conceder liberdade provisória com ou sem fiança.

Significa dizer que nesse momento é possível homologar o flagrante e conceder liberdade provisória sem fiança, pois não é a "afiançabilidade" condição *sine qua non* para a liberdade provisória.

Destacamos que essa decisão deve ser tomada em audiência de custódia, como já explicado anteriormente, com observância de todos os requisitos legais de contraditório e garantia de defesa pessoal e técnica.

Também não é exagero relembrar que é ilegal e inconstitucional a conversão de ofício da prisão em flagrante em prisão preventiva, sem prévio pedido do Ministério Público, como já explicamos anteriormente em tópico específico.

E qual a relevância disso?

Para os crimes inafiançáveis. Evidencia-se que não existe prisão cautelar obrigatória[4] e que o flagrante "não prende por si só", como já explicado, de modo que, mesmo sendo o crime hediondo ou qualquer outro "inafiançável", poderá o juiz conceder liberdade provisória, sem fiança, e mediante a imposição de uma ou mais medidas cautelares diversas, conforme o caso.

Diante de um flagrante por crime inafiançável, não estando presente o *periculum libertatis* da prisão preventiva ou, ao menos, não em nível suficiente para exigir a prisão preventiva, poderá o juiz conceder a liberdade provisória sem fiança, mas com medidas cautelares alternativas com suficiência para tutelar a situação fática de perigo.

Ainda que não se imponha fiança, por ser inafiançável, poderá o juiz lançar mão do monitoramento eletrônico e da proibição de ausentar-se da comarca ou país, por exemplo.

---

4 Quanto ao disposto no art. 310, § 2º, e sua pretensão de criar uma prisão em flagrante que prenda por si só, vedando-se a concessão de liberdade provisória, remetemos o leitor para a crítica que fizemos anteriormente, pois é manifesta a inconstitucionalidade do dispositivo.

O que não se pode tolerar é simplesmente manter alguém preso por ser o crime inafiançável. Não, isso não pode ocorrer, pois o sistema cautelar possui diversas alternativas para tutelar uma situação de perigo e não há possibilidade de execução antecipada de pena.

Superada essa questão, vejamos a fiança do art. 319, VIII, assim estabelecida:

> Art. 319. (...)
> (...)
> VIII – *fiança, nas infrações que a admitem, para assegurar o comparecimento a atos do processo, evitar a obstrução do seu andamento ou em caso de resistência injustificada à ordem judicial;*
> (...)
> § 4º *A fiança será aplicada de acordo com as disposições do Capítulo VI deste Título, podendo ser cumulada com outras medidas cautelares.*

Situada no capítulo das medidas cautelares diversas, essa fiança tem outra estrutura.

Poderá ser aplicada a qualquer momento, nos termos do art. 334:

> Art. 334. *A fiança poderá ser prestada enquanto não transitar em julgado a sentença condenatória.*

Essa fiança poderá ser exigida até mesmo como reforço da tutela cautelar, no momento da sentença condenatória, para garantir que o réu possa recorrer em liberdade diminuindo o risco de fuga (fator inibidor).

Assim como as demais medidas cautelares diversas, essa fiança pode ser aplicada de forma isolada ou cumulada com outra medida prevista no art. 319, e tem como função precípua assegurar o comparecimento a atos do processo, evitar obstrução do seu andamento ou em caso de resistência à ordem judicial. Nos dois primeiros casos, é manifesta a tutela do processo, seja pelo viés de tutela da prova, seja para assegurar a aplicação da lei penal.

Já a parte final do artigo foge a essa sistemática, tendo uma finalidade punitiva, ao exigir fiança de quem tenha resistido, de forma injustificada, à ordem judicial.

Primeiro ponto criticável é exatamente esse defeito genético, ou seja, onde está a cautelaridade dessa medida?

Segundo aspecto é que o dispositivo parece criar uma terceira espécie de fiança, ou seja, temos a fiança aplicada junto com a liberdade provisória do art. 310, a fiança como medida cautelar diversa (art. 310, VIII, primeira parte) e uma fiança punitiva, art. 310, VIII, última parte. Mas tudo isso sem uma sistemática clara.

Terceiro problema é a vagueza do dispositivo. Pode-se exigir "fiança" em caso de descumprimento de qualquer ordem judicial? Se o réu é intimado para participar de um reconhecimento pessoal e não comparece, pode ser-lhe imposta essa fiança? Se não comparece na audiência de instrução, ainda que intimado, também pode ser imposta a fiança? Dependendo da interpretação e da argumentação que se dê, sim, poderia ser imposta a fiança, o que nos parece, juridicamente, absurdo. Não só porque não existe cautelaridade alguma, mas também porque se presta – ao remeter para o adjetivo "injustificada" – a manipulações e interpretações autoritárias, que até mesmo neguem o direito de silêncio do réu. O que será uma "resistência (in)justificada" à ordem judicial? Aquilo que o juiz que emitiu a ordem judicial disser que é, pois a ele também caberá decidir sobre a fiança...

Portanto, pensamos que essa fiança punitiva é de duvidosa constitucionalidade e deve ser usada, quando muito, para reforçar alguma medida cautelar imposta e descumprida, tendo sua aplicação restrita ao descumprimento de alguma das cautelares diversas desse art. 319.

4. Valor, autoridade, dispensa, reforço, destinação, cassação, quebramento e suas consequências e perda da fiança

Vejamos agora, sistematicamente, esses pontos:

a) VALOR:

Fixada em salários mínimos, a fiança deve observar o binômio gravidade do delito-possibilidade econômica do agente, nos termos dos arts. 325 e 326 do CPP, a saber:

> Art. 325. O valor da fiança será fixado pela autoridade que a conceder nos seguintes limites:
>
> (...)

I – de 1 (um) a 100 (cem) salários mínimos, quando se tratar de infração cuja pena privativa de liberdade, no grau máximo, não for superior a 4 (quatro) anos;
II – de 10 (dez) a 200 (duzentos) salários mínimos, quando o máximo da pena privativa de liberdade cominada for superior a 4 (quatro) anos.
§ 1º Se assim recomendar a situação econômica do preso, a fiança poderá ser:
I – dispensada, na forma do art. 350 deste Código;
II – reduzida até o máximo de 2/3 (dois terços); ou
III – aumentada em até 1.000 (mil) vezes.
Art. 326. Para determinar o valor da fiança, a autoridade terá em consideração a natureza da infração, as condições pessoais de fortuna e vida pregressa do acusado, as circunstâncias indicativas de sua periculosidade, bem como a importância provável das custas do processo, até final julgamento.

A Lei n. 12.403/2011 revitalizou a fiança e, principalmente, estabeleceu um vasto campo de aplicação e a possibilidade de fixação de valores elevados, suficientes para, à luz da gravidade do crime e das condições econômicas do imputado, minimizar os riscos de fuga. Valores elevados não apenas desestimulam a fuga, mas, principalmente, criam uma situação econômica completamente desfavorável, dificultando muito que o imputado tenha condições financeiras para fugir e se manter assim por longos períodos. Ademais, a fuga dará causa ao perdimento da integralidade do valor, como se verá na continuação.

Dessarte, ao mesmo tempo em que pode ser dispensada a fiança para aqueles imputados que não tiverem condições econômicas para suportá-la (art. 350), mas submetendo-os a outras medidas cautelares do art. 319 (e também dos arts. 327 e 328, conforme o caso), ou reduzida em até 2/3, também poderá ter o valor aumentado em até mil vezes. Com isso, em situações graves e se o imputado tiver excepcionais condições econômicas, a fiança poderia, em tese, ser fixada em 200.000 salários mínimos, ou seja, uma cifra astronômica. É claro que dificilmente se chegará a um valor desses, mas existe a possibilidade jurídica de fixar uma fiança em limites econômicos que realmente tenham relevância para o imputado, à luz da gravidade do crime e de sua riqueza.

Poderá consistir em depósito em dinheiro, pedras, objetos ou metais preciosos, títulos da dívida pública, federal, estadual ou municipal, ou em hipoteca inscrita em primeiro lugar (art. 330 do CPP).

b) Quem pode conceder:

A fiança, conforme as situações anteriormente explicadas, poderá ser imposta em qualquer fase da investigação ou do processo (até o trânsito em julgado), tanto pela autoridade judicial como também policial. A fiança imposta pela polícia está limitada pelo art. 322:

> *Art. 322. A autoridade policial somente poderá conceder fiança nos casos de infração cuja pena privativa de liberdade máxima não seja superior a 4 (quatro) anos.*
> *Parágrafo único. Nos demais casos, a fiança será requerida ao juiz, que decidirá em 48 (quarenta e oito) horas.*

O campo de aplicação da fiança policial foi substancialmente ampliado pela reforma processual de 2011, cabendo ao delegado de polícia fixá-la em qualquer crime cuja pena máxima não exceda 4 anos. Em caso de recusa ou demora injustificada por parte da autoridade policial em conceder a fiança, aplica-se o art. 335:

> *Art. 335. Recusando ou retardando a autoridade policial a concessão da fiança, o preso, ou alguém por ele, poderá prestá-la, mediante simples petição, perante o juiz competente, que decidirá em 48 (quarenta e oito) horas.*

Havendo demora por parte da autoridade policial ou nos demais casos em que a pena máxima é superior a 4 anos, caberá ao imputado solicitá-la ao juiz ou ainda, mesmo que não solicite, deverá a autoridade judiciária se manifestar sobre ela, por força do art. 310 do CPP.

Sublinhamos que tal dispositivo, especialmente ao prever um prazo de 48h para manifestação judicial, acaba por ser inaplicável atualmente, na medida em que antes disso deverá ser realizada a audiência de custódia. Recordemos que a autoridade policial tem até 24h para formalizar o auto de prisão em flagrante e remeter para o juiz (arts. 310 e 306, § 1º). Recebendo o APF, o juiz deverá realizar em até 24h a audiência de custódia (art. 310, § 4º), sob pena de ilegalidade da prisão a ser, portanto, relaxada. Ainda que o art. 310, § 4º, esteja com sua eficácia suspensa pela Liminar do Min. Fux, o prazo de 24h da audiência de custódia está sendo observado (até porque é uma exigência que já estava na Resolução 213 do CNJ). Portanto, antes do decurso do prazo do art. 335 deverá ser realizada a audiência de custódia e haver a manifestação do juiz sobre a fiança e demais medidas cautelares diversas.

c) DISPENSA DE PAGAMENTO:

Se as condições econômicas do imputado forem desfavoráveis e ele não tiver condições de arcar com a fiança, o art. 350 autoriza o juiz a conceder a liberdade provisória sem o pagamento, mas subordinando as condições dos arts. 327 e 328.

> *Art. 350. Nos casos em que couber fiança, o juiz, verificando a situação econômica do preso, poderá conceder-lhe liberdade provisória, sujeitando-o às obrigações constantes dos arts. 327 e 328 deste Código e a outras medidas cautelares, se for o caso.*
>
> *Parágrafo único. Se o beneficiado descumprir, sem motivo justo, qualquer das obrigações ou medidas impostas, aplicar-se-á o disposto no § 4º do art. 282 deste Código.*

Além das medidas dos arts. 327 e 328, poderá o juiz aplicar outras medidas cautelares diversas, previstas no art. 319, conforme a necessidade da situação.

d) REFORÇO:

Nos termos do art. 340 do CPP, será exigido o reforço da fiança, ou seja, um acréscimo a ser pago pelo imputado, quando:

- a autoridade tomar, por engano, fiança insuficiente (inciso I);
- houver depreciação material ou perecimento dos bens caucionados (inciso II);
- for inovada a classificação do delito (inciso III), nos termos dos arts. 383 ou 383, para um crime mais grave.

São situações em que houve perda do valor econômico da fiança ou a verificação da sua insuficiência, mas sem que o imputado tenha dado causa a esse perecimento. Por esse motivo, oportuniza-se-lhe o reforço, mas, se não for feito, acarretará a prisão e tornará a fiança sem efeito (art. 340, parágrafo único).

É claro que esse reforço deve observar a proporcionalidade e também o binômio gravidade do crime-possibilidade econômica do imputado, até mesmo no que tange ao art. 350 (impossibilidade de pagamento).

e) DESTINAÇÃO:

Se o réu for condenado e se apresentar para cumprir a pena imposta, ser-lhe-á devolvido o valor dado em garantia, abatendo-se o valor das custas, multa e indenização (aquela fixada na sentença penal). Se absolvido, a fiança é deixada sem efeito, devolvendo-lhe todos os valores. Nesse sentido, é importante a leitura dos arts. 336 e 337:

> Art. 336. O dinheiro ou objetos dados como fiança servirão ao pagamento das custas, da indenização do dano, da prestação pecuniária e da multa, se o réu for condenado.
> Parágrafo único. Este dispositivo terá aplicação ainda no caso da prescrição depois da sentença condenatória (art. 110 do Código Penal).
> Art. 337. Se a fiança for declarada sem efeito ou passar em julgado sentença que houver absolvido o acusado ou declarada extinta a ação penal, o valor que a constituir, atualizado, será restituído sem desconto, salvo o disposto no parágrafo único do art. 336 deste Código.

Quanto ao parágrafo único do art. 336, repetimos a lição anterior, no sentido de que se o réu for condenado, mas tiver declarada extinta a punibilidade pela prescrição, a fiança prestada continuará respondendo pelas custas processuais e indenização pelo dano. Não vislumbramos como exigir "prestação pecuniária" e "multa", pois igualmente prescritas. O Estado perde o poder de punir, mas isso não isenta o réu das custas do processo e tampouco o exime da responsabilidade civil decorrente do delito. Portanto, no que tange ao dano, considerando que as esferas de responsabilidade civil e penal são distintas e que a declaração de extinção da punibilidade não afeta a pretensão indenizatória, está correta a previsão, mas responderá apenas pelo dano fixado na sentença penal (art. 387, IV).

f) CASSAÇÃO:

Quando incabível a fiança, nos termos dos arts. 338 e 339, deverá a fiança ser cassada e os valores devolvidos integralmente ao réu. Não se impõe prisão automática pela cassação. A situação fática deve ser avaliada à luz do sistema cautelar e, se necessários e presentes o *fumus commissi delicti* e o *periculum libertatis*, poderá ser aplicada outra medida cautelar diversa, de forma isolada ou cumulativa e, em último caso, decretada a prisão preventiva.

g) QUEBRAMENTO:

A fiança será considerada quebrada quando:

> *Art. 341. Julgar-se-á quebrada a fiança quando o acusado:*
> *I – regularmente intimado para ato do processo, deixar de comparecer, sem motivo justo;*
> *II – deliberadamente praticar ato de obstrução ao andamento do processo;*
> *III – descumprir medida cautelar imposta cumulativamente com a fiança;*
> *IV – resistir injustificadamente a ordem judicial;*
> *V – praticar nova infração penal dolosa.*

O quebramento da fiança acarretará perda de metade do valor e caberá ao juiz decidir sobre a imposição de outras medidas cautelares, ou, em último caso, decretar a prisão preventiva. Dada a gravidade do quebramento da fiança, deverá ser analisada com muita prudência pelo juiz, que decidirá observando os critérios de necessidade e adequação, reservando a prisão preventiva para situações extremas.

Assim, a abertura conceitual contida nos incisos do art. 341 exige interpretação restritiva, sob pena de cair-se no decisionismo autoritário. Ademais, os incisos IV e V podem revelar-se claramente inconstitucionais, no caso concreto, por violarem a presunção de inocência. A mera "prática de outra infração" não pode justificar o quebramento da fiança, pois manifesta seria a violação da presunção de inocência e, conforme o caso, inequívoca desproporcionalidade.

h) CONSEQUÊNCIAS DO QUEBRAMENTO:

Conforme dispõe o art. 343:

> *Art. 343. O quebramento injustificado da fiança importará na perda de metade do seu valor, cabendo ao juiz decidir sobre a imposição de outras medidas cautelares ou, se for o caso, a decretação da prisão preventiva.*

Como explicado no item anterior, as consequências do quebramento da fiança são graves e deverá o juiz decidir, de forma fundamentada, sobre a imposição de outras medidas cautelares ou até mesmo, em casos graves, de prisão preventiva, sempre observando a necessidade e adequação da medida.

i) PERDA:

Está prevista no art. 344, a saber:

> Art. 344. Entender-se-á perdido, na totalidade, o valor da fiança, se, condenado, o acusado não se apresentar para o início do cumprimento da pena definitivamente imposta.

Como medida de contracautela, a fiança serve para vincular o imputado ao processo e seu resultado final, ou seja, a aplicação da lei penal em caso de condenação. Portanto, se o condenado não se apresentar para cumprir a pena, perderá o valor total da fiança e será preso.

5. Crimes inafiançáveis e situações de inafiançabilidade. Ausência de prisão cautelar obrigatória. Concessão de liberdade provisória sem fiança e com imposição de medidas cautelares diversas

Ainda que a Constituição contenha um claro projeto penalizador, e nisso houve um retrocesso civilizatório, chegando ao extremo de resgatar a "inafiançabilidade", jamais nela foi contemplada a prisão cautelar obrigatória. Concordamos com PACELLI[5], quando afirma que a Constituição chegou "absolutamente desatualizada em tema de liberdade provisória, trazendo uma enorme perplexidade ao renovar ou ressuscitar a antiga expressão da inafiançabilidade cujo único significado era (e ainda é, para nós) a impossibilidade de aplicação do regime de liberdade com fiança".

Mas, repetimos, **jamais foi recepcionada a prisão cautelar obrigatória, até porque não seria cautelar, mas sim antecipação de pena,**

---

5 Op. cit., p. 447.

absolutamente incompatível com a presunção de inocência e todo o rol de direitos fundamentais. Portanto, aqui, mais uma vez causa perplexidade a nova redação do art. 310, § 2º, já criticado.

Novo paradoxo, agora com nuança constitucional: e se alguém for preso em flagrante por crime tido como inafiançável, caberá liberdade provisória?

Sim, elementar. Do contrário, haveria um duplo erro: dar ao flagrante um poder e alcance que ele não tem (pois não é uma medida cautelar, senão precautelar e, portanto, precária); e, de outro lado, estabelecer um regime de prisão obrigatória não cautelar que o sistema não comporta.

Logo, deve o juiz analisar o disposto no art. 310 do CPP e, se presentes o requisito e fundamento da prisão preventiva, decretá-la; ou, do contrário, conceder ao agente liberdade provisória sem fiança e, considerando a gravidade do fato, determinar a aplicação de uma ou mais medidas cautelares diversas, tais como monitoramento eletrônico, restrição de circulação, proibição de afastar-se da comarca ou país etc.

Ademais, ainda que a Constituição efetivamente defina crimes inafiançáveis (art. 5º, XLIII), o próprio texto constitucional consagra a liberdade provisória sem fiança no art. 5º, LXVI. E mais: a própria Constituição determina que ninguém será preso senão em caso de flagrante delito ou por ordem escrita e fundamentada de autoridade judiciária competente. Logo, a fundamentação implica demonstração de necessidade da medida, pois, se fosse obrigatória, seria um ato judicial automático, sem a necessidade de qualquer fundamentação. Isso sem falar na presunção de inocência, incompatível com qualquer espécie de prisão obrigatória, até porque nem sequer cautelar seria, mas sim uma verdadeira pena antecipada.

Deve-se considerar, assim, que **o juízo de necessidade da prisão cautelar é concreto, pois implica análise de determinada situação fática, pois é da essência das prisões cautelares o caráter de medidas situacionais. O juízo de necessidade não admite uma valoração *a priori*, no sentido kantiano, de antes da experiência, senão que demanda uma verificação *in concreto*.**

E, mais, fiança e liberdade provisória são institutos distintos. Com a nova redação do art. 319, consagrou-se uma fiança autônoma, que pode ser aplicada até o trânsito em julgado.

Portanto, **quando se veda a fiança não se proíbe, necessariamente, a concessão de liberdade provisória**. Esse é o ponto nevrálgico da questão.

A inafiançabilidade gera, como consequências práticas:

- a impossibilidade de concessão de liberdade provisória com fiança por parte da autoridade policial;
- a liberdade provisória ficará sujeita à imposição de outras medidas cautelares diversas (art. 319), conforme a necessidade da situação.

No primeiro caso, a decisão sobre a concessão da liberdade provisória é exclusiva do juiz, nos termos do art. 310, a quem caberá impor as medidas cautelares alternativas necessárias e adequadas ao caso.

Em qualquer situação, a inafiançabilidade acaba por impor, para concessão da liberdade provisória, a submissão do imputado a uma ou mais medidas cautelares diversas, mais gravosas do que a fiança, entre aquelas previstas no art. 319 do CPP.

Ou seja, a inafiançabilidade veda apenas a concessão da liberdade provisória com fiança, mas não a liberdade provisória vinculada a medidas cautelares diversas, mais gravosas que o mero pagamento de fiança.

Compreendido isso, encontramos as situações de inafiançabilidade nos arts. 323 e 324 do CPP:

Art. 323. Não será concedida fiança:
I – nos crimes de racismo;
II – nos crimes de tortura, tráfico ilícito de entorpecentes e drogas afins, terrorismo e nos definidos como crimes hediondos;
III – nos crimes cometidos por grupos armados, civis ou militares, contra a ordem constitucional e o Estado Democrático.
Art. 324. Não será, igualmente, concedida fiança:
I – aos que, no mesmo processo, tiverem quebrado fiança anteriormente concedida ou infringido, sem motivo justo, qualquer das obrigações a que se referem os arts. 327 e 328 deste Código;

II – em caso de prisão civil ou militar;
III – (revogado);
IV – quando presentes os motivos que autorizam a decretação da prisão preventiva (art. 312).

A Lei n. 12.403/2011 realizou mais uma reforma parcial, na qual são aproveitados os artigos já existentes, sua divisão temática, e modificada apenas a redação. Por esse motivo, as situações de inafiançabilidade que deveriam estar no mesmo artigo acabam subdividas em dois, sem qualquer lógica sistêmica. Até a reforma de 2011, o art. 323 considerava fatores objetivos de inafiançabilidade e o art. 324, fatores subjetivos (inerentes ao agente). Agora, isso não foi completamente observado e o art. 324 mistura situações diversas.

No art. 323, vislumbramos situações em que a inafiançabilidade é objetiva, ou seja, toma como critério definidor a natureza do delito, seguindo o mandamento constitucional do art. 5º, XLII, XLIII e XLIV, da Constituição.

Já o art. 324, I, é de natureza subjetiva, vedando a fiança ao imputado que, nesse mesmo processo em que ela foi concedida, a tenha quebrado anteriormente ou infringido as obrigações dos arts. 327 e 328. Significa dizer que o agente já se tinha beneficiado da liberdade provisória com fiança e, nos termos do art. 341:

a) regularmente intimado para ato do processo, deixou de comparecer, sem motivo justo;
b) deliberadamente praticou ato de obstrução ao andamento do processo;
c) descumpriu medida cautelar imposta cumulativamente com a fiança;
d) resistiu injustificadamente a ordem judicial;
e) praticou nova infração penal dolosa.

Nesses casos, ou será decretada a prisão preventiva ou será imposta uma medida cautelar mais gravosa, na medida em que o imputado não só descumpriu as condições impostas, mas também quebrou a confiança que lhe foi concedida.

A prisão civil do inciso II do art. 324 atende a outra finalidade, de caráter coercitivo, para forçar o agente a pagar os alimentos devidos. Portanto, a concessão de fiança seria completamente contrária à natureza dessa prisão, pois geraria o paradoxo de o agente preferir pagar a fiança e continuar inadimplente com a prestação alimentar, por exemplo. Quanto à prisão do militar, seja ela disciplinar ou não, merece tratamento especial no Código Penal Militar e no Código de Processo Penal Militar, daí a ressalva, pois devem ser observados os regramentos lá constantes.

Por fim, o inciso IV deve ser contextualizado, no sentido de que, se presentes o requisito e fundamento da prisão preventiva e sendo ela necessária, não se concederá liberdade provisória com fiança. A necessidade da prisão preventiva é incompatível com a fiança, por elementar, pois são situações excludentes.

Dessarte, o fato de ser o crime inafiançável não acarreta, por si só, a prisão preventiva do agente. Sempre deverá o juiz verificar a necessidade da prisão preventiva no caso concreto, à luz de seus requisitos e fundamentos, sem olvidar que a prisão somente pode ser aplicada quando as medidas cautelares diversas não forem suficientes e adequadas.

Fiança e liberdade provisória são institutos distintos, de modo que, quando se veda a fiança, não se proíbe, necessariamente, a concessão de liberdade provisória, que poderá ser concedida em conjunto com as medidas alternativas previstas no art. 319 do CPP.

6. Ilegalidade da vedação à concessão de liberdade provisória. Possibilidade em crimes hediondos e equiparados. Nova Lei de Tóxicos, Estatuto do Desarmamento

Com relação aos crimes hediondos, até o advento da Lei n. 11.464/2007, havia uma restrição legal à concessão de liberdade provisória insculpida no art. 2º, II, da Lei n. 8.072/90. Sempre houve divergência sobre a validade substancial de tal norma, havendo para nós uma flagrante inconstitucionalidade.

O acerto da posição doutrinária que sempre resistiu a essa absurda vedação de liberdade provisória previsto na hedionda Lei

n. 8.072/90 finalmente veio reconhecido pela mudança legislativa – tardia, é verdade – da Lei n. 11.464/2007.

Agora, tendo sido preso o agente em flagrante delito, pode ser concedida a liberdade provisória nos crimes hediondos, tortura, tráfico ilícito de substâncias entorpecentes e terrorismo. Isso não significa que não se possa lançar mão da prisão preventiva nesses casos. Nada disso. A prisão preventiva poderá ser decretada desde que presentes seus pressupostos (*fumus commissi delicti* e *periculum libertatis*) e a real necessidade; do contrário, deverá o juiz conceder liberdade provisória mediante submissão do imputado às medidas cautelares diversas do art. 319, conforme o caso.

Também foi afetada a Lei n. 11.343/2006, pois seu art. 44 (que vedava a liberdade provisória nos crimes previstos nos arts. 33, *caput* e § 1º, e 34 a 37) não mais subsiste diante da alteração legislativa contida na Lei n. 11.464.

Com relação ao Estatuto do Desarmamento – Lei n. 10.826/2003, o art. 21 foi declarado inconstitucional pela ADIn 3.112-1, em 2-5-2007 (acórdão publicado no *DJ* de 26-10-2007), com a seguinte ementa:

> AÇÃO DIRETA DE INCONSTITUCIONALIDADE. LEI 10.826/2003. ESTATUTO DO DESARMAMENTO. INCONSTITUCIONALIDADE FORMAL AFASTADA. INVASÃO DA COMPETÊNCIA RESIDUAL DOS ESTADOS. INOCORRÊNCIA. DIREITO DE PROPRIEDADE. INTROMISSÃO DO ESTADO NA ESFERA PRIVADA DESCARACTERIZADA. PREDOMINÂNCIA DO INTERESSE PÚBLICO RECONHECIDA. OBRIGAÇÃO DE RENOVAÇÃO PERIÓDICA DO REGISTRO DAS ARMAS DE FOGO. DIREITO DE PROPRIEDADE, ATO JURÍDICO PERFEITO E DIREITO ADQUIRIDO ALEGADAMENTE VIOLADOS. ASSERTIVA IMPROCEDENTE. LESÃO AOS PRINCÍPIOS CONSTITUCIONAIS DA PRESUNÇÃO DE INOCÊNCIA E DO DEVIDO PROCESSO LEGAL. AFRONTA TAMBÉM AO PRINCÍPIO DA RAZOABILIDADE. ARGUMENTOS NÃO ACOLHIDOS. FIXAÇÃO DE IDADE MÍNIMA PARA A AQUISIÇÃO DE ARMA DE FOGO. POSSIBILIDADE. REALIZAÇÃO DE REFERENDO. INCOMPETÊNCIA DO CONGRESSO NACIONAL. PREJUDICIALIDADE. AÇÃO JULGADA PARCIALMENTE PROCEDENTE QUANTO À PROIBIÇÃO DO ESTABELECIMENTO DE FIANÇA E LIBERDADE PROVISÓRIA.
> I – (...)
> II – (...)
> III – (...)
> IV – *A proibição de estabelecimento de fiança para os delitos de "porte ilegal de arma de fogo de uso permitido" e de "disparo de arma de fogo" mostra-se*

desarrazoada, porquanto são crimes de mera conduta, que não se equiparam aos crimes que acarretam lesão ou ameaça de lesão à vida ou à propriedade.
V – Insusceptibilidade de liberdade provisória quanto aos delitos elencados nos arts. 16, 17 e 18. Inconstitucionalidade reconhecida, visto que o texto magno não autoriza a prisão ex lege, *em face dos princípios da presunção de inocência e da obrigatoriedade de fundamentação dos mandados de prisão pela autoridade judiciária competente.*
VI – (...)
VII – (...)
VIII – (...)
IX – Ação julgada procedente, em parte, para declarar a inconstitucionalidade dos parágrafos únicos dos artigos 14 e 15 e do artigo 21 da Lei n. 10.826, de 22 de dezembro de 2003.

Portanto, como já afirmávamos antes da ADIn 3.112-1, a proibição de concessão de fiança e liberdade provisória é flagrantemente inconstitucional e o mesmo raciocínio deve ser aplicado a leis similares.

Capítulo VII

EM DEFESA DA LIBERDADE: O *HABEAS CORPUS*

Depois de tratar das hipóteses de cabimento da prisão cautelar, em suas diferentes modalidades e momentos, cumpre verificar o principal instrumento de defesa da liberdade e controle da legalidade/cabimento da própria prisão processual: o *habeas corpus*. Uma ação constitucional que tem como principal objeto a defesa da liberdade e, portanto, o ataque à coação estatal abusiva/ilegal.

1. Uma (re)leitura histórica do *habeas corpus*: os antecedentes do direito aragonês

Para introduzir o estudo do *habeas corpus*, é importante fazer uma breve análise do aspecto histórico, mas desde outra perspectiva, diversa daquela costumeiramente apontada pelo senso comum teórico, pois pensamos que a origem do *writ* não está restrita ao *Habeas Corpus Act* de 1679 na Inglaterra. Existe um outro antecedente, ainda mais antigo, e praticamente ignorado pela doutrina brasileira: *la manifestación de personas de la corona de aragón* na Espanha.

Como explica FAIREN GUILLEN[1] em numerosos trabalhos que dedicou ao tema, bem como na própria Exposição de Motivos da LO 6/1984 espanhola, o *habeas corpus* é uma instituição própria do Direito anglo-saxão, mas não se pode ocultar, sem embargo, sua raiz no Direito histórico espanhol, onde conta com antecedentes

---

[1] Fazemos especial referência aos artigos publicados na obra La reforma Procesal Penal – 1988 – 1992. In: *Estudios de Derecho Procesal Civil, Penal y Constitucional*, p. 473 e s.

remotos como o denominado *recurso de manifestación de personas* do Reino de Aragão e as referências sobre os pressupostos das prisões ilegais contidas no Distrito de Vizcaya e outros ordenamentos distritais, assim como com os antecedentes mais próximos nas Constituições de 1869 e 1876, que regulavam o procedimento, ainda que não adotando nenhuma denominação específica.

Inclusive, em relação à recepção do *habeas corpus* pela Constituição espanhola de 1978, FAIREN GUILLEN afirma que "el legislador hubiera hecho mucho mejor en reinstituir la vieja *manifestación criminal de personas* que en importar el *habeas corpus* y nada menos que con rango constitucional. Error gravísimo"[2].

Para GIMENO SENDRA[3], a Lei Orgânica (espanhola) 6/1984 é uma inovação, mas não uma novidade, pois muito anterior a ela, e inclusive ao *habeas corpus* inglês – instaurado mediante o *Habeas Corpus Act* de 1679 – já existia na Coroa de Aragão, durante o período de 1428-1592, o procedimento de *manifestación de personas*. Era na realidade um procedimento rápido, submetido ao regime da ação popular, que transcorria ante uma jurisdição muito próxima a atual constitucional: a da Justiça de Aragão.

Esse instrumento servia para[4]:

a) Possibilitar que o detido fosse trasladado do cárcere para a "casa de los manifestados" de Zaragoza ou outro domicílio, mediante um regime similar a atual liberdade provisória.

b) Prevenir ou reprimir as detenções ilegais cometidas por qualquer autoridade posto que, sobre todas elas, inclusive do próprio Rei, se alçava a jurisdição da Justiça de Aragão.

Para RAMÓN SORIANO[5], a *manifestación de personas* era um processo com uma dupla função. Na primeira etapa, tratava-se de um procedimento cautelar para assegurar a dignidade da pessoa detida

---

2 Idem, p. 610.
3 GIMENO SENDRA, Vicente. *El proceso de habeas corpus*. 2. ed. Madrid: Ed. Tecnos, 1996, p. 39.
4 SORIANO, Ramón. *El derecho de habeas corpus*, p. 39.
5 Op. cit., p. 33.

dos possíveis maus-tratos e sevícias perpetradas pelas autoridades. Na segunda fase, se convertia em um procedimento de cognição plenária, onde o caso penal era inteiramente discutido.

De todos os recursos distritais aragoneses, apresenta uma maior afinidade com a *manifestación de personas* a chamada *firma de derecho*, que consistia em um mandamento de inibição ditado pela Justiça Maior de Aragão, ou seus funcionários, contra a atuação dos juízes, funcionários ou pessoas privadas. A *firma de derecho* podia ordenar a inibição de uma atuação futura possível – recebia então o nome de *agravios futuros* – ou bem de uma atuação já consumada, e neste caso se chamava *firma de agravios hechos*. Existiam, ademais, outros tipos de *firmas de derecho*: comuns ou casuais, possessórias ou titulares, de apelação etc., dando lugar a um enorme casuísmo jurídico para suprir as lacunas surgidas no confronto entre direito à liberdade e à "segurança social".

A *firma de derechos y agravios futuros o temidos* era um importante instrumento de proteção que existia na justiça de Aragão e que sem motivo não foi mais consagrado nas sucessivas modificações legislativas. Poderia ser utilizado em um momento anterior à *manifestación de las personas*, provocando a inibição de uma autoridade ou juiz na possível prisão arbitrária de uma pessoa[6] (tipicamente *preventivo*).

Não resta dúvida que os instrumentos da justiça de Aragão eram de alcance e eficácia muito superiores ao atual *habeas corpus* espanhol. A *firma de derechos y agravios futuros o temidos* era um instrumento de proteção que poderia ser utilizado **antes** que ocorresse a prisão arbitrária (como o salvo-conduto do *habeas corpus* brasileiro) e, principalmente, poderia ser interposto contra uma decisão judicial (incrivelmente, o atual *habeas corpus* espanhol não permite que seja interposto contra ato judicial!). Ademais, a própria *manifestación de personas*, utilizada na restrição de liberdade arbitrária já perpetrada, poderia ser utilizada contra qualquer pessoa, pública – inclusive o Rei como assinala FAIREN GUILLEN[7] – ou

---

6 SORIANO, Ramón. Op. cit., p. 38.
7 Idem, p. 568.

privada, que tivesse sob seu poder outra ou outras pessoas, ameaçadas de tortura ou já sendo torturadas, para que as apresentasse ao juiz ou interventor (a expressão original é que "las pusiesen de manifiesto ante la justicia o lugarteniente").

Em sentido contrário, outra parte da doutrina sustenta que a verdadeira existência e consagração do *habeas corpus* foi alcançada no Direito anglo-saxão que inspirou os demais países. Afirmam que o legislador espanhol não manteve uma unidade temporal do instrumento, posto que se extinguiu em 1592 e não regressou nunca mais ao ordenamento espanhol. Por fim, seu regresso não foi como merecia, pois não se deu uma natural evolução, mas sim um retrocesso.

A apontada instituição aragonesa, que possuía duplo caráter, civil e penal, e cujos precedentes romanos vinham separados e sem unidade temporal, não é historicamente precedente direto do *habeas corpus* inglês, posto que não há entre eles relações imediatas[8]. A natureza jurídica do *habeas corpus* hoje concebida é distinta da *manifestación de personas*. O Direito aragonês possuía um interdito de *homine libero exhibiendo* distinto do *habeas corpus*, que é uma ação constitucional.

No século XVII, a luta pela liberdade inicia de novo na Inglaterra com a *Petition of Rights*, pois as ordens de *habeas corpus* eram denegadas a todo momento, até que surgiu o *Habeas Corpus Act* em 1679[9],

---

8 TEJERA, Diego Vicente. *El habeas corpus*. Apud LOPEZ-MUÑOZ Y LARRAZ na obra citada, p. 25.

9 Esse seria o marco histórico por excelência. Com anterioridade a ele, FAIREN GUILLEN (op. cit., p. 561) explica que, na primeira parte do século XIII, a expressão *habeas corpus* constituía uma fórmula processual civil, uma ordem de trazer fisicamente alguém a um Tribunal. A finalidade era de assegurar a presença física dessa pessoa perante um Tribunal, possivelmente mediante uma ordem do Tribunal a um *sheriff*, não estava ligada com uma recuperação da liberdade de movimentos. Como explica o autor, existiram três *writs* medievais mais vinculados à idéia de recuperar a liberdade que essas formas de *habeas corpus*: os de *homine replegiando* e de *mainprize*, para assegurar uma liberdade sob fiança durante o processo e o de *odio et atia*, para obter uma liberdade na fase de *pré-trial*, e em determinadas circunstâncias, de um preso acusado de homicídio.

no reinado de Carlos II, sendo considerado pelos ingleses como uma nova Carta Magna. Assim foi obtida a eficácia do *writ of habeas corpus* para a liberação de pessoas ilegalmente detidas e fazer cessar toda restrição ilegal da liberdade pessoal[10].

Todavia este *writ of habeas corpus* somente era expedido quando a pessoa era acusada de praticar um crime, não tendo aplicação nos demais casos de prisões ilegais.

Em 1816 surgiu outro *Habeas Corpus Act* alargando o anterior, possibilitando que sua atuação fosse mais ampla na defesa imediata da liberdade pessoal. Como aponta FAIREN GUILLEN[11], o mais importante do *Act* de 1816 foi a extensão do *habeas corpus* à esfera penal.

No Brasil, o *habeas corpus* foi introduzido em 1832, como meio para cessar a restrição ilegal da liberdade. Em 1871 se deu uma importante alteração no Código de Processo Criminal ampliando o campo de atuação do *habeas corpus* para garantir as pessoas que estivessem simplesmente ameaçadas em sua liberdade de locomoção (ambulatoria). **Era a consagração do *habeas corpus* preventivo que sequer existia na Inglaterra.**

Em definitivo, entendemos que os principais antecedentes históricos do *habeas corpus* estão inicialmente no Direito aragonês, um importantíssimo marco histórico; e posteriormente no Direito inglês, no qual alcançou sua consagração. Cumpre assinalar que o antecedente inglês somente logrou tal importância porque a *manifestación de personas* se extinguiu em 1592, e a falta de continuidade gerou uma lacuna histórica que posteriormente beneficiaria o instrumento inglês. Não obstante, sem dúvida, ambos são marcos históricos que foram decisivos para o desenvolvimento do Estado Democrático de Direito e na proteção da liberdade individual frente à prisão ilegal.

---

10 TOURINHO FILHO, Fernando da Costa. *Processo penal*, v. IV, p. 402.
11 Op. cit., p. 567.

2. *Habeas corpus* no Brasil

Desde o ponto de vista da ciência do direito, como explica PONTES DE MIRANDA[12], o remédio jurídico processual – como direito constitucional – havia chegado depois, quando já existiam a pretensão e o direito à liberdade física. No Brasil, antes do *habeas corpus* existia o interdito de *libero homine exhibiendo* que alcançava a reparação do constrangimento ilegal da liberdade física.

O *habeas corpus* foi introduzido no sistema jurídico brasileiro[13], a partir do modelo inglês, em 1832[14], no "Código de Processo Criminal" que em seu art. 340 previa que: "Todo cidadão que considere que ele ou outra pessoa sofre uma prisão ou constrangimento ilegal em sua liberdade, tem o direito a solicitar uma ordem de *habeas corpus* em seu favor". Na Constituição de 1891 o *habeas corpus* foi consagrado como um instrumento processual de fundamental importância para a proteção da liberdade de locomoção ambulatória. Desde então, vem sendo mantido em todas as Constituições.

Inicialmente no Brasil existia o *habeas corpus* "liberatório" para proteger a liberdade de locomoção (*jus manendi, ambulandi, eundi, viniendi ultro citroque*). Em 1871 (Lei n. 2.033/1871), foi alterada a Lei Processual de 1832 e introduzido o *habeas corpus* **preventivo** para os casos em que o cidadão estivesse ameaçado (na iminência) de sofrer uma restrição ilegal em sua liberdade. Era a consagração do *habeas corpus preventivo* (sequer consagrado na Inglaterra)[15].

Como explica PONTES DE MIRANDA[16], *habeas corpus* eram as palavras iniciais da fórmula do mandado que o Tribunal concedia,

---

12 *História e prática do "habeas corpus"*, p. 23.

13 Sobre a história do *habeas corpus*, não só no Brasil mas também na Inglaterra e nos Estados Unidos, consulte-se magistral obra de PONTES DE MIRANDA, op. cit.

14 Explica PONTES DE MIRANDA, op. cit., p. 128, que o *habeas corpus* é uma pretensão, ação e remédio. A pretensão existe desde 1830 (prevista no Código Criminal, arts. 183-188). A ação e o remédio, desde 1832, no Código de Processo Criminal.

15 TOURINHO FILHO, Fernando da Costa. Op. cit., p. 403.

16 Op. cit., p. 21.

dirigido aos que tivessem em seu poder a guarda do *corpo* do detido. O mandamento era: Toma (*habeas* vem de *habeo, habere*, que significa exibir, trazer, tomar etc.) o *corpo* do detido e venha submeter o homem e o caso ao Tribunal.

Tal é a importância do instrumento, não só no plano jurídico-processual, como também no campo social, que PONTES DE MIRANDA[17] afirmava já em 1916 que o *writ* possuía uma extraordinária função *coordenadora e legalizante*, que contribuía de forma decisiva para o desenvolvimento social e político do país, impedindo inclusive a exploração da classe social baixa pelo coronelismo, que para isso contavam com o auxílio da polícia e das autoridades políticas.

Atualmente, o *habeas corpus* está previsto no art. 5º, LXVIII, da CB: "conceder-se-á *habeas corpus* sempre que alguém sofrer ou se achar ameaçado de sofrer violência ou coação em sua liberdade de locomoção, por ilegalidade ou abuso de poder".

Também está contemplado no Código de Processo Penal, arts. 647 e seguintes.

3. *Habeas corpus* como ação autônoma de impugnação da prisão ilegal

Ainda que o *habeas corpus* brasileiro esteja previsto no CPP no "Livro III" destinado às nulidades e aos recursos em geral, sua posição na estrutura da Lei – como recurso – constitui mais um típico caso de *equivocada organização topográfica*, como define CORDERO[18].

Compreendido o erro do legislador, consideramos o *habeas corpus* como uma ação autônoma de impugnação, de natureza mandamental e com *status* constitucional. É a principal forma de impugnar uma prisão ilegal ou desnecessária (abusiva), restabelecendo a liberdade (regra).

---

[17] Op. cit., p. 176.
[18] CORDERO, Franco. *Procedimiento penal*, cit., v. 2, p. 447.

Deve-se defini-la como uma ação, e não como um recurso, e mais especificamente como uma ação mandamental, ou um *remédio processual mandamental (remedial mandatory writ)* como prefere PONTES DE MIRANDA[19]. Tal ação está potenciada pela Constituição, e se encaminha a obter um mandado dirigido a outro órgão do Estado, por meio da sentença judicial[20]. Convém salientar que, quando dizemos que tem "força mandamental" predominante, não estamos excluindo as demais "cargas" da sentença (declaratória, constitutiva, condenatória e executiva), senão que evidenciamos o predomínio do mandamento sobre todas as demais.

Uma consequência prática disso é o fato de não se poder exigir, no HC, o preenchimento das condições recursais ou mesmo aplicar os princípios que disciplinam os recursos. Portanto, como aponta TORON[21], nem mesmo a existência de recurso específico inibe a utilização do HC, na medida em que é uma ação autônoma de impugnação, que pode ser utilizada **concomitantemente ao recurso ou mesmo no lugar dele.**

4. "Não conheço do HC porque demanda dilação probatória". Mas, afinal, o que significa isso? Compreendendo os limites da cognição

Trata-se de uma ação de procedimento sumário, pois a cognição é limitada.

Ainda que o foco da presente obra seja o binômio prisão – liberdade, sendo sempre cabível o HC, é importante compreender que tal ação não admite dilação probatória, ou seja: não se pode – como regra geral – pretender obter a liberdade alegando questões que se confundem com o mérito do processo penal em julgamento, como

---

19 Op. cit., p. 328 e s.
20 Como explica J. GOLDSCHMIDT ao definir a ação mandamental em sua obra *Derecho procesal civil*, p. 113.
21 TORON, Alberto Zacharias. *"Habeas corpus": controle do devido processo legal.* São Paulo: Revista dos Tribunais, 2017, p. 54.

podem ser as teses de negativa de autoria, inexistência do fato ou ausência de provas suficientes.

São argumentos difíceis de serem acolhidos na estreita via cognitiva do HC, exatamente por demandarem uma ampla análise da prova, praticamente se confundindo com o julgamento final (sentença). Não se afasta completamente tais situações, mas se adverte que o cabimento do HC encontrará sérias dificuldades práticas, sendo reservado para situações excepcionais e – não raras vezes – sendo objeto de HC de ofício.

Portanto, sempre existe o risco de o HC não ser conhecido (ou conhecido e negado) sob o argumento da "impossibilidade de dilação probatória". Tal fundamento tem sido, inclusive, distorcido de modo a ser um dos principais filtros obstaculizadores do conhecimento do HC nos tribunais brasileiros. Até certo ponto, o argumento está correto, pois se trata de uma ação de cognição sumária, que não permite dilação ou ampla discussão probatória.

Mas, por outro lado, não se pode confundir dilação probatória com análise da prova (pré-constituída).

Eis aqui um argumento prático que pode ser uma ferramenta importante em uma sustentação oral de HC: esclarecer que é perfeitamente possível a análise da prova pré-constituída, independente da complexidade da questão.

O fato de ser o processo complexo, constituído por vários volumes e milhares de páginas, não é obstáculo ao conhecimento do HC. Se para se demonstrar a ilegalidade de uma interceptação telefônica, por exemplo, e por conseguinte a nulidade da prova for necessário analisar e valorar centenas de conversas, milhares de páginas, deve o HC ser conhecido e provido (ou desprovido) conforme o caso. A complexidade das teses jurídicas discutidas e a consequente análise de documentos ou provas já constituídas não são obstáculos para o HC.

A sumarização da cognição impede que se pretenda produzir prova em sede de *habeas corpus* ou mesmo obter uma decisão que exija a mesma profundidade da cognição do processo de conhecimento (ou seja, aquela necessária para se alcançar a sentença de mérito). O que não se pode é pretender o exaurimento da análise probatória nos estritos limites do HC.

E, uma vez reconhecida a ilegalidade de tais provas tão importantes, a concessão da liberdade também passa a ser uma demanda legítima.

Inclusive, é importante que o advogado/advogada esteja atento e preparado na tribuna: uma vez concedida a ordem para reconhecer a ilicitude de uma prova fundamental, é caso de pedir – na sessão, oralmente – a concessão de *habeas corpus* de ofício, para a soltura do imputado. Em sendo denegado o pedido, pode ser caso de um novo HC ou mesmo de interposição de uma simples petição para o relator, postulando a concessão do HC de ofício. Tudo vai depender da complexidade do caso e da estratégia defensiva.

Não há que se confundir sumariedade na cognição com superficialidade da discussão. O HC não permite que se produza prova ou se faça uma cognição plenária, exauriente, com juízo de fundo, da questão. Mas, de modo algum, significa que somente questões epidérmicas ou de superficialidade formal possam ser objeto do *writ*. Se a prova foi previamente documentada no processo e o que se pede no HC não é igual àquilo que a defesa busca no provimento final do processo de conhecimento (logo, na sentença), deve o tribunal conhecer e julgar o HC. Mesmo que para isso tenha de analisar centenas ou milhares de páginas.

Em se tratando do tema "liberdade", ainda que a tese defensiva de mérito seja inexistência do fato ou negativa de autoria, se a prova está produzida, pode o tribunal conhecer do HC, conceder a liberdade, e o feito seguir sua tramitação rumo à sentença de absolvição. Percebam que o pedido do HC é "concessão da liberdade", e o provimento final será de "absolvição". Essa distinção dribla – perfeitamente – o argumento do "não conheço do HC porque demanda dilação probatória". Não se trata de "produzir prova" e tampouco buscar o mesmo efeito do provimento final (absolvição).

Exatamente na linha do que sempre sustentamos, vem essa importante decisão do Min. GILMAR MENDES para conhecer o RHC 206.846/SP (2ª Turma, STF, j. 22-2-2022) e que merece transcrição:

De igual modo, não há impedimento para determinada incursão fático--probatória em sede de habeas corpus, *como já decidiu a Segunda Turma desta Corte. Em* habeas corpus, *não é possível se proceder à dilação probatória, mas nada impede que o julgador analise as provas e documentos que já estão nos autos. Se não for possível examiná-los, de nada adianta exigir do impetrante que "apresente prova pré-constituída" no momento da impetração.* **Ademais, existem temas que inerentemente demandam análise de elementos que constem nos autos. Por exemplo, como se pode examinar a existência de** *fumus commissi delicti* **para uma prisão preventiva sem verificar os fundamentos fáticos que a legitimam?** *Portanto, a análise em sede de* habeas corpus *possui uma cognição limitada ao Tribunal* ad quem. **Não se trata de vedar, abstratamente, qualquer reexame fático ou probatório.** *Contudo, a via estreita do* habeas corpus *permite um contato limitado com a situação fática do caso concreto. Essa ação constitucional tem como objetivo tutelar direitos fundamentais do imputado, que coloquem em risco a sua liberdade ainda que indiretamente. Nesses termos, a partir dos elementos juntados aos autos e, especialmente, dos fundamentos assentados nas decisões dos juízos anteriores, deve-se verificar a ocorrência de ilegalidade de modo a garantir-se a proteção efetiva dos direitos fundamentais no processo penal* (grifamos).

Esse trecho, constante no início do voto do Min. GILMAR MENDES, é uma síntese muito importante dos fundamentos que o levaram a conhecer de um *habeas corpus* e, por consequência, refutar os argumentos da PGR no sentido de que o HC não deveria ser conhecido por exigir dilação probatória e por já ter ocorrido o trânsito em julgado (mais um pseudo-obstáculo que alguns tribunais criaram ao longo da história e que não se sustenta). O voto inicia aclarando os limites cognitivos do HC e desconstruindo a confusão (ou manipulação retórica) historicamente construída e diariamente alimentada por muitos julgadores para não conhecerem de HC's que poderiam e deveriam ser conhecidos. Também afasta o obstáculo da existência de trânsito em julgado, até porque o HC não é recurso e, portanto, não esbarra na preclusão ou no trânsito em julgado.

Noutra dimensão, não se afasta a possibilidade de usar o HC para trancamento do processo (e não da ação[22]) por falta de justa causa (ou de extinção da punibilidade etc.), mas fica claro que essa é uma medida excepcional. Não raras vezes assistimos advogados postulando o reconhecimento da ilicitude probatória e, como consequência, o trancamento do processo. Não se descarta tal pedido, apenas pode não ser a melhor estratégia, na medida em que atrai uma decisão de não conhecimento por exceder as estreitas vias cognitivas do HC...

Há outro caminho? Sim.

Impetrar o HC buscando o reconhecimento da ilicitude probatória e das provas derivadas (perfeitamente viável) e a exclusão dos autos com a consequente proibição de valoração. Uma vez obtida a decisão favorável, com o provimento do HC, então pode ser o momento de iniciar outra briga: verificar o que "sobrou" em termos probatórios e pedir o trancamento por falta de justa causa. Considerando que normalmente o tribunal determina que o juízo de primeiro grau proceda a exclusão da prova ilícita e avalie o nível de contaminação, após esse saneamento, é o momento para pedir – até em primeiro grau – a rejeição da denúncia (não há preclusão *pro iudicato* em relação ao anterior recebimento) ou, se encerrada a instrução, a absolvição. Enfim, é preciso ter muita estratégia defensiva para utilizar um HC, pois ainda que "qualquer pessoa possa impetrar", poucos são os HC's vencedores e, não raras vezes, o uso errado do *writ* acaba por impedir a obtenção de um resultado positivo para defesa ou, pelo menos, de todo o resultado positivo possível. Sem falar que pode "queimar" teses defensivas importantes se mal manejado.

---

22 Como explicamos em nossa obra *Fundamentos do processo penal*, a acusação (civilistamente ainda chamada de "ação" no processo penal, é um poder político constitucional que não é "trancável". Ou ele é exercido ou ele não é exercido. Uma vez oferecida a acusação, haverá o recebimento ou rejeição (análise das condições de admissibilidade da acusação [civilistamente também chamadas de condições da ação]) e, admitida, dará origem ao processo. Portanto, o que tem desdobramento, movimento, transcurso, é o processo através do procedimento. Não se tranca, assim, a acusação, que se esgota no *ius ut procedatur* e posterior admissão, mas o processo.

5. **Existe realmente uma banalização do uso do *habeas corpus*? Recurso cabível contra a decisão monocrática de "não conhecimento"**

Cada vez mais, diante da imensa demanda a que são submetidos os tribunais brasileiros, especialmente o STJ e STF, tem justificado o (ab)uso das decisões monocráticas pelo relator. Pensamos que o argumento da "banalização do HC" tem sido usado de forma abusiva, como mais um filtro de defesa da jurisdição e obstáculo para o acesso aos tribunais, a exemplo das súmulas de jurisprudência defensiva, que transformaram os recursos especial e extraordinário em verdadeira maratona (mais que uma corrida) com obstáculos, algo praticamente impossível de ser atingido. Inclusive, a criatura virou-se contra o criador: já que é praticamente impossível ter um recurso especial conhecido e provido, não resta outro caminho que não o HC. Está correto TORON[23] quando afirma claramente que "o fato é que, enquanto não houver outro meio processual igualmente eficaz e célere para afastar ilegalidades que possam, ainda que indireta e futuramente, atingir a liberdade, o emprego do *habeas corpus* não pode ser tolhido. Trata-se de um mecanismo de calibragem do sistema processual penal. A persecução penal pode se desenvolver, mas também tem de ser fiscalizada em todos os seus passos quanto a legalidade, impedindo abusos e arbitrariedades".

Daí por que temos afirmado: se existe uma utilização tão massiva do *habeas corpus*, isso é sintoma da doença. É consequência do nível de autoritarismo judicial e inquisitorialidade do processo. É um sinal de que o processo penal brasileiro agoniza frente aos conflitos diários que se estabelecem entre ele (um decreto lei de 1941, em pleno Estado Novo e que sequer foi votado, pois o Congresso Nacional estava fechado!) com a matriz constitucional e convencional. É essa incompatibilidade que gera tantos problemas, agravado, por evidente, pelas práticas autoritárias e a resistência por parte de

---

23 Op. cit., p.51 .

alguns setores da magistratura em compreender o nível de eficácia dos direitos e garantias fundamentais, em assimilar que, no processo penal, "forma é garantia e limite de poder", é uma questão de legalidade, como repetimos a exaustão.

Como já explicamos em outra oportunidade[24], a enxurrada de agravos e HC's decorre do próprio estrangulamento criado por essa jurisprudência defensiva (a começar pela malfadada Súmula 7, verdadeiro ovo da serpente do decisionismo, porque embora não se possa analisar fatos, em tese, no regime especial e/ou extraordinário, o próprio STJ reconheceu, em diversas situações, distorções gritantes na análise da prova, isto é, se as premissas do suporte teórico em relação às provas são inidôneas, em consequência, a análise subsequente também será). E mais: se temos muitos HC's, isso é sintoma da doença da jurisdição de primeiro e segundo graus, com meritórias exceções, ressalve-se. Existe uma cultura punitivista e inquisitória fortíssima, com sistemáticas violações de direitos fundamentais. É preciso que façamos uma anamnese mais séria acerca da "banalização do *habeas corpus*". Esse argumento, no fundo, o que faz é albergar o decisionismo e o solipsismo, exaustivamente denunciado por LENIO STRECK em inúmeras colunas e livros[25].

A consequência da interpretação por parte dos tribunais superiores, de que existe uma "banalização" do uso do HC, gerou outra distorção: a banalização das decisões monocráticas, especialmente para denegação da ordem (ainda que também existam, obviamente, decisões monocráticas de concessão, em menor escala).

E qual o recurso cabível?

Aqui é importante fazer uma distinção:

---

[24] Na nossa coluna "Limite Penal", publicada em coautoria com ALEXANDRE MORAIS DA ROSA, disponível no *site* <https://www.conjur.com.br/2022-jul-08/limite-penal-sustentacoes-orais-agravos-negativa-hc-prejudicam-defesa>.

[25] Basta rápida procura entre as dezenas de colunas "Senso Incomum" publicadas no www.conjur.com.br . Entre os vários livros em que STRECK critica (corretamente) o decisionismo, recomendamos a leitura da obra O *que é isto: decido conforme a minha consciência?*, publicada pela editora Livraria do Advogado, que bem sintetiza seu pensamento neste tema.

- da decisão que concede ou denega liminar, não cabe agravo regimental, como estabelece o art. 258 do RISTJ;
- da decisão que monocraticamente não conhece do HC ou da que dá provimento e concede a ordem, já decidindo sobre o mérito, cabe agravo regimental, nos termos do art. 258 do RISTJ (ou art. 317 do RISTF[26]) c/c art. 1.021 do CPC.

Em termos práticos:

- denegada a liminar, mas admitido o HC, existem dois caminhos: aguardar o julgamento do mérito pelo órgão colegiado (recomendável) ou impetrar novo HC contra a decisão denegatória da liminar no tribunal superior (diante do obstáculo criado pela Súmula 691 do STF, essa opção deve ser reservada para casos patológicos, de ilegalidade clara e manifesta);
- não conhecido o HC monocraticamente, o caminho mais seguro é agravar desta decisão, levando o julgamento para o órgão colegiado, para esgotar a jurisdição daquela instância, e posteriormente ingressar com o novo HC no tribunal superior. Excepcionalmente, quando não conhecido o HC monocraticamente, pode-se agravar e ingressar com novo HC no tribunal superior (por exemplo: quando o TRF ou TJ não conhece do HC porque não houve "prévio pedido de reconsideração – ao juiz – da decisão que decretou a prisão preventiva". Considerando o erro crasso de tal exigência, como explicamos, cabe novo HC para determinar o conhecimento e julgamento do HC pelo tribunal de segundo grau).

O agravo passou a contar com a possibilidade de sustentação oral com o advento da Lei n. 14.365/2022, que alterou a Lei n. 8.906/94, para assegurar o direito de o advogado proferir sustentação oral em agravo regimental que ataca a decisão monocrática que não

---

26 Art. 317. *Ressalvadas as exceções previstas neste Regimento, caberá agravo regimental, no prazo de cinco dias de decisão do Presidente do Tribunal, de Presidente de Turma ou do Relator, que causar prejuízo ao direito da parte,*

conhece do recurso especial, do *habeas corpus* e outros recursos estabelecidos na referida lei. A sustentação oral, mesmo com a limitação de tempo (5 minutos), é muito importante, desde que bem utilizada, com uma exposição clara, direta, objetiva e cirúrgica. Nada de perder tempo com floreios, longas saudações, perorações inúteis e falas prolixas. É preciso ter consciência de que a objetividade e o conhecimento dos autos, aliados à técnica e à musculatura teórica, são as maiores virtudes de um bom advogado, promotor ou juiz. E, na sustentação oral, é onde isso faz toda a diferença[27].

6. A liminar em *habeas corpus*. Cabimento e estratégia

Existe a possibilidade de uma "medida liminar" (*in limine litis*), construída jurisprudencialmente, com natureza cautelar e que possibilita ao juiz uma intervenção imediata, **baseada na verossimilhança da ilegalidade do ato e no perigo derivado do dano inerente à demora da prestação jurisdicional ordinária.** A medida liminar, tanto no *habeas corpus preventivo* como no *liberatório ou sucessivo*, está incluída entre as tutelas (*provvedimento*) cautelares que CALAMANDREI[28] classificou como antecipatórias da decisão final (*anticipazioni di provvedimento definitivo*). Para isso, poder-se-ão utilizar os modernos meios de comunicação, como o telefone, *fax* e *e-mail*.

O *writ* – e a expressão inglesa significa exatamente um mandamento judicial[29] – pode ser interposto contra ato de um particular,

---

27 Disponível em: <https://www.conjur.com.br/2016-jun-10/limite-penal-dica-quando-for-recebido-julgador-embargos-auryculares/; https://www.conjur.com.br/2022-jul-08/limite-penal-sustentacoes-orais-agravos-negativa-hc-prejudicam-defesa/>.
28 *Introduzione allo studio sistematico dei provvedimenti cautelari*. Padova: CEDAM, 1936, p. 38. Também GRINOVER, A Tutela Preventiva das Liberdades: *Habeas Corpus* e Mandado de Segurança. *Revista AJURIS*, n. 22, p. 114.
29 Como explica PONTES DE MIRANDA (*História e prática do "habeas corpus"*, cit., p. 329), evidente que os juristas ingleses não conheciam a classificação quinária de constante quinze das ações e sentenças, mas sua terminologia e precisão em falar em *mandatory remedies* demonstra que já lhes chamava a atenção a força mandamental de certas sentenças.

autoridade pública, policial, Ministério Público, juiz, tribunal e inclusive contra sentença transitada em julgado em que não é possível utilizar-se qualquer recurso. Para isso, é imprescindível que se ofenda ilegalmente o direito de liberdade. Em definitivo, o *habeas corpus* no Brasil pode ser utilizado como instrumento de *collateral attack*.

Atendido seu objeto e especiais características, a doutrina costuma denominá-lo "remédio heroico", destinado a garantir o direito fundamental à liberdade individual. Quando se destina a atacar uma ilegalidade já consumada, um constrangimento ilegal já praticado, denomina-se *habeas corpus liberatório* (sua função é de liberar). Também é possível utilizar-se ainda que a detenção ou o constrangimento não haja sido praticado, em uma situação de iminência ou ameaça. Nesse caso, denomina-se *habeas corpus preventivo*.

Mas, além de demonstrar a plausibilidade do que se postula – e, por consequência, a fumaça de ilegalidade do ato coator – e os prejuízos decorrentes da demora no julgamento do mérito (questão do tempo como pena, como punição ilegítima) **é preciso analisar estrategicamente o que vai ser pedido em sede liminar.**

Isso é importante também se considerarmos a dificuldade e a responsabilidade de quem julga. Quando o que se pede liminarmente (para decisão monocrática, portanto) é o mesmo que se pede como provimento final (a ser decidido pelo órgão colegiado), temos que enfrentar uma série de obstáculos (superáveis, obviamente, mas que dificultam).

Primeiro aspecto a ser considerado é o perfil do julgador, ou seja, do relator do HC. Quando se pede uma liminar de soltura e no mérito a concessão da ordem (para a soltura), existe uma clara antecipação decisória, que atribui um alto grau de responsabilidade nas mãos do relator, julgador monocrático, na medida em que sua decisão se confunde com o mérito de competência do órgão colegiado. Isso não é obstáculo para um julgador firme, seguro e convicto de suas posições, sendo comuns as liminares neste sentido. Mas, por outro lado, também temos uma ampla gama de julgadores que não lidam bem com essa responsabilidade (seja por padrão de comportamento ou, no caso concreto, muitas vezes midiaticamente sensível e exposto). Nestes casos, são recorrentes as decisões denegatórias com o argumento de que o "pedido de liminar se confunde com o mérito do HC", ou que representa uma "antecipação do mérito do HC", que deverá ser apreciado pela câmara ou turma, sob pena de violação do "princípio da colegialidade" (e existe tal princípio?).

Em segundo lugar, é preciso saber lidar com os limites da cognição do HC, para não haver um entulhamento que gere a clássica resistência (dos limites da cognição...). Daí por que, sempre que for possível, o ideal é que o pedido de liminar seja diferente daquele postulado como provimento final.

Por exemplo:

1. Pedido liminar de suspensão do processo e, no mérito, de reconhecimento da ilicitude probatória e determinação de exclusão dos autos com respectiva proibição de valoração probatória.

2. Pedido liminar de suspensão do processo e, no mérito, anulação de determinado ato procedimental defeituoso e sua repetição (se viável).

3. Pedido de liminar de substituição da prisão preventiva por medidas cautelares diversas, de prisão domiciliar e monitoramento eletrônico; e, no mérito, a concessão da ordem para revogar a prisão e conceder liberdade plena ou com menos restrições (que aquelas pedidas em sede liminar).

Enfim, diversas situações podem surgir e, sempre que possível, é aconselhável ter pedidos diversos, evitando uma pura e simples antecipação do mérito.

Outra questão sensível é evitar o entulhamento de pedidos que possam gerar uma resistência, dado o alcance que a concessão da ordem pode ocasionar. Por exemplo: pode – respeitando as especificidades do caso – não ser uma boa estratégia pedir o reconhecimento da ilicitude probatória, com a obtenção de todos os efeitos decorrentes da contaminação, inclusive de absolvição, por ausência de provas lícitas de autoria ou materialidade já no HC.

É claro que situações assim ocorrem, mas não de forma recorrente, dada a timidez dos julgadores na concessão da ordem e também da preocupação de não ter um HC "exauriente". Deve-se ponderar se não é mais interessante dar um passo de cada vez, com o pedido de reconhecimento da ilicitude probatória e a exclusão daquela prova. Uma vez obtida a concessão da ordem, pedir na origem o reconhecimento da contaminação das demais provas, com sua respectiva exclusão. Não obtendo, volta-se, via HC (ou até Reclamação, conforme o caso) ao tribunal para reconhecer a contaminação.

Por fim, sempre advertindo que a estratégia de pedir mais ou não vai depender do caso e do julgador, é preciso considerar ainda a hipótese de não pedir liminar. A complexidade do processo, a existência de decisões anteriores sobre a matéria, o perfil do relator etc. podem conduzir a decisão de que é melhor não pedir liminar. Impetra o HC e não pede liminar, até porque a previsível recusa pode enfraquecer o julgamento posterior no órgão colegiado. Portanto, são questões que precisam ser pensadas e ponderadas na impetração.

Por derradeiro, o surgimento de algum fato novo pode conduzir ao pedido de reconsideração de uma liminar negada, mas é algo excepcional e que, novamente, exige cautela no manuseio.

7. Objeto do *habeas corpus*

O art. 647 demonstra o alcance da medida ao determinar que será concedido *habeas corpus* "sempre que alguém sofra ou se encontre na iminência de sofrer violência ou coação ilegal em sua liberdade de ir e vir, salvo nos casos de punição disciplinar" (militar).

A única restrição da lei é com relação às punições disciplinares impostas pelas forças armadas; entretanto, isso atualmente já vem sofrendo uma certa flexibilização (em que pese a redação do art. 142, § 2º, da Constituição). O Supremo Tribunal Federal e o Superior Tribunal de Justiça já vêm decidindo em diversos casos que é possível o uso do *writ* contra punições disciplinares. Nesse caso, o julgador deverá analisar todos os aspectos formais da medida, pois se trata de um ato administrativo sujeito ao controle judicial.

O *habeas corpus* brasileiro é uma ação de natureza mandamental com *status* constitucional, que cumpre com plena eficácia sua função de proteção da liberdade de locomoção dos cidadãos frente aos atos abusivos do Estado, em suas mais diversas formas, inclusive contra atos jurisdicionais e coisa julgada. A efetiva defesa dos direitos individuais é um dos pilares para a existência do Estado de Direito, e para isso é imprescindível que existam instrumentos processuais de fácil acesso, realmente céleres e eficazes.

Nunca é demais sublinhar que o processo penal e o *habeas corpus* em especial são instrumentos a serviço da máxima eficácia dos direitos e garantias fundamentais do indivíduo submetido ao poder estatal. A forma aqui é garantia, mas garantia do indivíduo.

Daí por que é censurável o *formalismo às avessas* apregoado por muitos juízes e tribunais para cercear a eficácia e o alcance do *habeas corpus*, quando deveria ser todo o oposto. É preocupante o desprezo com que, muitas vezes, os tribunais lidam com o *tempo do outro*, tardando semanas (quando não meses) em decidir sobre a liberdade alheia, como se o tempo intramuros não fosse demasiado doloroso e cruel; assusta quando nos deparamos com julgadores que afirmam "ter por princípio não conceder liminares" (!!) ou, ainda, que "sempre pede informações para estabelecer um contraditório com o juiz da causa" (como se isso existisse!); quando se opera uma verdadeira inversão probatória, exigindo que o réu (preso!) faça prova (ou melhor, alivie a carga probatória do Ministério Público, ao arrepio da presunção de inocência). Enfim, há que se ter plena consciência da função, do alcance e do papel que o *habeas corpus* desempenha em um Estado Democrático de Direito, para não tolerar retrocessos civilizatórios como, infelizmente, às vezes ocorre.

Vejamos na continuação algumas coações ilegais amparáveis pelo *habeas corpus*.

8. Cabimento – Análise dos arts. 647, 647-A e 648 do CPP. *Habeas corpus* preventivo e liberatório

Para facilitar a compreensão, vejamos os casos em que tem cabimento o *habeas corpus*, seguindo a sistemática do Código de Processo Penal:

> *Art. 647. Dar-se-á habeas corpus sempre que alguém sofrer ou se achar na iminência de sofrer violência ou coação ilegal na sua liberdade de ir e vir, salvo nos casos de punição disciplinar.*

COMENTÁRIO:

A ação destina-se a garantir o direito fundamental à liberdade individual de ir e vir (liberdade deambulatória). Quando se destina a atacar uma ilegalidade já consumada, um constrangimento ilegal já praticado, denomina-se *habeas corpus liberatório* (sua função é de liberar da coação ilegal). Mas o *writ* também pode ser empregado para evitar a violência ou coação ilegal em uma situação de iminência ou ameaça. Nesse caso, denomina-se *habeas corpus preventivo*.

É importante sublinhar que a jurisprudência prevalente (inclusive no STF) é no sentido de que não terá seguimento o *habeas corpus* quando a coação ilegal não afetar diretamente a liberdade de ir e vir. Nesse sentido, entre outros, estão as Súmulas 693 e 695 do STF.

Portanto, ainda que as eventuais especificidades do caso concreto levem o tribunal julgador a conhecer do *writ* sem um risco direto à liberdade – o que reputamos um acerto –, é importante, na medida do possível, demonstrar que a coação ilegal afeta a liberdade deambulatória, sem interpretar isoladamente os incisos do art. 648.

No mesmo sentido, MENDES[30] esclarece ainda que o STF tem admitido o *habeas corpus* nos casos de quebra de sigilo fiscal e bancário, quando seu destino é o de fazer prova em procedimento penal, pois referidas quebras de sigilo têm a possibilidade de resultar em constrangimento à liberdade do investigado.

---

30 MENDES, Gilmar Ferreira; COELHO, Inocêncio Mártires; BRANCO, Paulo Gustavo Gonet. *Curso de direito constitucional*, cit., p. 525.

Art. 648. A coação considerar-se-á ilegal:
I – quando não houver justa causa;

COMENTÁRIO:

A coação é ilegal quando não possui um suporte jurídico legitimante, quando não tem um motivo, um amparo legal. É o caso de uma prisão realizada sem ordem judicial e sem uma situação de flagrância; quando é determinada a condução para extração compulsória de material genético do réu etc. Também se considera ausente a justa causa quando é decretada a prisão cautelar sem suficiente *fumus commissi delicti* ou *periculum libertatis*, que devem estar suficientemente demonstrados para justificar a medida.

Radical mudança no sistema cautelar ocorreu com a Lei n. 12.403/2011, anteriormente comentada (quando tratamos da prisão preventiva e liberdade provisória) e para onde remetemos o leitor, pois são conceitos fundamentais para o estudo do *habeas corpus*.

O novo regime jurídico da prisão processual, principalmente o alargamento dos casos de fiança e o estabelecimento de um amplo rol de medidas cautelares diversas (art. 319), deu margem a novas postulações. Entre elas está a desnecessidade ou desproporcionalidade da prisão preventiva decretada, em que, pela via do *habeas corpus*, pode-se postular sua substituição por uma ou mais medidas cautelares diversas (art. 319).

Recordemos que a prisão preventiva é a *ultima ratio* do sistema, somente sendo utilizável quando não for cabível a sua substituição por outra medida cautelar (art. 282, § 6º, c/c art. 319).

Em caso de prisão em flagrante, a nova redação do art. 310 consagra seu caráter pré-cautelar, onde o flagrante "não prende por si só", rompendo assim com uma equivocadíssima prática judicial. Portanto, o juiz, para manter a prisão, deverá decretar a prisão preventiva e fundamentar. Mais do que isso, deverá demonstrar a inadequação e insuficiência das medidas cautelares diversas.

Noutra dimensão, também é possível a impetração de *habeas corpus* quando o juiz decretar uma medida cautelar diversa e não fundamentar a existência de *fumus commissi delicti* e *periculum libertatis*.

E aqui reside um problema crucial: está havendo uma banalização e automatização na aplicação das medidas cautelares diversas, sem qualquer fundamentação acerca da necessidade da restrição da liberdade.

Toda e qualquer medida cautelar, seja ela uma prisão preventiva ou uma medida cautelar diversa (art. 319), exige a demonstração da sua necessidade, ou seja, do *periculum libertatis* do art. 312. Não existe medida cautelar obrigatória, automática ou desconectada da real necessidade da limitação imposta.

Não apenas a prisão cautelar constitui um constrangimento, mas também a existência de inquérito policial e, com mais evidência, de um processo penal em face de alguém (imputado), de modo que tais violências devem estar legitimadas, deve haver uma causa legal que justifique.

Partindo da antítese, PONTES DE MIRANDA[31] explica que a *justa causa* significa a existência de uma norma jurídica que determina uma sanção contra a liberdade deambulatória. É uma causa que, segundo o Direito, seria suficiente para que a coação não seja ilegal. Se não existe o suporte fático – *tatbestand* – para a incidência da norma jurídica de direito penal ou privado (prisão civil por dívida alimentar), não há justa causa. Também o suporte fático contido na imputação ou ação penal que justifica o ato deve estar amparado por uma prova razoável.

Dessarte, quando absolutamente infundado o processo (ou o inquérito), pois a conduta é manifestamente atípica, está evidenciada uma causa de justificação, está extinta a punibilidade pela prescrição ou qualquer outra causa, por exemplo, há uma coação ilegal que pode ser sanada pela via do *habeas corpus*, geralmente utilizado para o trancamento (do processo, não da ação!).

Em definitivo, como assinala ESPÍNOLA FILHO[32], a coação para ser legal exige certos requisitos, e sua ausência constitui a

---

31 *História e prática do "habeas corpus"*, cit., p. 468 e s.
32 *Código de Processo Penal Brasileiro anotado*. 5. ed. Rio de Janeiro: Editora Rio, 1976. v. VII, p. 171 e s.

ilegalidade. Conforme a ilegalidade, o *habeas corpus* terá uma determinada eficácia (concessão de liberdade, trancamento do processo, reconhecimento do direito a prisão especial, anulação de um ato processual etc.).

Destaque-se, por fim, que o *writ* é uma ação que constitui um processo de cognição sumária, limitada[33] portanto, em que não se permite uma ampla e plena discussão sobre a ilegalidade, devendo ela ser evidente, comprovada por prova pré-constituída.

Por esse motivo, salvo situações excepcionais, é inútil argumentar em torno da ausência de *fumus commissi delicti* para a prisão cautelar, por exemplo, pois a discussão sobre serem ou não suficientes os indícios de autoria e materialidade exige, como regra, uma incursão no contexto fático probatório, inviável nos limites da cognição do *habeas corpus*.

II – quando alguém estiver preso por mais tempo do que determina a lei;

COMENTÁRIO:

O excesso de prazo das prisões cautelares sempre foi um tema recorrente em matéria de *habeas corpus*. Pensamos, contudo, que a questão assume uma nova dimensão com a inovação introduzida no art. 5º, LXXVIII, da Constituição. Daí por que a temática deve ser lida à luz de nossa exposição anterior sobre o "direito de ser julgado em um prazo razoável", cujos conceitos são fundamentais neste momento e para onde remetemos o leitor. Também abordamos amplamente essa temática nos capítulos anteriores, quando discorremos sobre as prisões cautelares, de modo que agora nossa exposição será bastante breve.

A (de)mora na prestação jurisdicional constitui um dos mais antigos problemas da administração da justiça. O núcleo do problema da (de)mora, como bem identificou o Tribunal Supremo da Espanha na STS 4.519[34], está em que, quando se julga além do prazo

---

33 Mas é claro que há um espaço conceitual que permite a discricionariedade judicial, e, se o tribunal quiser, conhece *habeas corpus* normalmente fulminados por demandar uma discussão mais profunda.

34 "Es indudable y resulta obvio que cuando se juzga más allá de un plazo razonable (cualquiera que sea la causa de la demora) se está juzgando a un hombre distinto

razoável, independentemente da causa da demora, se está julgando um homem completamente distinto daquele que praticou o delito, em toda complexa rede de relações familiares e sociais em que ele está inserido, e, por isso, a pena não cumpre suas funções de prevenção específica e retribuição (muito menos da falaciosa "reinserção social"). Sem falar no imensurável custo de uma prisão cautelar indevida ou excessivamente longa.

Diante da ausência de prazo máximo de duração da prisão preventiva estabelecido em lei (e também de duração do processo), o conceito de **dilação indevida** acaba ficando aberto à subjetividade do julgador.

O art. 5º, LXXVIII, da Constituição – incluído pela Emenda Constitucional n. 45 – adotou a doutrina do não prazo, fazendo como que exista uma indefinição de critérios e conceitos. Sem embargo, pode-se (deve-se...) recorrer aos critérios construídos – inicialmente – pelo Tribunal Europeu de Direitos Humanos e posteriormente incorporados pela Corte Interamericana de DH e os tribunais internos. Nessa vagueza, cremos que quatro deverão ser os referenciais:

1. complexidade do caso;
2. atividade processual do interessado (imputado), que obviamente não poderá se beneficiar de sua própria demora;
3. a conduta das autoridades judiciárias como um todo (polícia, Ministério Público, juízes, servidores etc.);
4. efeitos gerados na situação jurídica da pessoa envolvida no processo.

Todos sopesados à luz do princípio da proporcionalidade.

---

en sus circunstancias personales, familiares y sociales, por lo que la pena no cumple, ni puede cumplir con exactitud las funciones de ejemplaridad y de reinserción social del culpable, que son fines justificantes de la sanción, como con fina sensibilidad dice la Sentencia de 26.6.1992" apud PEDRAZ PENALVA, Ernesto. El Derecho a un Proceso sin Dilaciones Indebidas. In: COLOMER, Juan-Luis Gómez; CUSSAC, José-Luis González (Coords.). *La Reforma de la Justicia Penal*. Publicações da Universitat Jaume I, 1997, p. 387.

A teoria dos 3 critérios (complexidade do caso; atuação processual do interessado; atuação dos órgãos do Estado), que posteriormente evoluiu para 4 (com a inclusão do conceito de "efeitos gerados na situação jurídica da pessoa envolvida no processo"), que devem ser analisados à luz do princípio da razoabilidade (e a consequente lógica da ponderação), constituem um importante referencial nesta matéria.

Mas é preciso advertir: isso ajuda, mas não resolve, pois tudo acaba desaguando na subjetividade da ponderação e da proporcionalidade, criando um terreno fértil para o decisionismo.

Na falta de um prazo máximo previsto em lei, em relação à prisão preventiva é imprescindível ponderar-se a duração da prisão cautelar em relação à natureza do delito, à pena fixada e à provável pena a ser aplicada em caso de condenação.

Infelizmente esse foi um dos graves problemas não resolvidos pela Lei n. 12.403/2011 e tampouco pela Lei n. 13.964/2019. Continuamos sem a definição legal do prazo máximo de duração da prisão preventiva, e isso é inadmissível.

É verdade que o art. 316, parágrafo único, pretendeu inserir um mecanismo importante: o dever de revisar a cada 90 dias a prisão preventiva. Mas, como explicamos anteriormente ao tratar da prisão preventiva, infelizmente o STF esvaziou o alcance do dispositivo ao flexibilizá-lo ao extremo, no julgamento do HC 191.836/SP. Ademais, existe uma tendência cada vez mais forte por parte dos tribunais (como destacado no voto do Min. Edson Fachin nas ADI's 6.581 e 6.582) de adotar – em síntese – o seguinte entendimento:

a) a inobservância do dever de revisar não gera automaticamente a revogação da prisão, devendo o juiz ser instado a fazê-lo;

b) o dever de revisar existe somente até a sentença de primeiro grau, não se aplicando aos tribunais durante a tramitação do recurso;

c) caberá ao juiz que decretou a prisão o dever de revisão, mas até o exaurimento da sua jurisdição no processo (ou seja, até a sentença)[35].

---

35 Sobre o reexame periódico pelos tribunais, recomenda-se a leitura da decisão proferida pelo Min. Fachin na RCL 57583/MG, em que se determina que,

Em suma, pensamos que a questão do excesso de prazo da prisão cautelar deve, em sede de *habeas corpus*, inserir-se na perspectiva da violação do direito de ser julgado em um prazo razoável a partir dos aspectos anteriormente analisados. Ademais, ainda que não esteja cautelarmente preso o réu (ou já tenha sido solto), pensamos que o *habeas corpus* possa ser utilizado como instrumento processual capaz de dar eficácia ao direito fundamental previsto no art. 5º, LXXVIII, da Constituição, buscando, através dele, um *mandamento* expedido pelo Tribunal para que o julgador originário cesse imediatamente a dilação indevida (ou estabelecendo um prazo exíguo para que assim proceda diante da inexistência, no sistema brasileiro, de uma solução processual extintiva).

Dessa forma, fica evidente que a dilação indevida, nas suas diferentes dimensões, constitui um constrangimento ilegal atacável pela via do *writ*.

III – quando quem ordenar a coação não tiver competência para fazê-lo;

COMENTÁRIO:

A prisão cautelar deve ser decretada por ordem judicial emanada de um juiz natural e competente, sob pena de grave ilegalidade. Da mesma forma, o processo penal e todas as diferentes coações realizadas no seu curso somente estão legitimados quando estivermos diante de um juiz competente. Assim, é ilegal a prisão preventiva decretada por um juiz estadual quando a competência para o julgamento do processo (e a decisão sobre a prisão, por evidente) é atribuída à justiça federal.

A competência aqui se emprega no sentido estrito, ou seja, relacionado à autoridade judiciária, e não policial ou administrativa, que não possuem "competência", mas atribuições. Portanto, nenhuma ilegalidade existe na prisão em flagrante realizada pela Polícia Federal, por exemplo, em um crime de competência da justiça estadual

---

enquanto não julgada a apelação, incumbe ao relator o dever de reavaliar a necessidade da prisão a cada 90 dias.

(até porque a prisão em flagrante pode ser realizada por qualquer pessoa) e vice-versa.

IV – quando houver cessado o motivo que autorizou a coação;

COMENTÁRIO:

A coação ilegal, seja ela prisão cautelar ou outra forma de exercício do poder estatal, deve estar legitimada juridicamente e, para isso, deve haver um suporte fático que preencha os requisitos legais. Deve haver uma situação fática que legitime a coação. Portanto, uma vez desaparecido esse suporte fático, cessa o motivo que autorizou e legitimou a coação.

Campo tradicional de utilização de HC com esse fundamento é o das prisões cautelares, que, como explicado anteriormente, são situacionais. Significa dizer que o *periculum libertatis* consubstancia-se numa situação fática de perigo, que, desaparecida, retira o suporte legitimante da prisão. Portanto, quando alguém está preso preventivamente sob o fundamento de "risco para a instrução criminal", uma vez colhida a prova, desapareceu a situação fática legitimadora da prisão, sendo ilegal a coação a partir de então.

Na mesma linha, quando o *periculum libertatis* enfraquece, é perfeitamente possível a substituição da prisão preventiva por uma medida cautelar diversa (art. 319), pois houve uma alteração do suporte fático legitimante.

Ademais, recordemos que a prisão preventiva exige a demonstração da inadequação ou insuficiência das medidas cautelares diversas. Qualquer alteração fática superveniente que inverta essa equação autoriza o pedido de substituição da prisão por uma medida cautelar diversa.

Importante, em termos de fundamentação, recordar o disposto no art. 312, § 2º:

§ 2º A decisão que decretar a prisão preventiva deve ser motivada e fundamentada em receio de perigo e existência concreta de fatos novos ou contemporâneos que justifiquem a aplicação da medida adotada.

O legislador trouxe, na última reforma, uma importante inovação: o *periculum libertatis* deve estar fundado na "existência concreta de fatos novos ou contemporâneos", inserindo assim a exigência de atualidade.

Também é relevante o disposto no art. 282, § 5º:

> § 5º *O juiz poderá, de ofício ou a pedido das partes, revogar a medida cautelar ou substituí-la quando verificar a falta de motivo para que subsista, bem como voltar a decretá-la, se sobrevierem razões que a justifiquem.*

O dispositivo também exige a atualidade do *periculum libertatis*, que os motivos que justificaram a decretação da prisão, persistam, se prolonguem no tempo, demonstrando a necessidade de manutenção da segregação. Do contrário, quando verificar a falta dos motivos que justificaram a prisão, terá cessado a legitimação do ato, cabendo HC para soltura com ou sem medidas cautelares diversas, a depender do caso concreto.

> *V – quando não for alguém admitido a prestar fiança, nos casos em que a lei a autoriza;*

Comentário:

O instituto da fiança já foi explicado anteriormente, sendo desnecessária qualquer repetição. Como, atualmente, a fiança possui um campo bastante amplo de incidência, com valores substancialmente elevados (podendo chegar a 200 mil salários mínimos), o que poderá ocorrer é o arbitramento de um valor excessivo, impagável pelo imputado na sua situação econômica.

Assim, pensamos que esse dispositivo deve ter uma leitura alargada, tendo cabimento o HC no caso em que não é oferecida a fiança (e cabível), mas também nos casos em que o valor arbitrado é excessivo, equivalendo-se ao não oferecimento.

Pensamos que toda e qualquer medida cautelar diversa deve ter "condições de possibilidade" de ser cumprida. Do contrário, não atende sua missão e equipara-se a uma recusa imotivada. Portanto, uma fiança de valor desproporcional, impossível de ser cumprida pelo imputado, equipara-se a uma recusa injustificada em concedê-la. Ou seja, uma flagrante ilegalidade sanável pela via do HC, cabendo ao tribunal readequá-la a patamares razoáveis.

> *VI – quando o processo for manifestamente nulo;*

COMENTÁRIO:

A prática de atos processuais defeituosos retira a legitimidade do exercício do poder estatal, pois forma é garantia e requisito de legalidade da coação. Como as invalidades processuais já foram tratadas em capítulo anterior, para evitar repetições, para lá remetemos o leitor. Partimos então da compreensão dos conceitos anteriormente estabelecidos para apontar o HC como uma ação destinada a reconhecer a nulidade e seus efeitos decorrentes.

A invalidade processual pode surgir no curso do processo e ser imediatamente impugnada pelo *writ*, ou mesmo após o trânsito em julgado, na medida em que sendo o defeito insanável (nulidade absoluta) não há que se falar em preclusão ou convalidação, podendo ser interposto o HC a qualquer tempo.

A expressão *manifestamente nulo* é apontada pelo senso comum teórico como indicativo de que a nulidade deve ser evidente, clara, inequívoca, até porque a cognição sumária do HC não permitiria qualquer dilação probatória.

Vemos essa posição com alguma reserva, até porque a discussão acerca dos atos processuais defeituosos está situada na dimensão jurídica, de violação da tipicidade do ato processual, que não demanda qualquer produção de prova, ou seja, demonstração de complexa situação fática.

Trata-se de problemática em torno do princípio da legalidade, da conformidade do ato praticado com o modelo legal estabelecido e a eficácia ou ineficácia do princípio constitucional ali efetivado (ou não, em caso de defeito). O que se percebe, infelizmente, é uma manipulação em torno da expressão *manifestamente*, que está a indicar a existência de um defeito insanável, para tergiversar uma complexa discussão teórica, e não fática.

A complexidade jurídica da questão posta não justifica a denegação do HC, pois o que está vedado é a plena cognição sobre os fatos, uma dilação probatória (sobre fatos, é elementar), e nunca o enfrentamento de teses jurídicas, por mais complexas e profundas que sejam.

O feito com defeito deve ser refeito, assim dispondo o art. 652 do CPP:

Art. 652. Se o habeas corpus *for concedido em virtude de nulidade do processo, este será renovado.*
(...)

Mas nem sempre o "feito com defeito pode ser refeito", cabendo aqui uma rápida recordação de alguns aspectos da teoria das invalidades processuais[36].

O primeiro ponto é: no processo penal, forma é garantia. Se há um modelo ou uma forma prevista em lei, e que foi desrespeitado, o lógico é que tal atipicidade gere prejuízo, sob pena de se admitir que o legislador criou uma formalidade por puro amor à forma, despida de maior sentido. Nenhuma dúvida temos de que nas nulidades absolutas o prejuízo é evidente, sendo desnecessária qualquer demonstração de sua existência.

Adequada é a afirmação de BINDER[37], de que *as formas são a garantia que assegura o cumprimento de um princípio determinado ou do conjunto deles*, sem esquecer de que o processo penal é um termômetro dos elementos autoritários ou democráticos da Constituição (GOLDSCHMIDT); logo, a eficácia das regras do devido processo penal (e da própria Constituição, em última análise) está atrelada ao sistema de nulidades. Eis a importância e dimensão do tema.

GLAUCO GIOSTRA[38] explica que as nulidades constituem estradas alternativas que precisam ser descartadas, porque não são confiáveis. Existe um profundo valor ético-social na forma-garantia,

---

36 Neste ponto, remetemos o leitor para nossa obra *Direito processual penal*, onde desenvolvemos a temática em capítulo próprio e com mais abrangência. Também recomenda-se a leitura das obras:

– GLOECKNER, Ricardo Jacobsen. *Nulidades no processo penal.* 3. ed. São Paulo, Saraiva, 2017.

– DE PAULA, Leonardo Costa. *As nulidades no processo penal.* 1. ed. Curitiba, Juruá, 2013.

– ALENCAR, Rosmar Rodrigues. *Teoria da nulidade no processo penal.* 2. ed. São Paulo: Noeses, 2022.

37 BINDER, Alberto B. *El incumplimiento de las formas procesales.* Buenos Aires: Ad-Hoc, 2000, p. 56.

38 GIOSTRA, Glauco. *Primeira lição sobre a justiça penal.* Trad. Bruno Cunha Souza. São Paulo: Tirant lo Blanch, 2021, p. 38.

de modo que os caminhos alternativos (amorfismo) precisam ser rechaçados por representarem a negação do caminho seguro (estabelecido na lei), inclusive porque a confiança da coletividade na decisão penal está alicerçada na observância de uma metodologia confiável, testada por centenas de anos e cujas vias alternativas foram sendo eliminadas por tentativa-erro. Mas a serviço de quem está o sistema de garantias da Constituição?

Somente uma resposta adequada a essa pergunta permitirá compreender uma teoria das invalidades processuais construída a partir da matriz constitucional.

Segundo ponto é: o sistema de nulidades está a serviço do réu, pois o sistema de garantias constitucionais assim se estrutura, como mecanismo de tutela daquele submetido ao exercício do poder. A debilidade do réu no processo é estrutural e não econômica, como já explicamos anteriormente, pois não existem direitos fundamentais do Estado ou da sociedade em seu conjunto: esses são direitos individuais. Nesse complexo ritual, como já falamos diversas vezes, o sistema de garantias da Constituição é o núcleo imantador e legitimador de todas as atividades desenvolvidas, naquilo que concebemos como a instrumentalidade constitucional do processo penal; é dizer: um instrumento a serviço da máxima eficácia do sistema de garantias da Constituição. Somente a compreensão dessa estrutura permite atingir a consciência de que o sistema de invalidades processuais funda-se na tutela do interesse processual do imputado. Toda a teoria dos atos defeituosos tem como objetivo nuclear assegurar o devido processo penal para o imputado.

Terceiro ponto: a divisão entre nulidades relativas e absolutas é um erro histórico. A categoria das nulidades relativas é imprestável para o processo penal, pois possui um gravíssimo vício de origem: nasce e se desenvolve no direito civil, com a teoria dos atos anuláveis e nulos, com uma incompatibilidade epistemológica insuperável. Depois, é transplantada para o processo civil, o que em nada atenua essa incompatibilidade. Infelizmente, é amplamente acolhida pelos tribunais brasileiros, que ainda importaram a problemática "teoria do prejuízo", ou seja, nas nulidades absolutas o prejuízo seria presumido; já nas nulidades relativas, caberia ao réu a demonstração da sua ocorrência. Para piorar o cenário, a relativização das nulidades é uma pandemia que se alastrou de forma incontrolável, encontrando na categoria "prejuízo" o coringa hermenêutico que abriga o decisionismo. E isso nos conduz ao quarto ponto...

Quarto ponto: o que é prejuízo? Mais uma (das tantas que nosso processo é prenhe) cláusula genérica, de conteúdo vago e impreciso, verdadeiro coringa hermenêutico, que vai encontrar seu preenchimento semântico naquilo que quiser o julgador. É preciso combater essa cultura autoritária e inquisitória, para compreender que a forma é garantia e que a violação da lei-forma já é um prejuízo, ou seja, o prejuízo decorre da violação da determinação legal de que um ato seja feito de tal maneira. O amorfismo viola a lei, e a violação da lei é o maior prejuízo que existe no processo penal, sob pena de sustentarmos (erroneamente, por elementar) que a lei é despida de sentido ou conteúdo. Não se trata de simples amor à forma, pela forma em si mesmo, senão de entender que, no processo penal, é a forma quem limita o poder do Estado e garante a eficácia do sistema de garantias da Constituição.

Por fim, exige o dispositivo legal, para impetração do HC, que o processo seja "manifestamente nulo". Se a categoria "nulo" já é problemática, o "manifestamente" em nada contribui, apenas piora.

Inicialmente fazemos uma advertência: ainda que "nulidade" e "prova ilícita" sejam dimensões da invalidade processual, são categorias diferentes, com diferenças a serem respeitadas. Contudo, para fins de utilização do HC, entendemos que o presente inciso abrange tanto a categoria das nulidades como também da prova ilícita.

Então, o HC pode ser utilizado aqui como instrumento de ataque processual, colateral, tanto para o caso de nulidade como também de ilicitude probatória, trazendo distinção apenas no resultado final da concessão da ordem, já que a prova ilícita deve ser desentranhada e privada de seus efeitos, ao passo que um ato nulo pode, eventualmente, ser refeito sem o defeito.

Quanto a exigência de "**manifestamente**" (nulo) deve ser compreendido no campo da **sumarização da cognição**, anteriormente explicado, não na simplificação da discussão/objeto. É preciso que a prova da nulidade seja pré-constituída e devidamente demonstrada. O nulo deve vir claramente posto pela simples análise dos atos procedimentais e das decisões tomadas, não pode exigir uma instrução ou espaço para produção de prova da sua ocorrência.

Não se pode confundir o "manifestamente nulo", que remete ao nível de cognição (sumária), com a complexidade da discussão jurídica sobre a matéria ou mesmo o volume de material a ser examinado pelo tribunal (muito comum em se tratando de prova ilícita). Sendo a comprovação da nulidade ou da ilicitude probatória documentada (ou documental) e juntada ao HC (não exigindo produção de prova, portanto), demandando apenas análise (por mais trabalhosa e/ou volumosa que seja), não existe impedimento algum a que o HC seja conhecido e concedida a ordem.

VII – quando extinta a punibilidade.

COMENTÁRIO:

As causas de extinção da punibilidade estão previstas no art. 107 do CP e em leis especiais. Quando presentes, retiram o poder punitivo do Estado, e, como decorrência do princípio da necessidade, não havendo poder punitivo a ser reconhecido na sentença, não está legitimada qualquer atuação estatal, seja a abertura de inquérito policial, exercício da acusação, desenvolvimento do processo, prisão cautelar, medidas cautelares etc.

Dessarte, quando já estiver em curso a coação, o HC liberatório é o instrumento adequado para o trancamento do inquérito ou do processo (não se esqueça de que não existe trancamento de ação penal...), com a consequente liberação do paciente de toda e qualquer restrição que esteja sofrendo, inclusive patrimonial (medidas assecuratórias).

Quanto ao art. 647-A, inserido pela Lei n. 14.836/2024, é preciso fazer um breve comentário sobre o contexto da nova lei, que veio principalmente para acabar com a polêmica sobre o resultado do julgamento penal em órgãos colegiados quando havia empate (2 a 2). Ainda que nos pareça óbvio que no processo penal a regra do *in dubio pro reo* deva ser aplicada em todo e qualquer julgamento, seja ele por juiz singular ou órgão colegiado, sentença ou acórdão, havia alguma polêmica por conta de posições civilistas equivocadas de desembargadores e ministros. Entre elas, destacamos a decisão tomada pelo Min. Fux na AP 969 (DF)[39], onde o ministro afirmou que o empate não deveria favorecer a defesa (exceto no julgamento de *habeas corpus*, invocando o art. 13, VII, do RISTF), cabendo nos demais casos ao presidente da corte a decisão. Segundo o ministro, naquela oportunidade, "*a solução favorável em caso de empate no habeas* corpus, *portanto, constitui regra excepcionalíssima, que não pode ser estendida a casos distintos dos previstos*". E concluiu no sentido de que "*A previsão expressa e específica de 'habeas corpus' e 'recursos em matéria criminal' não admite extensão a casos de distinta natureza*".

A nova lei veio para dizer o óbvio e encerrar uma polêmica desnecessária. Os arts. 41-A e seu parágrafo único da Lei n. 8.038/1990 e 615, § 1º, do CPP estabelecem agora que "em todos os julgamentos em matéria penal ou processual penal em órgãos colegiados, havendo empate, prevalecerá a decisão mais favorável ao indivíduo imputado, proclamando-se de imediato esse resultado, ainda que, nas hipóteses de vaga aberta a ser preenchida, de impedimento, de suspeição ou de ausência, tenha sido o julgamento tomado sem a totalidade dos integrantes do colegiado". Portanto, o empate, em qualquer julgamento colegiado, sempre beneficiará a defesa e o resultado será imediatamente proclamado, não cabendo "voto de Minerva" do presidente ou mesmo aguardar o retorno de julgador ausente ou a posse de novo desembargador/ministro em caso de vacância.

Mas a nova lei também traz uma inovação – no fundo mera consagração de prática jurisprudencial consolidada – especificamente em matéria de HC, incluindo o art. 647-A no CPP:

> Art. 647-A. *No âmbito de sua competência jurisdicional, qualquer autoridade judicial poderá expedir de ofício ordem de* habeas corpus, *individual ou coletivo, quando, no curso de qualquer processo judicial, verificar que, por violação ao ordenamento jurídico, alguém sofre ou se acha ameaçado de sofrer violência ou coação em sua liberdade de locomoção.*
> *Parágrafo único. A ordem de* habeas corpus *poderá ser concedida de ofício pelo juiz ou pelo tribunal em processo de competência originária ou recursal, ainda que não conhecidos a ação ou o recurso em que veiculado o pedido de cessação de coação ilegal.*

---

39 Sobre o tema, remetemos o leitor para nosso artigo: https://www.conjur.com.br/2021--dez-03/limite-penal-semana-stf-in-dubio-pau-reo-prerrogativa-cruzada-flavio/

Da leitura do dispositivo, emergem algumas conclusões importantes:

1. É a primeira vez que a legislação brasileira menciona (e consagra) o *habeas corpus* **coletivo**, sepultando assim a resistência de alguns setores em relação a sua viabilidade, como explicaremos a seguir, quando tratarmos da legitimidade.
2. Reforça a possibilidade de concessão de HC de ofício, por qualquer autoridade judicial, que no curso de qualquer processo judicial, verificar ilegalidade que reflita em limitação do direito de locomoção.
3. Além de reforçar no parágrafo único a possibilidade do HC de ofício (de forma até repetitiva), autoriza a concessão da ordem mesmo que a ação ou recurso que originário (o que deu causa ao julgamento) não seja conhecido. Esse dispositivo veio para legitimar e consagrar a concessão de HC de ofício em situações recorrentes nos tribunais (especialmente superiores) em que não era conhecida a Reclamação ou o Recurso (especial ou extraordinário) por não observar os requisitos formais de admissibilidade, mas emergia uma situação de coação ilegal amparável pela via do HC. Então tribunal não conhecia da ação ou recurso, mas concedia a ordem de HC de ofício para cessar a coação. No âmbito dos tribunais estaduais e regionais federais, também ocorriam situações de (ações de) revisão criminal ou mesmo recursos (de apelação, agravos da lei de execuções penais ou recurso em sentido estrito), não conhecidos ou denegados, mas em que o tribunal verificava a ocorrência de coação ilegal remediável pela via do HC. As concessões de HC de ofício já existiam, mas agora estão legalmente autorizadas e consagradas pela nova redação do art. 647-A do CPP.

9. O *habeas corpus* como instrumento de ataque processual – *collateral attack*

O alcance do *writ* não só se limita aos casos de prisão, pois também pode ser utilizado como instrumento para o *collateral attack*, possibilitando que seja uma via alternativa de ataque aos atos judiciais, e inclusive contra a sentença transitada em julgado.

Deve-se destacar que pela via do *habeas corpus* pode-se inclusive realizar o controle difuso da constitucionalidade[40] de uma norma. Com o *habeas corpus* pode ser exercido o controle indireto, é dizer, arguir e obter a declaração de inconstitucionalidade de uma norma ante qualquer juiz. Os juízes de primeiro grau podem conhecer da alegação de inconstitucionalidade pela via de exceção, através de uma alegação da defesa (recordemos que para os tribunais deve ser observada a reserva de plenário, prevista no art. 97 da CF/88, segundo o qual "somente pelo voto da maioria absoluta de seus membros ou dos membros do respectivo órgão especial poderão os tribunais declarar a inconstitucionalidade de lei ou ato normativo do Poder Público").

Um exemplo de uso recorrente é o HC para reconhecer uma nulidade ou a ilicitude probatória, como demonstrado no tópico anterior, ao explicar o art. 648, VI.

É preciso considerar que nas últimas décadas o HC foi responsável pelas maiores mudanças jurisprudenciais do processo penal brasileiro. Foi por meio dele, por exemplo, que se operou (finalmente) uma grande revisão do olhar dos tribunais sobre a busca domiciliar, pessoal e vários outros temas sensíveis e importantes. Vejamos alguns casos:

No HC 663.055, Rel. Min. Rogério Schietti Cruz, 6ª Turma do STJ, o robusto voto do relator afirmou:

> 5. *Por se tratar de medida invasiva e que restringe sobremaneira o direito fundamental à intimidade, o ingresso em morada alheia deve se circunscrever apenas ao estritamente necessário para cumprir a finalidade da diligência, conforme se extrai da exegese do art. 248 do CPP, segundo o qual, "Em casa habitada, a busca será feita de modo que não moleste os moradores mais do que o indispensável para o êxito da diligência".*

---

40 Também, sobre o tema, PONTES DE MIRANDA, *História e prática do "habeas corpus"*, cit., p. 490.

No HC 695.457, Rel. Min. Antonio Saldanha Palheiro, o HC serviu para o reconhecimento da ilegalidade da busca domiciliar feita no bojo de mandado de prisão:

> 3. O cumprimento de mandado de prisão não justifica a realização de busca na residência do agente, procedimento que demanda autorização judicial expressa ou a autorização explícita e espontânea do réu, o que não ocorreu in casu, como consignado corretamente na sentença absolutória.
> 4. Na mesma linha a manifestação da Procuradoria-Geral da República, para quem, "diante da ilegalidade no ingresso dos policiais na residência do paciente, deve ser reconhecida a invalidade das provas obtidas mediante violação domiciliar, bem como restabelecida a absolvição aplicada pelo juízo sentenciante".
> 5. Habeas Corpus concedido para anular as provas decorrentes do ingresso forçado no domicílio, com o consequente restabelecimento da sentença absolutória, acolhido o parecer ministerial (HC n. 695.457/SP, relator ministro Antonio Saldanha Palheiro, 6ª T., DJe, 11-3-2022).

Aproveitando o trabalho de MORAIS DA ROSA e CANI[41], vejamos mais algumas excelentes decisões – todas proferidas em sede de HC – sobre busca pessoal e domiciliar:

> Do STF: (a) denúncia anônima de tráfico não autoriza entrada em domicílio (AgRg no HC 175.038); (b) as guardas municipais não podem realizar investigações (AgRg no RE 1.281.774); (c) a autorização constitucional para ingresso em domicílio sem mandado em caso de flagrante delito não possibilita o ingresso em domicílio para investigar a possibilidade de flagrante delito (HC 226.493); (d) invasão de domicílio fundada em "sexto sentido" de policial é causa de ilicitude probatória (HC 227.279); e (e) a falta de aviso sobre o direito ao silêncio durante abordagem torna ilícitas as provas (RHC 207.459).

---

41 Mais um excelente trabalho de Alexandre Morais da Rosa e Luiz Eduardo Cani, na nossa coluna "Criminal Player", na Revista Eletrônica CONJUR. Disponível em: <https://www.conjur.com.br/2023-nov-22/busca-pessoal-e-domiciliar-no-cpp--entre-procedimentalistas-e-substancialistas-criminais>.

Do STJ: (a) o Ministério Público deve provar que a polícia obteve autorização para ingresso domiciliar sem mandado (AgRg no HC 567.784, HC 697.339 e AgRg no HC 784.340); (b) policiais não podem realizar busca pessoal durante o cumprimento de mandado de prisão (AgRg no RHC 172.290); (c) a polícia não pode realizar fishing expedition durante apreensão (AgRg no RMS 62.562 e HC 663.055); (d) nervosismo de suspeito não autoriza ingresso em domicílio sem mandado (HC 669.525 e REsp 1.691.459); (e) fuga de suspeito ao avistar a polícia não autoriza ingresso em domicílio (HC 695.980), nem mesmo quando cumulada com denúncia anônima (HC 720.178); (f) caráter permanente do crime não é suficiente para autorizar ingresso em domicílio sem mandado (HC 721.911); (g) suposto pedido de socorro não autoriza a polícia a ingressar em domicílio para efetuar prisão (HC 758.867); (h) o "sexto sentido" de policial não autoriza entrada em domicílio (HC 763.290); (i) denúncia anônima não autoriza ingresso em domicílio (HC 766.654); (j) denúncia anônima não autoriza busca pessoal (HC 808.907); (k) denúncia anônima somada à intuição policial não justificam busca pessoal (RHC 158.580); e (l) "não é porque um policial alega que a Justiça deve acreditar" (HC 742.112).

Outra decisão crucial e paradigmática foi proferida no **HC 598.886/SC**, Rel. Min. Rogério Schietti, 6ª Turma do STJ, que corrigiu um erro histórico e gravíssimo no reconhecimento pessoal, estabelecendo que o art. 226 do CPP não é uma "mera recomendação" e definindo ainda uma série de critérios[42] para essa prova tão

---

42 A 6ª Turma do STJ decidiu que:

"I) O reconhecimento de pessoas deve observar o procedimento previsto no art. 226 do CPP, cujas formalidades constituem garantia mínima para quem se encontra na condição de suspeito da prática de um crime.

II) À vista dos efeitos e dos riscos de um reconhecimento falho, a inobservância do procedimento descrito na referida norma processual torna inválido o reconhecimento da pessoa suspeita e não poderá servir de lastro a eventual condenação, mesmo se confirmado o reconhecimento em juízo.

III) Pode, porém, o magistrado realizar em juízo o ato de reconhecimento formal desde que observado o devido procedimento probatório, bem como pode ele se convencer da autoria delitiva a partir do exame de outras provas que não guardem relação de causa e efeito com o ato viciado de reconhecimento.

perigosa (como explicamos à exaustão em outro momento[43]). "De todo **urgente**, portanto, que se adote um **novo rumo** na compreensão dos Tribunais acerca das consequências da atipicidade procedimental do ato de reconhecimento formal de pessoas; **não se pode mais referendar a jurisprudência que afirma se tratar de mera recomendação do legislador**, o que acaba por permitir a perpetuação desse foco de erros judiciários e, consequentemente, de graves injustiças" (HC 598.886/SC, Rel. Min. Rogério Schietti, 6ª T., j. 27-10-2020).

E o art. 212, tão distorcido e violado? Também foi pela via do *writ*, no *Habeas Corpus* **726.749/SP** (2022/0056979-7), j. 6-5-2022, Rel. Min. SEBASTIÃO REIS JÚNIOR, que se anulou a instrução e sentença, porque "a Magistrada protagonizou toda audiência perquirindo por diversas vezes a vítima protegida, ou seja, foram 257 questionamentos da Magistrada, 54 do Ministério Público e 53 da Defesa técnica (fl. 305). Por conseguinte, a Juíza de Direito da 2ª Vara Criminal da comarca de Sorocaba/SP, no caso em concreto, não exerceu a indispensável equidistância durante a audiência de instrução e julgamento, consoante o disposto no art. 212 do Código de Processo Penal".

Por fim, os exemplos do uso de HC como instrumento de ataque processual são incontáveis, comprovando que ele é um poderoso meio de ataque processual colateral, para debater ilicitudes probatórias, alcance de direitos fundamentais, nulidades e formas processuais etc.

IV) O reconhecimento do suspeito por mera exibição de fotografia, a par de dever seguir o mesmo procedimento do reconhecimento pessoal, há de ser visto como etapa antecedente a eventual reconhecimento pessoal e, portanto, não pode servir como prova em ação penal, ainda que confirmado em juízo".

Sem dúvida, é um grande avanço na análise dessa questão que, por décadas, foi tratada de forma completamente errada pela jurisprudência brasileira, que relativizou os requisitos legais a ponto de admitir práticas degeneradas que induzem a falsos reconhecimentos. Esperamos que essa decisão represente uma mudança de cultura e das práticas policiais e judiciais em relação ao reconhecimento de pessoas.

43 Na nossa obra *Direito processual penal*, em tópico específico sobre o reconhecimento pessoal.

Tanto pode ser utilizado no inquérito policial como também na instrução. A primeira decisão judicial que pode ser atacada pelo *habeas corpus* é a que recebe a ação penal, seja ela denúncia (em caso de ação penal pública, cujo titular é o Ministério Público) ou queixa-crime (delitos de ação penal privada em que o titular é o ofendido).

Assim, pode o *habeas corpus* ser utilizado para "trancar" o processo (e não a ação), mas em casos excepcionais, em que é facilmente constatável a ausência das condições da ação (recordando: prática de fato aparentemente criminoso; punibilidade concreta; legitimidade e justa causa), sem que se possa pretender uma ampla discussão probatória, pois a cognição aqui é sumária. A previsão legal de tal medida encontra-se no art. 648, I, do CPP, pois não existe uma "justa causa" – genericamente considerada – para o processo nesses casos. É preciso cuidado para não pretender, no HC, o mesmo nível de cognição e efeito que se deve obter no processo de conhecimento (com cognição plenária), conforme explicamos anteriormente, em tópico específico e para onde remetemos o leitor.

Por fim: repetimos, não se pode confundir a limitação da cognição do HC, em que não se admite a dilação probatória, com a discussão sobre a (i)legalidade de uma prova (perfeitamente admissível em sede de HC). Limitação da cognição não é simplificação da discussão/objeto. É preciso que a prova da nulidade/ilicitude probatória seja pré-constituída e devidamente demonstrada. O ato ilegal deve vir claramente posto pela simples análise das decisões tomadas e atos praticados, não pode exigir uma instrução ou espaço para produção de prova da sua ocorrência.

Não se pode confundir sumarização da cognição com a complexidade da discussão jurídica sobre a matéria ou mesmo o volume de material a ser examinado pelo tribunal (muito comum em se tratando de prova ilícita). Sendo a comprovação da nulidade ou da ilicitude probatória documentada (ou documental) e juntada ao HC (não exigindo produção de prova, portanto), demandando apenas análise (por mais trabalhosa e/ou volumosa que seja), **não existe impedimento algum a que o HC seja conhecido e concedida a ordem.**

10. *Habeas corpus* preventivo

A utilização mais recorrente do *habeas corpus* é para atacar um ato ilegal já praticado ou que está em curso, sendo realizado, cujos efeitos são atuais. Mas, desde a Constituição de 1891, o sistema brasileiro consagra o *habeas corpus preventivo* como uma medida que busca evitar a prática iminente de uma coação ilegal.

Como explica CALAMANDREI[44], na tutela jurisdicional *preventiva*, o interesse não surge do dano, senão *dal pericolo di un danno giuridico*. A tutela não atua *a posteriori* do dano, como produto da lesão ao direito, senão que se opera *a priori*, para evitar o dano que possa derivar da lesão a um direito, quando existe uma ameaça ainda não realizada. Existe, portanto, interesse juridicamente tutelável antes da lesão ao direito, pelo simples fato de que a lesão seja previsível, próxima e provável. Para isso está o *habeas corpus preventivo*.

O art. 647 do CPP prevê que a ação possa ser utilizada sempre que alguém sofra ou se encontre na iminência de sofrer uma violência ou coação ilegal. No mesmo sentido, o art. 5º, LXVIII, da Constituição estabelece que: "conceder-se-á *habeas corpus* sempre que alguém sofrer ou se achar ameaçado de sofrer violência ou coação em sua liberdade de locomoção, por ilegalidade ou abuso de poder".

A iminência do constrangimento ilegal deve ser valorada em grau de probabilidade, um juízo de verossimilhança, não se podendo exigir "certeza", pois esta somente será possível com a consumação do ato que se pretende evitar.

Acolhido o *habeas corpus* preventivo, será emitido um mandamento judicial de *salvo-conduto*[45], dirigido à autoridade apontada como provável autora da ilegalidade, para que não pratique o ato coator ou a conduta ilegal. Em última análise, o *habeas corpus* preventivo atua no momento imediatamente anterior à efetivação da coação ilegal, protegendo o paciente e impedindo que a ilegalidade se produza.

---

44 *Introduzione allo studio sistematico dei provvedimenti cautelari*, cit., p. 16 e s.
45 Do latim – *salvus conductos*.

Como explica MANZINI[46], o *salvo-conduto* tem sua origem no período da inquisição, para facilitar a apresentação do imputado (*quod tuto possit venire ad se praesentandum*)[47], e valia por um certo tempo, mas também podia ser concedido por tempo indeterminado. Garantia ao beneficiado a vida, a liberdade e a disposição de seus bens, sendo sua concessão subordinada à condição *quod non vagetur per plateas el loca publica, quia sic dignitas Magistratus et iustitiae exigere videtur*[48].

No modelo brasileiro, o HC preventivo não goza de disciplina legal (está previsto, mas não disciplinado), não havendo clara definição de limites e duração do salvo-conduto. Infelizmente, é de difícil obtenção, até porque os tribunais em regra são bastante comedidos, "econômicos" quanto à concessão de medidas de proteção da liberdade individual. Ainda mais na dimensão preventiva.

Um exemplo típico de utilização do *habeas corpus* preventivo é contra ato coator praticado em CPI (Comissão Parlamentar de Inquérito), pois, não raras vezes, réus em processo criminal são intimados a depor como informantes ou testemunhas em CPI que busca apurar os mesmos fatos pelos quais ele já responde a processo criminal ou é investigado em inquérito policial. Uma vez circunscrita sua posição de imputado, não pode ser ouvido como testemunha ou informante, pois essa é uma manobra ilegal para subtrair-lhe os direitos inerentes à posição de sujeito passivo, entre eles, o direito de silêncio e de estar acompanhado de advogado. Em diversas oportunidades já foram realizadas manobras circenses em Assembleias Legislativas e mesmo no Congresso Nacional, com a prisão em flagrante de réus que utilizaram o direito de silêncio, em flagrante ilegalidade e afronta ao direito constitucional de silêncio. Para evitar tais espetáculos, o *habeas corpus preventivo* apresenta-se como instrumento processual

---

46 *Tratado de derecho procesal penal*. Barcelona: Ediciones Jurídicas Europa-América, 1951. v. I, p. 63. Especialmente na nota de rodapé n. 199.
47 Que todos possam vir com segurança para se apresentar.
48 De que não ande vagando por praças e lugares públicos, pois assim entende exigir a dignidade do magistrado e da Justiça.

adequado para assegurar tais direitos e também o de não ser preso (!) pelo crime de desobediência no caso de exercer o direito de silêncio.

Quanto à competência para julgar o HC, a regra é a seguinte:

CPI instaurada em Assembleia Legislativa, o *writ* será interposto no Tribunal de Justiça do respectivo Estado;

CPI instaurada no âmbito do Congresso Nacional, a competência para julgamento é do STF.

Importante compreender que o *habeas corpus* é o remédio adequado porque se pretende a tutela de direito fundamental do réu, cuja violação conduzirá à restrição ilegal de sua liberdade. Se a pretensão fosse apenas de fazer valer alguma prerrogativa funcional do advogado (como ter acesso aos autos, por exemplo) assegurada na Lei n. 8.906, a via correta é o Mandado de Segurança.

11. Competência. Legitimidade. Procedimento. A (in)exigibilidade de prévio pedido de reconsideração na origem. Interposição por pessoa jurídica. HC coletivo

O *habeas corpus* é sempre postulado a uma autoridade judiciária superior, com poder para desconstituir o ato coator tido como ilegal. É interposto em órgão hierarquicamente superior ao responsável pelo constrangimento ilegal, havendo assim, no que tange à competência para o processamento do HC, a observância, além da territorialidade, do princípio da hierarquia[49].

Em algumas situações, é difícil precisar quem é a autoridade coatora e quem é apenas o executor da ordem. Nestes casos, existe uma regra básica, de fundamental importância: nenhum *habeas corpus* será denegado por ter sido impetrado frente a autoridade judiciária incompetente. Estabelece o art. 649, que "o juiz ou o tribunal, dentro dos limites da sua jurisdição, fará passar imediatamente a

---

49 PONTES DE MIRANDA, Francisco C. *História e prática do "habeas corpus"*, cit., p. 502.

ordem impetrada, nos casos em que tenha cabimento, seja qual for a autoridade coatora".

Com isso, os juízes e tribunais têm o "dever de corrigir o endereçamento" do *writ* que, por erro, tenha sido distribuído para a autoridade competente.

Aos juízes (estaduais ou federais, conforme o caso) incumbe o julgamento do HC que tenha como coator um particular, autoridade policial ou administrativa e demais agentes submetidos à jurisdição de primeiro grau.

Destaque-se que, quando a ação é impetrada em primeiro grau, o art. 574, I, do CPP prevê a necessidade de recurso de ofício da sentença que conceder o *habeas corpus*, mas não daquela que o denegar. Para evitar repetições, remetemos o leitor para o capítulo anterior, quando tratamos dos recursos e fizemos uma crítica ao recurso de ofício, pois, entre outros argumentos, são manifestas a ilegitimidade e a falta de interesse recursal.

Para desconstituir um ato ou decisão proferida por juiz, o HC deverá ser impetrado no Tribunal de Justiça ou Tribunal Regional Federal, conforme seja um juiz de direito ou juiz federal, e assim sucessivamente, para o Superior Tribunal de Justiça e Supremo Tribunal Federal.

Mas é necessário um pedido prévio de "reconsideração" para o juiz que decretou uma prisão preventiva, antes de ingressar com o HC no tribunal?

Não, tal exigência é **absolutamente infundada e ilegal. Processualmente, isso não existe e nunca existiu no ordenamento jurídico brasileiro. Ao decretar a prisão preventiva se constitui integralmente o ato judicial. É uma decisão judicial completa e, portanto, que configura a coação ilegal autorizadora do *habeas corpus*.** É, processualmente, um erro exigir que o paciente faça um pedido de reexame da decisão para só então – passados sabe-se lá quantos dias preso – em mantido o decreto (e dificilmente será alterado, basta compreender o que é o viés confirmatório e tudo o que já explicamos anteriormente sobre a dissonância cognitiva), poder manejar o *habeas corpus* para o tribunal. Neste sentido[50] é esclarecedora a decisão proferida pelo STJ no HC 223.016/SC, Rel. Min. Sebastião Reis Júnior, Sexta Turma, j. 23-2-2012, ondes consta: *1. É pacífico o entendimento, nesta Corte, de que a decisão de Juízo de primeiro grau que decreta a prisão preventiva é passível de impugnação direta junto ao Tribunal de Justiça, por meio de* habeas corpus. *2. Há constrangimento ilegal na decisão do Tribunal a quo, que não conheceu da impetração originária sob o fundamento de haver supressão de instância, uma vez que a revogação da prisão preventiva não havia sido postulada previamente junto ao Juízo que a prolatou. 3. Ordem concedida para determinar ao Tribunal de origem que processe e julgue o mérito do HC 2011.080973-2, como entender de direito, ficando ratificados os efeitos da liminar deferida (HC 223.016/SC, Rel. Min. Sebastião Reis Júnior, Sexta Turma, j. 23-2-2012, DJe de 21-3-2012).*

Situação diferente (onde o pedido de reconsideração poderia [não é obrigatório] ser exigido) é quando surgem elementos fáticos novos, não apreciados pelo juízo de primeiro grau, sob pena de supressão do grau de jurisdição. Mesmo nesse caso, não se afasta a apreciação da matéria pelo tribunal, para fazer cessar a coação ilegal.

Também é preciso atentar para o HC utilizado como instrumento de ataque processual colateral, como, v.g., no caso de impugnação de uma nulidade ou ilicitude probatória. Recomenda-se, nestes casos, que a matéria seja ventilada, alegada, no juízo de origem, para só após ser manejado o HC (mesmo que o juiz não se manifeste, mas pelo menos houve a alegação).

---

50 EMENTA *HABEAS CORPUS*. PREVENTIVA. NEGATIVA DE JURISDIÇÃO. SUPERAÇÃO DO ENUNCIADO DA SÚMULA 691/STF. Em casos teratológicos e excepcionais, como o dos autos, é viável superar o óbice da Súmula 691 desta Suprema Corte. Precedentes. Não pode Corte Recursal condicionar a admissibilidade da ação constitucional do *habeas corpus*, impetrado contra a decretação de prisão preventiva, à prévia formulação de pedido de reconsideração à autoridade coatora, especialmente se ausentes fatos novos. Negativa de jurisdição caracterizada. Ordem concedida para o julgamento, pela Corte Recursal, do mérito do *habeas corpus*, afastado o juízo de inadmissibilidade pronunciado (HC 114.083, Relator(a): ROSA WEBER, Primeira Turma, j. 28-8-2012, PROCESSO ELETRÔNICO DJe-179, DIVULG 11-9-2012, PUBLIC 12-9-2012).

Portanto, exceto nos casos de fato novo ou ataque colateral, não se pode (além de não fazer sentido algum) exigir "prévio pedido de reconsideração" como condição de admissibilidade do HC em tribunais. Sigamos.

O STF somente julga o *habeas corpus* nos casos de sua competência originária (prerrogativa de função) ou quando o ato coator emanar de um Tribunal Superior (STJ, TSE, STM e TST).

Na dimensão dos Juizados Especiais Criminais, a situação sempre foi problemática. Quando o coator é o juiz atuante no juizado, o HC será julgado pela respectiva turma recursal. Contudo, a situação é diferente quando o ato coator emana de turma recursal (Juizado Especial Criminal), em que o tema suscita controvérsias.

De um lado encontramos a Súmula 690 do STF, a saber:

> Compete originariamente ao Supremo Tribunal Federal o julgamento de habeas corpus *contra decisão de turma recursal de juizados especiais criminais.*

Com isso, o HC seria julgado diretamente no STF, num verdadeiro salto na organização escalonada do Poder Judiciário.

Mas, após a edição da Súmula, que segue vigendo, houve oscilação jurisprudencial relevante. Assim, ao que tudo indica, caminhamos no sentido da superação da Súmula 690, de modo que o HC impetrado contra ato da turma recursal seja julgado no respectivo Tribunal de Justiça do Estado (ou Tribunal Regional Federal se a decisão é de turma recursal de JEC federal).

E se a autoridade coatora for um Promotor de Justiça ou Procurador da República, a quem competirá o julgamento do *habeas corpus*? Ao respectivo tribunal ao qual estas autoridades estão sob jurisdição, ou seja, o Tribunal de Justiça ou o Tribunal Regional Federal, conforme o caso. A competência para o julgamento do HC deve considerar também a que tribunal está submetida a autoridade coatora, ou, ainda, que tribunal julga eventual crime praticado pela autoridade coatora. No caso dos membros do Ministério Público, estão submetidos ao julgamento pelo respectivo tribunal, cabendo também a esse tribunal, portanto, o julgamento do *writ*.

Quanto à legitimidade, o *habeas corpus* poderá ser interposto por qualquer pessoa, em seu próprio benefício ou de terceiro. Também poderá fazê-lo o Ministério Público e, obviamente, o advogado do paciente (não sendo necessária procuração). O HC é um atributo da personalidade, em que qualquer pessoa, independentemente de habilitação, capacidade política, civil, processual, sexo, idade, nacionalidade e, inclusive, estado mental, pode utilizar. Não se faz qualquer limitação, nem aquelas necessárias para atuar no processo em geral (*legitimación ad causam y ad processum*) ou capacidade civil.

Mas, e a *pessoa jurídica*, pode figurar como paciente da coação ilegal, quando lhe é imputada a prática de um crime ambiental? Poderá ser impetrante nesse caso?

Ainda existe certa resistência por parte da jurisprudência nacional em admitir que a pessoa jurídica possa ser paciente/impetrante em *habeas corpus*, pelo fato de não sofrer coação em sua liberdade de locomoção.

Contudo, esse entendimento deve ser revisado, pois é completamente inadequado às novas situações jurídico-penais criadas pela Lei n. 9.605/98.

O primeiro aspecto a ser considerado é que a teoria da dupla imputação – segundo a qual *é viável a responsabilidade penal da pessoa jurídica em crimes ambientais desde que haja a imputação simultânea do ente moral e da pessoa física que atua em seu nome ou em seu benefício, uma vez que "não se pode compreender a responsabilização do ente moral dissociada da atuação de uma pessoa física, que age com elemento subjetivo próprio*" (REsp 564.960/SC, 5ª Turma, Rel. Min. Gilson Dipp, DJ 13-6-2005).

Portanto, se poderia o HC ser interposto somente em nome da pessoa física corré, para, em sendo concedida a ordem, requerer posteriormente a extensão de seus efeitos à pessoa jurídica, nada mais coerente do que – por uma questão de efetividade – autorizá-la desde logo a figurar como impetrante e/ou paciente.

Noutra dimensão, é absolutamente ilógico admitir que a pessoa jurídica figure no polo passivo de uma ação penal e, ao mesmo tempo, negar-lhe legitimidade para utilizar o *habeas corpus* como instrumento processual destinado a fazer cessar uma coação ilegal (*collateral attack*).

Por que teria a pessoa jurídica que suportar o ônus de um processo penal nulo ou inútil? Pode ser ré, mas não está legitimada a resistir a uma imputação ilegal? É flagrante a incongruência e a inadequação da tese que nega à pessoa jurídica legitimidade para impetração do *habeas corpus*.

Com muito acerto, no HC 92.921/BA, o Ministro Ricardo Lewandowski afirma que o sistema penal *não está plenamente aparelhado para reconhecer a responsabilidade penal da pessoa jurídica... pois inexistem instrumentos legislativos, estudos doutrinários ou precedentes jurisprudenciais, aptos a colocá-la em prática, sobretudo de modo consentâneo com as garantias do processo penal.*

E prossegue o Ministro Ricardo Lewandowski afirmando que *entendo viável a interposição de* habeas corpus *para sanar eventual ilegalidade ou abuso de poder originados de ação penal em que figure no polo passivo pessoa jurídica, sobretudo tendo em conta a falta de adequação do sistema processual à nova realidade apresentada pela criminalização das ações praticadas por tais entes.*

Em outras palavras, a *responsabilidade penal da pessoa jurídica, para ser aplicada, exige alargamento de alguns conceitos tradicionalmente empregados na seara criminal, a exemplo da culpabilidade, estendendo-se a elas também as medidas assecuratórias, como o* habeas corpus.

Portanto, em sendo a pessoa jurídica ré em processo-crime está, a nosso sentir, plenamente autorizada a impetrar HC ou figurar como paciente em *writ* interposto por outra pessoa.

Uma questão interessante na legitimidade para interposição é a (im)possibilidade do *habeas corpus* coletivo.

Tradicionalmente se entendia que o HC tutelava apenas a liberdade de indivíduo certo e determinado, cabendo sua interposição por ele próprio ou qualquer pessoa em seu benefício. Sem embargo, a complexidade que marca as sociedades contemporâneas evidencia a indiscutível existência de direitos coletivos, transindividuais, passíveis de serem tutelados pela via do *habeas corpus* coletivo. Como fundamenta o Min. SEBASTIÃO REIS JUNIOR "diante dos novos conflitos interpessoais resultantes da sociedade contemporânea – sociedade de massa –, imprescindível um novo arcabouço jurídico processual que abarque a tutela de direitos coletivos, também no âmbito penal. 5. A reunião, em um único processo, de questões que poderiam estar diluídas em centenas de *habeas corpus* implica economia de tempo, de esforço e de recursos, atendendo, assim, ao crescente desafio de tornar a prestação jurisdicional desta Corte Superior mais célere e mais eficiente. 6. No mais, sabe-se que o *habeas corpus* consolidou-se como um instrumento para defesa de direito fundamental e, como tal, merece ser explorado em sua total potencialidade" (HC 568.693/ES, Terceira Seção, j. em 14-10-2020).

Existem direitos e garantias individuais que podem violar, por conta de um mesmo ato, um número indeterminado de pessoas, que estariam legitimadas a impetrar *habeas corpus* individuais. Existe homogeneidade na situação fática a ser protegida de modo que, até por economia processual e maior efetividade da tutela jurisdicional, poderia haver uma única impetração, capaz de gerar uma decisão englobando um número indeterminado de pessoas que estão sofrendo a coação ilegal. Como explicam SARMENTO, BORGES E GOMES, "embora pertencentes a titulares diversos, têm por origem a mesma causa fática ou jurídica, o que lhes confere um grau de afinidade ou semelhança capaz de permitir sua tutela supraindividual. Embora os possuidores de tais interesses possam defendê-los em juízo de forma isolada, existem numerosas vantagens no seu processamento unitário, bem como na possibilidade de que sua proteção judicial seja requerida, em prol de todos os seus titulares, por quem não integra a relação jurídica de direito material"[51].

Portanto, entendemos cabível o *habeas corpus* coletivo que também já foi admitido pelos tribunais superiores. No STJ, entre outros:

---

51 SARMENTO, Daniel; BORGES, Ademar; GOMES, Camilla. *O cabimento do "Habeas Corpus" Coletivo na ordem Constitucional Brasileira*. UERJ Direitos – Clínica de Direitos Fundamentais da Faculdade de Direito da UERJ. Parecer jurídico. Rio de Janeiro, 16 de junho de 2015. Capturado no *site*: <http://uerjdireitos.com.br/wp-content/uploads/2015/05/uerjdireitos_habeas-corpus-coletivo-e-liberdade-re-8558101.pdf>. Data da captura: 16-12-2020.

HC 143.641/SP, HC 568.021/CE, HC 575.495/MG e HC 568.693/ES. No STF existem, entre outros, dois importantes precedentes: HC 143.641, Segunda Turma, Rel. Ministro Ricardo Lewandowski e HC 165.704/DF, rel. Min. Gilmar Mendes, 2ª Turma, j. 20-10-2020.

Por derradeiro, como já mencionamos, a **Lei n. 14.836/2024 inseriu o art. 647-A no CPP** e recepcionou – de forma expressa e pioneira – a figura do HC coletivo, reforçando nossa tese da sua viabilidade.

Superada essa questão da legitimidade, prossigamos.

Os juízes e tribunais podem, de ofício, conceder HC quando verificarem, no curso de um processo, que alguém sofre ou está na iminência de sofrer uma coação ilegal. Neste sentido, estabelece o art. 654 do CPP.

A petição deverá ser distribuída em três vias, uma original e duas cópias. Uma cópia será enviada para a autoridade coatora, para o pedido de informações, e a outra servirá de protocolo do impetrante.

Endereçada sempre ao órgão superior àquele apontado como coator, como veremos na continuação, a petição do *habeas corpus* deve indicar claramente:

Paciente: quem sofre o ato coator ou está na iminência de sofrê-lo;

Impetrante: quando quem impetra o HC é outra pessoa que não o paciente;

Autoridade coatora: é a autoridade que determinou a prática do ato ilegal;

Impetrado(a): é a autoridade para a qual foi distribuído o HC, seja juiz ou tribunal;

Detentor: é a pessoa que detém o paciente, quando distinta da autoridade coatora, podendo ser o Diretor do presídio ou do estabelecimento prisional onde o paciente está preso.

A petição deverá descrever a situação fática e apontar no que consiste a ilegalidade da coação, ou seja, os fundamentos jurídicos que amparam o *habeas corpus*. Quando interposto por advogado, exige-se que a inicial siga os requisitos mínimos de clareza e fundamentação de qualquer peça processual, devendo ser instruída com cópia integral do processo ou, ao menos, das principais peças. É recomendável que o *habeas corpus* seja bem instruído, para dar celeridade ao julgamento.

Diverso é o tratamento do *writ* interposto pelo próprio paciente, geralmente preso, em que são relativizados os requisitos formais em nome do interesse na tutela da liberdade individual. Além de certa relativização das formas, se a petição não contiver os requisitos necessários o juiz ou tribunal deverá, segundo o art. 662, determinar que o impetrante a complemente.

Recebido o HC, deverá a autoridade se manifestar sobre o pedido de liminar.

O pedido de informações, uma prática disseminada em primeiro grau e também nos tribunais, está previsto no art. 662, mas algumas considerações devem ser feitas:

a) o pedido de informações está previsto para o HC julgado em tribunais, sendo descabido para a ação de competência dos juízes de primeiro grau;

b) o pedido de informações deve ser formulado "se necessário", portanto, a regra é que o HC que preencha os requisitos do art. 654 seja despachado sem a manifestação do juiz coator;

c) quando o *writ* vier instruído com cópia integral do processo e preencher os requisitos formais, não há "necessidade" alguma do pedido de informações.

Portanto, a praxe judiciária de não se manifestar sobre o pedido de liminar antes que venham as "informações da autoridade coatora" é causa de uma indevida dilação, ilegítima e arbitrária, que prolonga a submissão do paciente ao constrangimento ilegal impugnado. Eventuais "informações", de caráter meramente complementar, não podem prejudicar a célere tramitação que o HC exige.

O pedido de informações, como a expressão evidencia, é um relato objetivo e circunstanciado do estado do processo. Por elementar, não existe "contraditório com o juiz" (o que seria um completo absurdo processual), nem deve a autoridade coatora fazer uma "defesa" do seu ato. Juiz não é parte, não havendo "contraditório" ou possibilidade de manifestação que extrapole os estreitos limites da prestação objetiva das informações solicitadas.

Quando o *habeas corpus* é de competência dos juízes de primeiro grau, o procedimento está previsto no art. 656.

A apresentação imediata do preso ao juiz é uma medida salutar, além de, como lembra PONTES DE MIRANDA[52], relacionar-se com o próprio nome da ação, que iniciava pela fórmula "trazer o corpo". Deveria ser uma regra para o *writ* que tramita em primeiro grau.

O Código de Processo Penal não prevê a intervenção do Ministério Público e, como adverte PONTES DE MIRANDA[53], quaisquer diligências que ao juiz pareçam inúteis ou supérfluas devem ser dispensadas, inclusive a oitiva do Ministério Público, para não retardar a decisão. Nos tribunais, a intervenção do MP costuma ser disciplinada nos regimentos internos e não deve, como sói ocorrer, ser uma causa de atraso no julgamento do *habeas corpus*.

Infelizmente, quando negada a liminar, o *habeas corpus* costuma ter uma tramitação demasiadamente lenta nos tribunais brasileiros, pois se aguardam as informações, depois os autos vão para manifestação do Ministério Público e como, via de regra, as Câmaras e Turmas Criminais reúnem-se apenas uma vez por semana (ou a cada duas semanas em alguns casos), a demora na manifestação do *parquet* pode representar uma demora de semanas no julgamento. Se considerarmos que o MP também se manifesta na sessão, quando finalmente é julgado o *writ*, há uma inútil duplicidade, contribuidora para a indevida dilação no julgamento.

A situação foi agravada pela emissão da Súmula 691 do STF, que pretende impedir novo HC ajuizado após a denegação de medida liminar em *habeas corpus*. Negada uma liminar, a valer a Súmula, não caberia novo HC para outro tribunal enquanto não fosse julgado o mérito no tribunal de origem.

Desgraçadamente, a aplicação da Súmula tem feito com que, diariamente, os impetrantes e pacientes de *habeas corpus* sofram com a demora no julgamento do mérito e o impedimento de buscar, no Tribunal Superior, o reconhecimento da ilegalidade. Ainda que

---

52 *História e prática do "habeas corpus"*, cit., p. 516.
53 Idem, ibidem, p. 519.

alguma relativização ao rigor da Súmula já tenha sido feita, a regra é sua aplicação.

A situação gerada é bastante problemática e não é raro que o paciente tenha que ajuizar um novo *habeas corpus* no Tribunal Superior, não para ver reconhecida a ilegalidade a que está sendo submetido, mas apenas para obter um peculiar mandamento: a ordem de que o tribunal de origem julgue, sem mais demora, o mérito do HC originário, que, após a denegação da liminar, aguarda meses, às vezes anos para ser julgado. Só assim o impetrante poderá prosseguir, ingressando com novo HC no Tribunal Superior.

A Súmula continua em vigor, ainda que seu rigor tenha sido atenuado, pelo STF, nos casos em que a ilegalidade é flagrante.

Retomando a análise do procedimento, há dois momentos decisórios:

a) Decisão sobre a concessão ou não da medida liminar (*in limine litis*): impetrado e recebido o *habeas corpus*, o juiz ou o tribunal competente analisará a verossimilhança da fundamentação fática e jurídica da ação, e, se houver pedido, decidirá acerca da medida liminar postulada. Trata-se de uma decisão interlocutória de natureza cautelar, em que devem ser demonstrados o *fumus boni iuris* e o *periculum in mora*[54] do alegado. Advertimos, contudo, que é recorrente a denegação da liminar quando ela se confundir com o mérito do *habeas corpus*, sob o argumento de que não há cautelaridade, mas antecipação de tutela (é o caso do pedido liminar de liberdade e, no mérito, a procedência do HC e igual pedido de liberdade). A concessão ou denegação da medida liminar postulada pelo juiz ou relator (quando o *habeas corpus* tramita em tribunais) não encerra a ação, pois ainda haverá uma manifestação sobre o mérito, em que a liminar poderá ser concedida (quando negada inicialmente), mantida (quando

---

54 Essas categorias são adequadas para fundamentar o pedido de liminar em *habeas corpus*, pois é evidente sua natureza cautelar, similar aqui ao processo civil. Não há, portanto, nenhuma contradição com a crítica que fizemos anteriormente ao tratar da prisão cautelar, em que se deve argumentar em torno do *fumus commissi delicti* e do *periculum libertatis*.

concedida) ou cassada (foi concedida, mas no mérito, ao ser julgado o *habeas corpus*, é cassada e é negado provimento ao pedido).

b) Decisão final (sentença ou acórdão): concedida ou não a medida liminar (ou não postulada), após as informações e manifestação do Ministério Público, deverá o juiz proferir sentença ou o tribunal julgar o *habeas corpus*, que será levado em mesa pelo relator para julgamento pelo órgão colegiado. Nesse julgamento, poderá ser acolhido o pedido ou denegado, no todo ou em parte. Quando houver sido concedida a medida liminar, será ela confirmada ou cassada, conforme a sentença seja de procedência ou não. A eficácia preponderante da sentença de procedência é mandamental.

No julgamento do *habeas corpus* pelos tribunais, está permitida a sustentação oral pelo impetrante, mas um sério obstáculo da *praxis* judiciária é o fato de não haver intimação da data da sessão de julgamento, sob o argumento de que a urgência exige que a ação seja "levada em mesa" sem ser incluída na pauta de julgamento. Isso acarreta sérios prejuízos para o impetrante e o paciente, na medida em que impede o acompanhamento e a sustentação oral na sessão de julgamento. Ainda que o cerceamento de defesa e a violação do contraditório (na dimensão do direito à informação e à comunicação dos atos processuais) sejam evidentes, essa prática é recorrente e (infelizmente) tolerada.

Contudo, já há decisões anulando o julgamento de *habeas corpus* quando, havendo pedido expresso de sustentação oral (e, portanto, de intimação da data da sessão), a sessão é realizada sem prévia comunicação ao impetrante.

Mas, em sentido oposto, argumenta-se a ausência de nulidade com base na Súmula 431 do STF, que assim dispõe: *É nulo o julgamento de recurso criminal, na segunda instância, sem prévia intimação, ou publicação da pauta, salvo em* habeas corpus.

Pensamos que a Súmula deve ser revisada e que o melhor entendimento é pela necessidade de intimação da data do julgamento, especialmente quando o impetrante manifestar o desejo de proferir sustentação oral.

Por fim, vejamos o disposto no art. 651:

Art. 651. A *concessão do* habeas corpus *não obstará, nem porá termo ao processo, desde que este não esteja em conflito com os fundamentos daquela*. (grifamos)

O dispositivo impede a contradição na conclusão do HC e a continuidade do processo. Por exemplo: se o *habeas corpus* é concedido porque a prisão é ilegal em virtude da atipicidade da conduta, não se justifica a continuidade do processo, que deverá ser trancado até mesmo de ofício pelo tribunal julgador. Outra situação é quando o *writ* é concedido por ausência de fumaça de autoria (ou materialidade), não se justificando mais a continuidade do processo que deve ser trancado. Inclusive, caso o tribunal não se manifeste sobre o trancamento do processo (e não da ação penal, como já explicamos anteriormente), caberá ao interessado ingressar com Embargos Declaratórios, apontando a contradição (entre os fundamentos da concessão e a continuidade do processo) e a omissão no enfrentamento do dispositivo legal, buscando a atribuição de efeitos infringentes (ou modificativos).

12. Uso o recurso ordinário constitucional em *habeas corpus* ou impetro um novo HC?

O recurso ordinário é um meio de impugnar as decisões denegatórias ou de não conhecimento do *habeas corpus*, sendo julgado:

- pelo STF quando a decisão denegatória ou de não conhecimento é proferida, em única instância, pelo STJ, nos termos do art. 102, II, *a*, da Constituição;
- pelo STJ quando a decisão denegatória ou de não conhecimento do *habeas corpus* for proferida em única ou última instância, pelos tribunais de justiça ou tribunais regionais federais, conforme estabelece o art. 105, II, *a*, da Constituição.

Há uma sutil diferença na definição da competência: no STF, a competência é para julgar o recurso ordinário quando o *habeas corpus* foi denegado em "única instância" pelo STJ. Ou seja, é um caso em que a competência originária para julgamento do HC é do STJ, como, por exemplo, o *writ* interposto por um agente público com prerrogativa de função (art. 105, I, *a*, da Constituição).

Já o STJ julga o recurso ordinário quando o *habeas corpus* foi denegado pelo Tribunal de Justiça ou Tribunal Regional Federal em única (prerrogativa de função) ou última instância (logo, pode ser um HC contra ato coator de juiz, por exemplo).

Isso conduz a outro detalhe importante: se a decisão denegatória é do Tribunal de Justiça ou Tribunal Regional Federal, cabe recurso ordinário para o STJ. Mas, se ao invés de interpor o recurso ordinário, é impetrado um novo *habeas corpus* no STJ não é caso de julgamento em "única instância", portanto não caberá recurso ordinário para o STF, pois não está contemplado. Caberá – se for o caso – recurso extraordinário para o STF. Ainda, no mesmo caso, se da decisão denegatória proferida pelo Tribunal de Justiça ou Regional Federal for apresentado o recurso ordinário, uma vez negado provimento ao recurso (pelo STJ), caberá apenas, se for o caso, recurso extraordinário. Mas não se descarta a impetração de novo HC, tendo em vista que o STJ passa a ser o coator.

A Constituição apenas prevê o cabimento do recurso e a competência para julgá-lo. O processamento está disposto na Lei n. 8.038/90, nos arts. 30 a 32[55], pois tais dispositivos não foram revogados pelo novo CPC (art. 1.072, IV, do CPC).

O prazo de interposição é de 5 dias, devendo as razões acompanhar o recurso. Antiga divergência sobre o prazo acabou resolvida pela Súmula 319 do STF:

---

[55] Art. 30. O recurso ordinário para o Superior Tribunal de Justiça, das decisões denegatórias de *Habeas Corpus*, proferidas pelos Tribunais Regionais Federais ou pelos Tribunais dos Estados e do Distrito Federal, será interposto no prazo de 5 (cinco) dias, com as razões do pedido de reforma.

Art. 31. Distribuído o recurso, a Secretaria, imediatamente, fará os autos com vista ao Ministério Público, pelo prazo de 2 (dois) dias.

Parágrafo único. Conclusos os autos ao relator, este submeterá o feito a julgamento independentemente de pauta.

Art. 32. Será aplicado, no que couber, ao processo e julgamento do recurso, o disposto com relação ao pedido originário de *Habeas Corpus*.

O prazo do recurso ordinário para o Supremo Tribunal Federal, em habeas corpus ou mandado de segurança, é de cinco dias.

Como já apontado, mas é importante reforçar, somente tem cabimento das decisões denegatórias de HC, abrangendo também as decisões de não conhecimento.

No que tange à legitimidade, é um recurso exclusivo da defesa, devendo ser interposto pelo paciente através de seu advogado. Ainda que o *writ* possa ser interposto por qualquer pessoa, o recurso ordinário deverá ser subscrito por advogado. Contudo, como já decidido pelo STF no HC 86.3078, não há necessidade de procuração, até porque o *writ* não a exige.

Em relação ao preparo, é inexigível, pois não há pagamento de custas, mormente por ser um recurso da denegação de *habeas corpus*, uma ação constitucional sem custo.

Não há que se confundir o recurso ordinário constitucional com os recursos especial e extraordinário, de modo que não se exige prequestionamento ou a demonstração da repercussão geral. Nada disso é exigido no recurso ordinário.

Deverá ser interposto por escrito e o efeito é devolutivo, mas limitado à matéria ventilada no *habeas corpus*.

Quanto ao procedimento, em síntese:

No STJ: diante de uma decisão denegatória do *habeas corpus* no TRF ou TJ, o recurso ordinário é interposto no prazo de 5 dias, petição acompanhada das razões, no tribunal de origem. Admitido, é enviado ao STJ, onde é distribuído e designado relator, que dará vista ao MP e, após, será pautado para julgamento no qual caberá sustentação oral.

STF: quando interposto no STF, será dirigido ao Presidente do Tribunal que proferiu a decisão, no prazo de 5 dias, com as razões. Admitido no tribunal de origem (se nega prosseguimento, cabe agravo regimental), subirá o recurso ordinário com o HC anexo. Distribuído no STF, será designado relator, que dará vista ao MP e, após, será levado a julgamento pela Turma, cabendo sustentação oral.

A ausência de efeito suspensivo, bem como a tramitação mais lenta (eis que um recurso), faz com que o Recurso Ordinário imponha um grande ônus para o acusado preso. Por isso, durante muito tempo, esteve jogado ao ostracismo, sendo substituído pela interposição de novo HC. Mas, nos últimos anos, tem se fortalecido o entendimento – especialmente no STJ – de não conhecer de HC substitutivo de Recurso Ordinário. Trata-se de um movimento de filtragem jurisdicional diante da avalanche de HC's diariamente interpostos no STJ. Por tal motivo, destacamos que atualmente tem predominado essa postura de não admitir HC substitutivo de Recurso Ordinário. Não sem razão, na prática forense, é comum ver-se – após a denegação do HC por um TJ ou TRF – a interposição de Recurso Ordinário (para atender o rigor formal do STJ) e também novo HC (argumentando a urgência diante da existência de prisão, na esperança de que o *writ* seja conhecido e provido).

No que se refere à **interposição simultânea do HC com outro recurso**, é preciso atentar para uma linha decisória que vem sendo adotada pelo STJ, a partir do HC 482.549/SP (Rel. Min. Rogério Schietti Cruz, 3ª Seção, j. 11-3-2020), no sentido de que "o *habeas corpus*, quando impetrado de forma concomitante com o recurso cabível contra o ato impugnado, será admissível apenas se for destinado à tutela direta da liberdade de locomoção ou se traduzir pedido diverso do objeto do recurso próprio e que reflita mediatamente na liberdade do paciente". Ou seja, no entendimento do STJ, se a tese objeto do HC coincidir – por exemplo – com uma preliminar de um recurso de apelação pendente de julgamento, a matéria deverá ser apreciada no recurso e não pela via do HC, que não será conhecido, por constituir uma "subversão do sistema recursal". Mas tal entendimento restritivo não deve ser aplicado quando o tema do HC disser respeito à liberdade (réu preso) ou a tese ventilada afetar – em caso de acolhimento – na concessão da liberdade, sob pena de criarmos uma restrição exagerada e ilegítima ao *writ*.

Concordamos com TORON[56] quando afirma que nem mesmo a existência de recurso específico inibe a utilização do HC, na medida em que é uma ação autônoma de impugnação, que pode ser

---

56 TORON, Alberto Zacharias. Op. cit., p. 54.

utilizada **concomitantemente ao recurso ou mesmo no lugar dele**. Com mais razão ainda quando se tratar de imputado preso e o acolhimento da tese puder conduzir a liberdade, dada a ilegalidade da prisão.

Já no STF, a situação começa a mudar, com as restrições em torno da impetração de HC substitutivo sendo relativizadas. Mas a situação ainda é polêmica e, além de gerar insegurança, cria um terreno fértil para o decisionismo.

Sempre respeitando as peculiaridades do caso concreto, pensamos em linhas gerais que:

- em se tratando de réu preso e HC liberatório, é recorrente seu uso nos tribunais superiores diante da denegação da ordem em segundo grau e não o recurso ordinário;
- sendo um HC de ataque processual, aquele que busca o reconhecimento de uma nulidade ou ilicitude probatória, por exemplo, é recomendável o manejo do recurso ordinário (ainda que não se descarte o HC em casos de nulidade/ilicitude manifesta, mas o risco é maior de ser denegada a ordem ou sequer conhecido).

Referências

ALENCAR, Rosmar Rodrigues. *Teoria da nulidade no processo penal*. 2. ed. São Paulo: Editora Noeses, 2022.

ANDRADE MOREIRA, Rômulo. O artigo 594 do Código de Processo Penal – uma interpretação conforme a Constituição. In: *Direito processual penal*. Rio de Janeiro: Forense, 2003.

ARAGONESES ALONSO, Pedro. *Instituciones de derecho procesal penal*. 5. ed. Madrid: Editorial Rubí Artes Gráficas, 1984.

ARAGONESES ALONSO, Pedro. *Proceso y derecho procesal*. 2. ed. Madrid: Edersa, 1997.

ARAGONESES MARTINEZ, Sara; HINOJOSA SEGOVIA, Rafael; OLIVA SANTOS, Andrés de la; MUERZA ESPARZA, Julio; TOMÉ GARCIA, José Antonio. *Derecho procesal penal*. 2. ed. Madrid: Centro de Estudios Ramón Areces, 1996.

BADARÓ, Gustavo Henrique. *Direito processual penal*. Rio de Janeiro: Elsevier, 2007. t. 2.

BADARÓ, Gustavo Henrique. Reforma das medidas cautelares pessoais no CPP e os problemas de direito intertemporal decorrentes da Lei n. 12.403, de 4 de maio de 2011. *Boletim do IBCCrim*, n. 223, jun. 2011.

BADARÓ, Gustavo Henrique; LOPES JR., Aury. *Direito ao processo penal no prazo razoável*. Rio de Janeiro: Lumen Juris, 2006.

BADARÓ, Gustavo Henrique. PARECER JURÍDICO: *Presunção de inocência*: do conceito de trânsito em julgado da sentença penal condenatória.

BADARÓ, Gustavo Henrique. *Tratado de direito penal*. São Paulo: Saraiva, 2006. v. 4.

BANACLOCHE PALAO, Julio. *La libertad personal y sus limitaciones*. Madrid: McGraw-Hill, 1996.

BINDER, Alberto B. *El incumplimiento de las formas procesales*. Buenos Aires: Ad-Hoc, 2000.

BITENCOURT, Cezar Roberto. *Tratado de direito penal*. São Paulo: Saraiva, 2006. v. 1.

BITENCOURT, Cezar Roberto. *Tratado de direito penal*. São Paulo: Saraiva, 2006. v. 4.

BUENO DE CARVALHO, Amilton. Lei, para que(m)?. In: *Escritos de direito e processo penal em homenagem ao Professor Paulo Claudio Tovo*. Rio de Janeiro: Lumen Juris, 2001.

CALAMANDREI, Piero. *Introduzione allo studio sistematico dei provvedimienti cautelari*. Padova: CEDAM, 1936.

CÂMARA, Luiz Antonio. *Medidas cautelares pessoais*. 2. ed. Curitiba: Juruá, 2011.

CARNELUTTI, Francesco. *Lecciones sobre el proceso penal*. Tradução de Santiago Sentís Melendo. Buenos Aires: Bosch, 1950. 4 t.

CARVALHO, Salo de. *Pena e garantias*: uma leitura do garantismo de Luigi Ferrajoli no Brasil. Rio de Janeiro: Lumen Juris, 2001.

CIRILO DE VARGAS, José. *Processo penal e direitos fundamentais*. Belo Horizonte: Del Rey, 1992.

CIRINO DOS SANTOS, Juarez. *Direito penal:* parte geral. Rio de Janeiro: Lumen Juris, 2006.

CONSO, Giovanni. *Il concetto e le specie d'invalidità*: introduzione alla teoria dei vizi degli ati processuali penali. Milano: Giuffrè, 1972.

CORDERO, Franco. *Procedimiento penal*. Tradução de Jorge Guerrero. Bogotá: Temis, 2000. 2 v.

COUTINHO, Jacinto Nelson de Miranda. O papel do novo juiz no processo penal. In: *Crítica à teoria geral do direito processual penal*. Jacinto Nelson de Miranda Coutinho (Org.). Rio de Janeiro: Renovar, 2001.

DELMANTO JUNIOR, Roberto. *As modalidades de prisão provisória e seu prazo de duração*. Rio de Janeiro: Renovar, 2003.

DELMANTO JUNIOR, Roberto. *Inatividade no processo penal brasileiro*. Coleção de Estudos de Processo Penal Prof. Joaquim Canuto Mendes de Almeida. São Paulo: Revista dos Tribunais, 2004. v. 7.

DE PAULA, Leonardo Costa. *As nulidades no processo penal*. 1. ed. Curitiba: Juruá, 2013.

ESPÍNOLA FILHO, Eduardo. *Código de Processo Penal brasileiro anotado*. 5. ed. Rio de Janeiro: Ed. Rio, 1976. 8 t.

FAIREN GUILLEN, Victor. La reforma procesal penal – 1988-1992. In: *Estudios de Derecho Procesal Civil, Penal & Constitucional*. Madrid: Ed. Edersa, 1992.

FERRAIOLI, Marzia; DALIA, Andrea Antonio. *Manuale di diritto processuale penale*. Milano: CEDAM, 1997.

FERRAJOLI, Luigi. *Derecho y razón: teoría del garantismo penal*. 2. ed. Tradução de Perfecto Andrés Ibáñez; Alfonso Ruiz Miguel; Juan Carlos Bayón Mohino; Juan Terradillos Basoco e Rocío Cantarero Bandrés. Madrid: Trotta, 1997.

GIL, Fernando. Entrevista conduzida por RUI CUNHA MARTINS. Modos da verdade. *Revista de História das Ideias*. Instituto de História e Teoria das Ideias da Faculdade de Letras da Universidade de Coimbra, v. 23, 2002.

GIMENO SENDRA, Vicente; MORENO CATENA, Victor; CORTES DOMINGUEZ, Valentín. *Derecho procesal penal*. Madrid: Colex, 1996.

GIMENO SENDRA, Vicente. *El proceso de habeas corpus*. 2. ed. Madrid: Ed. Tecnos, 1996.

GIOSTRA, Glauco. *Primeira lição sobre a justiça penal*. Trad. Bruno Cunha Souza. São Paulo: Tirant lo Blanch, 2021.

GLOECKNER, Ricardo Jacobsen. *Nulidades no processo penal*. 3. ed. São Paulo: Saraiva, 2017.

GOLDSCHMIDT, James. *Problemas jurídicos y políticos del proceso penal*. Barcelona: Bosch, 1935.

GOLDSCHMIDT, James. *Derecho procesal civil*. Trad. Leonardo Prieto Castro. Barcelona: Editorial Labor, 1936.

GOMES, Luiz Flávio. Liberdade provisória e progressão de regime nos crimes hediondos: a nova Lei n. 11.464/2007. *Revista Magister de Direito Penal e Processual Penal*, abr./maio 2007.

GÓMEZ COLOMER, Juan-Luis. *El proceso penal alemán: introducción y normas básicas*. Barcelona: Bosch, 1985.

GONZALEZ-CUELLAR SERRANO, Nicolas. *Proporcionalidad y derechos fundamentales en el proceso penal.* Madrid: Editorial Colex, 1990.

GRINOVER, Ada Pellegrini. A tutela preventiva das liberdades: *Habeas Corpus* e Mandado de Segurança. *Revista Ajuris,* n. 22. Porto Alegre: Editora Revista de Jurisprudência, jul. 1981.

HASSAN CHOUKR, Fauzi. *Código de Processo Penal:* comentários consolidados e crítica jurisprudencial. Rio de Janeiro: Lumen Juris, 2005.

ILLESCAS RUS, Angel-Vicente. Las medidas cautelares personales en el procedimiento penal. *Revista de Derecho Procesal,* Madrid, n. 1, 1995.

LAURIA TUCCI, Rogério. *Teoria do direito processual penal.* São Paulo: Revista dos Tribunais, 2002.

LIMA, Marcellus Polastri. *A tutela cautelar no processo penal.* Rio de Janeiro: Lumen Juris, 2005.

LOPES JR., Aury. *Direito processual penal.* 18. ed. São Paulo: Saraiva, 2022.

MAIER, Julio Bustos Juan. *Derecho procesal penal: fundamentos.* 2. ed. Buenos Aires: Editores Del Puerto, 1996, t.I.

MANZINI, Vincenzo. *Tratado de derecho procesal penal.* Barcelona: Ediciones Jurídicas Europa-América, 1951. v. I.

MARIATH, Carlos Roberto. *Monitoramento eletrônico:* liberdade vigiada, p. 4. Disponível em: <http://portal.mj.gov.br/main.asp?View={57DC54E2-2F79-4121-9A55-F51C56355C47}>. Acesso em: 14-4-2011.

MENDES, Gilmar Ferreira; COELHO, Inocêncio Mártires; BRANCO, Paulo Gustavo Gonet. *Curso de direito constitucional.* 2. ed. São Paulo: Saraiva, 2008.

MORAIS DA ROSA, Alexadre. *Decisão penal:* a bricolage de significantes. Rio de Janeiro: Lumen Juris, 2006.

NASSIF, Aramis. *Sentença penal:* o desvendar de Themis. Rio de Janeiro: Lumen Juris, 2005.

PACELLI DE OLIVEIRA, Eugênio. *Curso de processo penal.* 3. ed. Belo Horizonte: Del Rey, 2004.

PACELLI DE OLIVEIRA, Eugênio. *Regimes constitucionais da liberdade provisória.* 2. ed. Rio de Janeiro: Lumen Juris, 2007.

PEDRAZ PENALVA, Ernesto. El Derecho a un Proceso sin Dilaciones Indebidas. In: COLOMER, Juan-Luis Gómez; CUSSAC, José-Luis González (Coords.). *La Reforma de la Justicia Penal*. Publicações da Universitat Jaume I, 1997.

PIOVESAN, Flávia. Tratados internacionais de proteção dos direitos humanos e a Constituição Federal de 1988. *Boletim IBCCrim*, São Paulo, n. 153, ago. 2005.

PONTES DE MIRANDA. *História e prática do "habeas corpus"*. 4. ed. Rio de Janeiro: Borsoi, 1961.

QUEIROZ, Paulo; VIEIRA, Antonio. Retroatividade da lei processual penal e garantismo. *Boletim do IBCCrim*, n. 143, out. 2004.

RANGEL, Paulo. *Direito processual penal*. 6. ed. Rio de Janeiro: Lumen Juris, 2002.

ROXIN, Claus. *Derecho penal:* parte general. Tradução da 2. edição por Diego-Manuel Luzón Pena, Miguel Diaz y Garcia Conlledo e Javier de Vicente Remesal. Madrid: Civitas, 1997.

SANGUINÉ, Odone. A inconstitucionalidade do clamor público como fundamento da prisão preventiva. *Revista de Estudos Criminais*, Porto Alegre: Nota Dez, n. 10, 2003.

SCHIETTI MACHADO CRUZ, Rogério. *Garantias processuais nos recursos criminais*. São Paulo: Atlas, 2002.

SCHIETTI MACHADO CRUZ, Rogério. *Prisão cautelar:* dramas, princípios e alternativas. Rio de Janeiro: Lumen Juris, 2006.

SORIANO, Ramón. *El derecho de habeas corpus*. Madrid: Publicaciones del Congreso de los Diputados, 1986.

SOUZA DE OLIVEIRA, Fábio Corrêa. *Por uma teoria dos princípios:* o princípio constitucional da razoabilidade. Rio de Janeiro: Lumen Juris, 2003.

TORON, Alberto Zacharias. *"Habeas corpus":* controle do devido processo legal. São Paulo: Revista dos Tribunais, 2017.

TORRES, Jaime Vegas. *Presunción de inocencia y prueba en el proceso penal*. Madrid: La Ley, 1993.

TOURINHO FILHO, Fernando da Costa. *Processo penal*. 26. ed. São Paulo: Saraiva, v. 1.

TOURINHO FILHO, Fernando da Costa. *Processo penal*. 25. ed. São Paulo: Saraiva, v. 4, 2003.

ZAFFARONI, Eugenio Raúl; PIERANGELI, José Henrique. *Manual de direito penal brasileiro*. 2. ed. São Paulo: Revista dos Tribunais, 1999.

ZAFFARONI, Eugenio Raúl; PIERANGELI, José Henrique. *Da tentativa*. 3. ed. São Paulo: Revista dos Tribunais, 1992.

ZANOIDE DE MORAES, Mauricio. *Presunção de inocência no processo penal brasileiro:* análise de sua estrutura normativa para a elaboração legislativa e para a decisão judicial. Rio de Janeiro: Lumen Juris, 2010.

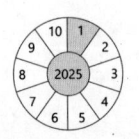